THE
MIND MAP

思维导图
应用宝典

华人思维导图大师　**孙易新　著**

时代出版传媒股份有限公司
北京时代华文书局

图书在版编目（CIP）数据

思维导图应用宝典 / 孙易新著 . -- 北京：北京时代华文书局，2015.7
ISBN 978-7-5699-0224-2

Ⅰ . ①思… Ⅱ . ①孙… Ⅲ . ①思维训练 Ⅳ . ① B80

中国版本图书馆 CIP 数据核字 (2015) 第 127840 号

北京市版权著作权合同登记号　字：01-2015-0336

《心智图法理论与应用——善用心智图、快速阅读、整理笔记、高效记忆、创意思考、
工作管理、制作简报、解决问题》
孙易新 著
中文简体字版 ©2015 由北京时代华文书局有限公司发行
本书经城邦文化事业股份有限公司【商周出版】授权，同意经由北京时代华文书局有
限公司，出版中文简体字版本。非经书面同意，不得任何形式任意复制、转载。

思 维 导 图 应 用 宝 典

著　者 | 孙易新

出 版 人 | 田海明　朱智润
选题策划 | 胡俊生
责任编辑 | 胡俊生　樊艳清
装帧设计 | 迟　稳　王艾迪
责任印制 | 刘　银

出版发行 | 时代出版传媒股份有限公司 http://www.press-mart.com
　　　　　北京时代华文书局 http://www.bjsdsj.com.cn
　　　　　北京市东城区安定门外大街 136 号皇城国际大厦 A 座 8 楼
　　　　　邮编：100011　　电话：010 - 64267955　64267677
印　　刷 | 固安县京平诚乾印刷有限公司　0316-6170166
　　　　　（如发现印装质量问题，请与印刷厂联系调换）
开　　本 | 710×1000mm　　1/16
印　　张 | 21
字　　数 | 320 千字
版　　次 | 2015 年 8 月第 1 版　　2018 年 5 月第 12 次印刷
书　　号 | ISBN 978-7-5699-0224-2

定　　价 | 68.00 元

推荐序一　跟孙易新一起学思维导图

Mickey shares with you a wonderfully comprehensive introduction to the background of Mind Maps and even more importantly the many-fold applications of them – 'Mapplications' – as I like to call them.

Enjoy as Mickey takes you through the serious and deeply helpful uses to the infectious and fun!

Follow along with Mickey, he is an expert and passionate about sharing how they can improve your life.

本书作者透过这本书与思维导图应用者（Mapplications），全方位地分享了许多好棒的思维导图法背景知识与实务应用案例。

尽情享受书中一系列严谨且深入的解说，您将会感受到它对您的帮助并乐在其中！

以孙易新为师，他是一位能够带领大家提升生活质量的专家。

凡达·诺斯
英国Mind Chi培训机构创办人
英国博赞中心共同创办人、前首席执行官

推荐序二　打通职场达人任督二脉的人间道

工作内容太多、太杂，
造成时间不够、脑力不足、信心不佳，
是多数上班族的现况。
我从13年前接触思维导图法后，
不只改变了工作效率，职场变得顺利，
更让我感受到许多生活上的快乐。

在2000年左右，我担任惠普科技产品经理时，工作内容包括产品、价格、通路、营销、活动等多种面向，十分复杂。当时觉得事情多，工作一团乱，总感觉时间不够用。我在想，连电饭锅都有说明书，大脑应该也有说明书吧！到底有什么方法，能让大脑迅速地把各种事情条理化、结构化，并很有效能地运转？

因此我就上网去搜寻相关课程的信息，网络上各方专家推荐最多的就是思维导图法。于是我毫不犹豫地报名了孙易新老师的培训课程，并且一路深度钻研，最后还具备了"孙易新思维导图法"讲师的资格，我的职场功力因此大增，工作上无往不利。

思维导图法的好处包括了以下几个方面。

消化大量信息，一次抓出所有重点

简单说，思维导图长得像八爪章鱼，把要解决的问题、达到的目标放在中间，然后长出几个重点，再填补上细节。过去职场上的工作者是信息发送者，再来转变成信息接收者，现在则要当个信息消化者。在这个信息泛滥的时代，大家很少有时间思考，不管看电视、逛网络、收email、读杂志，都在不停地接收讯息，这怎能产生自我的想法？大多时候，我们被各种信息与事情追着跑，要主动产生想法与创意很难。所以我必须找出让大脑"从一颗CPU变成两颗、四颗，同时掌控很多事情"的方法。

我觉得思维导图法是种懒人成功术。我喜欢work smart、work happy，不喜欢work hard，我认为光是work hard不会赢。多数的职场工作者，都是今天做今天的事，明天做明天的事，效果不会太好。如果信息消化的能力变强，就能在今天做明天的事。提早做计划，脑力可以更强，时间运用自然变强。

举例来说，有一次我要接受电视新闻采访，介绍我们的打印机，新闻画面出现的时间大概只有几秒钟而已。在短短时间中，如何把重点一次说清楚？这对我是很大的挑战。

所以我用快速整合的方式，从大脑中先跳出"省空间、省电、省纸、省钱"四个重点，再来找出支持这四个重点的内容。那天记者过来时，我本来一下子记不得那么多关于产品的内容，但是依据这四个重点，很快掌握了受访内容架构，记者也马上能够跟随我的思路进行采访，当晚的新闻也是依据这个架构播出。

电视台记者很辛苦，一天要跑好几个采访，能帮他节省时间，也就等于帮助我自己提升绩效。

团队沟通、简报、学习样样通

这套方式同样适用于团队沟通。我们部门负责全台湾PC、NB、平板、打印机的市场规划，非常庞杂。要如何化繁为简？就是结构化、简单化，容易思考。

我们开业绩review会议时，每位同事只要报告三件事：销售数字、未来业绩设定、最近主力促销活动。每个人都讲这三点就好，不用报告无关的流水账。我也常跟部属开玩笑说，能不能在电梯从一楼升到十楼的时间内，把你的企划用三个重点跟我说清楚？这些都是思维导图法带来的训练，也是孙易新老师经常强调"善用思维导图法进行one page report,one page control"的精髓。

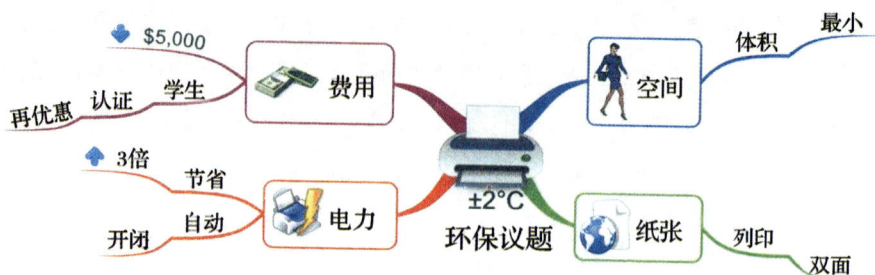

应用思维导图法，打通任督二脉

职场的能力等级可分为"不会、会、熟、精、通"五个等级，多用思维导图法思考，尤其是深入浅出的表达，能用简单的话把复杂的观念、知识说清楚，才是真正的融会贯通，也唯有如此，才可以让自己的职场能力达到精与通的等级。

对我来说，运用思维导图很像金庸小说里张无忌学会了九阳神功，从此打通任督二脉，不管太极拳、乾坤大挪移，学什么武功都很快。透过思维导图法，我不只能够快速整理想法，更重要的是往后学什么东西都很快，因为能快速抓到重点。比如说我学钢琴、易经、塔罗、魔术等，都用同样的架构在很短的时间内就能学会，为生活增添许多乐趣。

我非常感谢孙易新老师，引进这一门改变我一生的课程，并著书推广思维导图法。我常想，孙老师可以不计千辛万苦，负笈英国取经，造就别人，为何我们就不能花上一些时间来成就自己？

孙老师曾说，教育是让人从"不知道"变成"知道"，是一种"心法"；训练就是让人从"不会"变成"会"，是一种"技法"。思维导图法就是一种生活的心法及技法，若能细细品味，便能打通思考的任督二脉，意领神驰。

依我看，思维导图法不只是一种心法、一种技法，它更是一种道，一种可让人安然处世的"人间道"。

陈国钦

惠普科技（HP）副总经理

简体版发行序

　　本书中文繁体版于2014年2月由商周出版社在台湾发行之后，获得海峡两岸广大读者的回响，并进入博客来年度百大畅销排行榜。2015年北京时代华文书局为了服务大陆地区广大的读者，特别发行了中文简体版，在此特别致谢。

　　"Mind Mapping"与"Mind Map"我分别把它们译为"思维导图法"与"思维导图"，在大陆地区并未特别区分两者的差异，且视为是相同的一件事，最常见的译名是"思维导图"，除了相关的专业书籍之外，湖南教育出版社所发行的高中参考书籍即采用这个译名；广西师范大学出版社在一系列初中、高中丛书中，采用的名称是"概念地图"；颇受家长、学生与老师关注的《新CES学习法》则翻译成"导航图"。

　　相信大家都能够同意，一个有效的学习，其涉及的层面包括理论基础、方法与工具。所谓"理论"是指某件事物如何运作的一套基本主张，能够帮助我们更加了解这件事情。然而有许多人不了解理论的深层涵义，认为理论只是冰冷的逻辑分析、缺乏人性、脱离实际生活，其实理论被创造的过程是充满热情、想象力的，当理论被转化为方法、工具时，就深入到我们实务的世界；"方法"是我们处理特定形态问题时，所采取的一系列系统化步骤和技巧；至于"工具"则是处理事情时所使用的东西。

　　知其然，也要知其所以然。没有理论、方法和工具，就无法发展出有效学习所需的技巧与能力，一切学习只是表面功夫，缺乏深度。因此，本书是全世界第一本深入探讨思维导图法理论的专业书籍，同时也详细说明如何应用的方法——思维导图法（Mind Mapping），并带领大家正确使用这项工具——思维导图（Mind Map）。

　　1997年我前往英国博赞中心（Buzan Centres）接受师资培训，成为全球第一位博赞（Tony Buzan）先生嫡传华人讲师，肩负着将思维导图法推广到华人世界的使命。因此，除了经常应邀到大陆各省授课之外，也在2001年首度出版了《多元知识管理系统：思维导图法基础篇》一书，至今已经有十几本相关应用的书籍出版了。由于书籍的影响力，近年来已看到实质上的推广成果，海峡两岸许许多多的学校、企业已经纷纷采用这项工具与方法来提升竞争力。

借由本书简体版的发行，期望能让热爱思维导图法的读者更深入了解它的奥秘与应用技巧。同时，我跟我的讲师团队成员也非常乐意接受各级学校、企业的邀请前往演讲，以及在大陆培训中心担任思维导图法教学的专业讲师。若您有兴趣的话，我们将乐意提供专业且贴心的服务。

孙易新 Mickey Sun 谨识

自序

出版缘起

2012年10月27日我应邀到板桥高中为一群热爱学习的学生们分享如何运用思维导图法（Mind Mapping）提升学习能力，当时我询问了参与研习的学生，在他们小学或初中阶段，学校老师有使用思维导图法作为辅助教学的请举手，居然有三分之一的学生举手。当然，此一调查结果也不能过度推论成全国已经有三分之一的老师运用思维导图法辅助教学，但是确实可以略窥得知，思维导图法已经逐渐普及。

每当听闻有人使用思维导图法顺利通过研究所考试、国家考试、教师甄试，高中、大学考取理想学校，在职场上事半功倍、绩效提升，我除了感到欣慰之外，更产生一股继续努力、好还要更好的使命感。

让孩子快乐学习、主动学习，又能获得优异的学习成绩，是每一个家长与老师的愿望。然而每天要背一大堆课文，写一大堆功课，要如何快乐得起来呢？

自从1989年我学习了被誉为"大脑瑞士刀"的思维导图法之后，不仅让小学、初中到高中时期因为学习阅读障碍而成绩异常低落的我，可以运用思维导图法顺利通过多项国家考试，同时完成三个硕士学位以及台湾师范大学博士班的课业。也因为拥有二十几年实际应用思维导图法的成功经验，期盼以本书专业、务实的内容，带领读者进入学习思维导图法的殿堂。

我从1997年起自英国博赞中心（Buzan Centres）正式引进Mind Mapping课程到华人世界并开始推广教学，发现思维导图原创者博赞（Tony Buzan）著作出版的一系列思维导图法的相关书籍，内容多偏向介绍思维导图法多么好用、可以用在哪些领域，多属于know what的知识，较少说明为什么要这么做以及如何做，也就是欠缺know why及know how。因此博赞的思维导图法被维基百科描述为"伪科学"：

　　博赞宣称思维导图是一个深奥优秀的笔记方法，因为思维导图不会导致像其他笔记方式的"半睡眠的恍惚"状态。博赞也主张思维导图全方位利用左右脑的大脑皮质技术，平衡大脑，开发99%断言尚未使用的智力潜能以及直觉（博赞称之为"超级逻辑"）。然而学术研究表示，这样的主张实际上可能是基于销售宣传。评论家主张"脑半球侧化理论"（hemispheric specialization theory）在思维导图制作应用时，已经被界定为伪科学。

所谓"伪科学"指的是不符合科学方法基本要求的知识、方法论或实务经验。我身为英国博赞中心全球第一位华人认证讲师，肩负着在华人世界推广思维导图法的使命，为求思维导图法的教学与学习能够更符合科学方法所要求的信度与效度，十几年来除了教学工作之外，更进入实践大学企业创新发展研究所硕士班以及台湾师范大学社会教育研究所硕士班与博士班进修，对思维导图法做更深、更广的研究。攻读博士班期间为梳理出思维导图法的理论脉络，追随李明芬教授、李瑛教授、林振春教授、洪仁进教授、黄明月教授等人，深入研究方法论、学习与教学理论、教育社会学、教育哲学与教育心理学，并参酌一百三十余篇思维导图法相关的博硕士论文，归纳出思维导图法的理论架构，让博赞不再背负伪科学的指控。我配合各个学习场域、学科领域的教师、教授、企管专家，与他们共同研究规划出对学生课业学习、企业人士工作绩效真正有帮助的"孙易新思维导图法"教学方案，目前已经成为校园教师研习与企业员工培训最受欢迎的课程。因此我非常乐意将近二十年来的研究成果、教学经验、心得与启发，撰写成书以飨大众。

不正确、不完整的学习，比没有学习更可怕

近年来不断听到似是而非的说法："学习思维导图不需要花那么多时间，只要一天、半天，甚至一小时，保证把你教会"、"思维导图是你自己的笔记，不要管别人怎么做，更不要拘泥于规则"。没错，如果你只是想要学习"画"思维导图，真的只要30分钟就会了，尤其又有一大堆免费的思维导图软件可以使用，绘制出一张七彩夺目、令人眼前一亮的思维导图，真的一点困难都没有，更不需要遵守所谓的规则。

然而古有明训，"师其意，莫师其形；学其法，莫学其貌"。令人担忧的是，不少人只重视思维导图的"形、貌"，却忽略了"意、法"，也就是只专注于"画"出漂漂亮亮的思维导图，而不懂得正确地运用思维导图"法"。

为了让读者充分理解、掌握思维导图的"意、法"，我在书中会在各项操作定义中逐一探讨思维导图法的理论背景，并解说实务运用的原则、技巧与步骤。

思维导图法的创新突破：守、破、离

第二次世界大战之后的日本能够从一片废墟中快速挤进世界列强之列，原因之一就是掌握了创新的三大步骤："守、破、离"。所谓"守"就是先百分之百模仿成功者的模式；接着在运用过程中不断反思并做出改良，以求突破，这是第二阶段的"破"；最后在多方整合之后自成一格，这就是"离"。

1989年我第一次接触、学习思维导图法，1997年到英国博赞中心接受师资培训，一直到2001年出版第一本中文版思维导图法书籍，这十二年期间都秉持博赞的思维导图法的精神与原则，落实在工作与学习上，不仅奠定了我在思维导图法的基本功，也让我通过多项考试并完成研究所学位。这就是学习任何知识、技能时不可或缺的模仿阶段的"守"。经过多年使用思维导图法的心得体会与教学经验累积，2001年出版了《多元知识管理系统：思维导图法基础篇》，在华人世界的思维导图法领域开创了崭新的里程碑。尔后，我协助多位硕士班研究生进行思维导图法论文的研究工作，自己也完成了两篇思维导图法相关的学位论文，

从研究的设计、执行、分析评估到成果展现，不论是在学习或工作应用领域，都已经突破了原本博赞的思维导图法；这个阶段应属于创新过程的"破"，也就是突破。最后我在2009年进入台湾师范大学社会教育研究所深造，力图从教育社会学、教育心理学与教育哲学的理论观点，配合多年来教学与实务应用的经验心得，重新省思并建构出思维导图法的理论基础，包括界定思维导图法的操作定义，与提出崭新的CHM、KMST理论模式等，以及详述诸多实务应用的步骤与技巧等。本书出版也象征着自创一格、更具备理论基础及实用价值的思维导图法的诞生，这是创新过程中的"离"。

如何使用本书

如果想要对思维导图法有全方位的了解，整本书都值得仔细深入阅读，尤其是想从事教学与学术研究的读者；但若只是想要在学习上或工作上应用思维导图法，可以大致翻阅理论基础的各个章节，对思维导图法的背景知识有个基本概念，把阅读重心摆在实务应用，并可自由选择符合需求的章节详细阅读，并动手模仿书中的案例演练。

感恩与回馈

本书原预计在2011年出版，然而处女座个性的我，对书中的文章结构、内容一修再修、一改再改，只希望能更臻完美。然而疏漏、缺失在所难免，敬请各位读者不吝赐教。

如今本书终能付梓，必须衷心感谢英国博赞中心前执行长凡达·诺斯女士、世界资优教育协会会长吴武典博士、惠普科技陈国钦副总经理、考试院保训会主委蔡璧煌博士、台湾师范大学李瑛教授、林振春教授、潘裕丰教授、黄富顺教授以及实践大学陈龙安教授等人的鼓励与支持，以及商周出版社的耐心与督促。

为了回馈更多有心学习思维导图法的读者，我所创立的"孙易新思维导图法"培训机构，非常乐意安排专业讲师前往各个企业、政府机关、学校、社团等

单位演讲、授课，并培训有心从事教学的专业讲师。洽询专线：0800-322-999
或上网查询（www.MindMapping.com.tw）相关联络信息，我们将乐意提供专
业且贴心的服务。

孙易新 Mickey Sun 谨识
2014年元旦于台湾师范大学教育大楼

绪论

　　后现代主义讲求Mapping概念，美国后现代主义文化学家詹明信（Fredric Jameson）提出Mapping这个名词之后，随后也有许多后现代主义学者跟着使用。Mapping对于阅读者具有指示作用，以图形或图表的方式组合有关联的概念，进而说明相关概念之间的关系。美国西北大学认知科学心理学家柯林斯（Allan M.Collins）教授于1960年代提出的"语意网络"（Semantic Networks），康奈尔大学的诺瓦克（Joseph D. Novak）在1970年代与他的研究团队提出的"概念构图"（Concept Map），都具备了Mapping的功能。英国大众心理学家东尼·博赞（Tony Buzan）也在1974年透过《启动大脑》（*Use your Head*）一书向世人介绍"放射思考"（Radiant Thinking）模式的"思维导图法"。

　　思维导图法是能让智力有效运作的方法。智力的定义则因不同的理论取向而有不同的含义。思维导图法是否能自成为一种理论，或只是一种良好的智力实践原则？关键在于能否经由相关文献的整理、探讨，再从实务的检验中，透过综合、比较、分析及批判等过程，逐渐建构属于思维导图法的理论基础。本书旨在梳理思维导图法的相关理论基础，并提供良好的实践指导原则。

第1章
缘起与意义

第1节　思维导图法的缘起

　　英语教学泰斗乔伊·雷德（Joy Reid）博士在《不同风格不同的学习者》（*Different Styles for Different Learners*）一书中指出，人类的学习型态若以身体的知觉来区分，可分为视觉型、听觉型、动觉型、触觉型、团体型及个人型六类。每一种学习型态都有优点，但论及方便性与实用性，视觉型占有极大的优势，不但容易吸收信息，也方便表达想法。罗伯特·麦金（Robert Mckim）也强调，有效的视觉思考必须包含三种视觉意象：（一）知觉的意象：视觉对物质世界的感知，也就是我们看到并记忆在脑子里的经验。（二）心灵的意象：以知觉意象记录下来的数据，并在脑中运用想象力产生出来的图像。（三）图表式的意象：运用涂鸦、素描或是以一种可沟通的图表记录思考过程，或与他人意见交流。

　　思维导图（MindMap）是一种可视化的图像，依照人类大脑最自然的思考方式，以直观的图解方式、网络化地描述多个概念之间的关系，或呈现大脑思维过程，可以帮助我们激发创意、提升问题解决能力、记忆力与快速掌握并交换信息与知识的笔记技巧。今天我们熟知的思维导图是东尼·博赞在1971年产生初步的构想，并在《启动大脑》一书中，向世人介绍此一划时代的学习与思考方法。博赞声称他是受到柯兹比斯基（Alfred Korzybski）的"一般语意学"

（General Semantics）所影响。植基于语意学的思维导图，是一种反应出我们大脑思考模式的可视化思考工具。

从博赞思维导图的放射思考结构可看出与中国易经中的"太极生两仪，两仪生四象，四象生八卦"，以及若干20世纪早期的学者研究的"图解思考组织结构"（Graphic Organizer）非常类似。例如：美国加州大学柏克莱分校心理学家托曼（Edward C.Tolman）提倡的"认知地图"（Cognitive map）、日本品管大师石川馨（KaoruI shikawa）所创的"鱼骨图"（Fishbone Diagram）、诺瓦克（Joseph Novak）和高温（Bob Gowin）提出的"概念构图"（Concept Map），尤其是1960年代美国西北大学的柯林斯（Allan M.Collins）教授研究的"语意网络"（semantic network）已经具备思维导图的雏形，因此也被称之为现代思维导图之父。

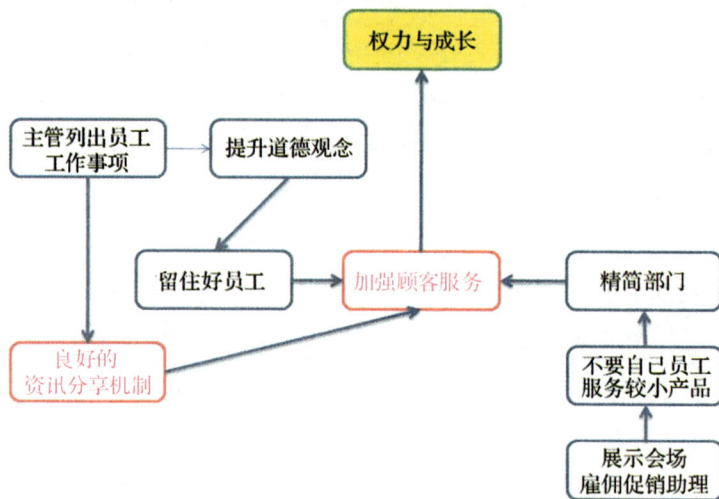

认知地图（修改自What's in a name？Cognitive Mapping,Mind Mapping,Concept Mapping,2012）

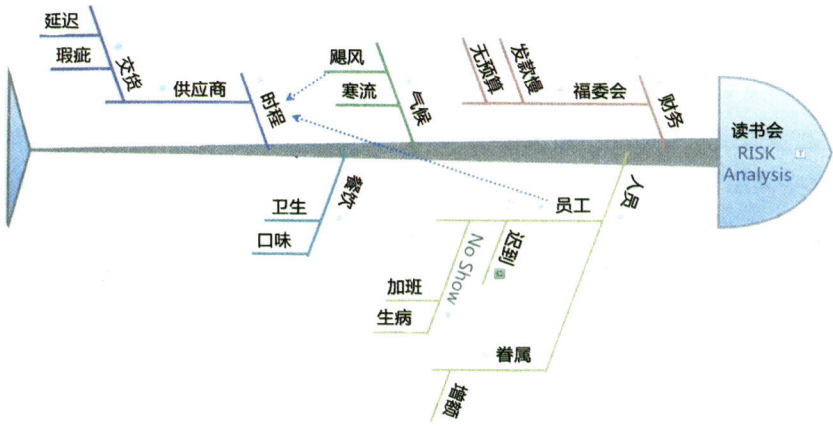

鱼骨图

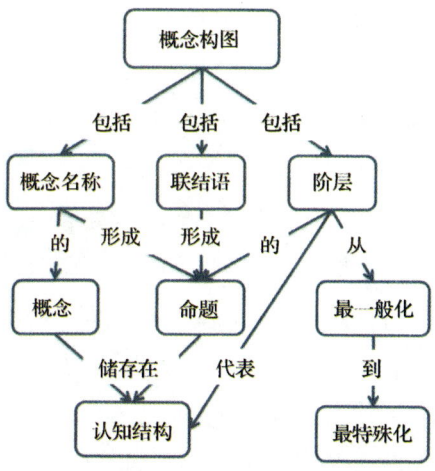

概念构图（修改自余民宁，1997年）

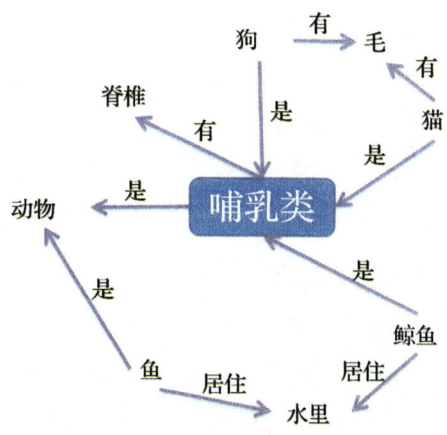

语义网络

第2节　为世界华人讲授思维导图法

在华人世界有组织、有系统地认识、学习思维导图法，最早有迹可寻的是在陈英明老师，在国外参加思维导图法研习课程之后，回国立即针对台湾的青商会友举办了一场分享课程。我很荣幸参与了该次盛会，接受陈英明老师的指导，可算是我对思维导图法的启蒙，也对日后产生了关键影响。1993年国际青年商会世界大会在香港举办，在众多的研习活动中，我意外发现有一场创意思维导图课程，于是再次投入思维导图法的学习行列。由于这次是经由专业讲师指导，对应用思维导图法有了较清楚的轮廓，并掌握了正确运用的技巧与原则。回台湾之后，随即在青商会各研习活动讲授，并分享应用方法。

博赞在1994年10月受邀来台参加"思维导图法讲习会"且担任主讲人，活动获得热烈回响，并开启国内企业界的新思考习惯。我深感思维导图法对提升学习能力与思考力有莫大帮助，且自己深深受惠。因此在1997年9月负笈英国博赞中心，投入思维导图法专业师资养成之旅。先从基础应用班、工作应用班、学习应用班奠定良好基础之后，接着接受基础讲师与进阶讲师的培训，成为当时全球华人第一位博赞思维导图法认证讲师，又系统地将课程引进华人社会，并针对华人的思维模式与语意结构修正学习方法，并与各种思考方法与学习策略相互融合，使思维导图法成为具有实务应用价值的华人思维导图法。

为了在华人世界更有系统性、组织化地推广，我在1998年成立浩域企业管理顾问股份有限公司，并以"孙易新思维导图法"向台湾与大陆官方登记为注册商标，同时与英国博赞中心签约成为思维导图法课程的台湾代理机构（Buzan Taiwan）。2004年我们公司经理陈资璧亦前往英国接受师资培训，成为台湾第二位博赞思维导图法认证讲师。然而在此之后，前往英国博赞中心接受师资培训的人数并没有大幅增加，因素当然很多，但我认为这与近年来华人地区，尤其是台湾，思维导图法教学方案的实证性与行动研究蓬勃发展且成效卓著有关。在此基础上，诚所谓"青出于蓝而胜于蓝"，海峡两岸思维导图法的培训机构犹如雨后春笋，师资养成教育愈趋专业与健全，俨然已自成一格，本土化的"华人思维导图法"教学与应用模式顺应而生。

第3节　推广思维导图法的时代意义

在全球化的趋势中，企业经营环境日新月异、变化万千，知识就是权力，学习就是财富，企业经营者或是员工，都将无法长久以一种技能或知识作为永久竞争的优势。身处知识经济为主的社会经济体制之下，"学习力即是竞争力与发展力"。因此，经济合作发展组织（OECD）在《全民终身学习》（*Lifelong Learning for All*）中特别强调，学会求知技能与培育学习能力的重要性，学习如何学习的能力是建立学习社会不可或缺的指标之一。

"学生基础读写能力国际研究计划（PISA）"总监安德亚斯·史莱克（Andreas Schleicher）也指出，国民多接受一年教育，相当增加3%~6%的国民生产毛额。今天，世界各国面临的最大挑战无他，就是如何提升国民的脑力素质。因此联合国教科文组织（UNESCO）于1996年提出为了《学习：财富蕴藏其的中》（*Learning: The Treasure Within*）一书，强调人类为了要适应社会变迁的需要，必须终身学习，同时受到近二十年来科技与经济结构转变，提升自己的学习能力来创造就业与成长机会，已经是无可避免有其必要性。"学习如何学习"亦成为终身学习的关键质量指针之一，培养学习能力除了可以建立自信心之外，同时也是职场成功的关键因素。

北欧未来学大师林关（Mats Lindgren）接受天下杂志专访时指出，未来的商业竞争的核心竞争力不是靠生产线，而是"思考线"（thinking line）与"思考力"（thinking capability）。思考力是指能够理解复杂的议题，快速发展出正确的方向、有创意、可执行的构想、概念和解决方案。为达此目的，必须具备系统化的思考流程，让创意产生，变成可以执行的策略，产生行动。

从以上可窥知，不论是个人或组织，提升竞争力的不二法门就是终身学习，而学习是需要培养能力与应用策略。根据我在2013年的论文研究，从台湾思维导图法相关论文研究中均可发现，思维导图法确实是一项有效的思考与学习的工具、方法。我自己也是应用思维导图法才顺利通过多项公务员考试与"国立"大学硕士班、博士班考试，并且成功经营出全球华人思维导图法第一品牌。我自始至终的理念是：

◎ 事业经营成功，还不算成功；帮助许许多多的人把事业经营成功，才算成功。

◎ 考试第一名，不是真的第一名；帮助许许多多的人考试第一名，才是真正的第一名。

◎ 赚大钱发大财，不是真的富翁；帮助许许多多的人改善生活质量，才是真正的富有。

因此，在强调终身学习与讲求学习方法的时代趋势中，我希望能尽毕生之力、无怨无悔地将这一项学习利器推广到华人世界，甚至是世界上的每一个角落，也期盼经由更多读者的散播，将思维导图法普及到社会每一个阶层。

第2章
教学与企业的应用概况

我是个教育工作者，当初对思维导图法产生兴趣是因为自己受惠其中，进而深入了解思维导图法的原理与应用。经过十七年的教学与研究发现，若只是把思维导图法定位在如何画那张看起来像脑细胞的树形图，思维导图就会被描述成"超简单"。但若要能够活用思维导图法，就得掌握它的知识理论背景与实务应用策略。在此先从思维导图法在教育界、企业界的应用做个概貌说明。

第1节　教育界的应用

世界一流学府哈佛大学、剑桥大学的师生都已经使用思维导图法教学与学习；思维导图法在新加坡已经是中小学生的必修课，我在2006年也曾应新加坡政府邀请，为中学华语老师讲授如何应用思维导图法提升教学质量；韩国已经将思维导图正式纳入小学教科书；北京教育出版社、广西省师范大学出版社、湖南教育出版社也将思维导图法融入初中、高中的教科书，帮助老师提升教学成效，协助学生有效学习。

教育专家认为，"图解组织"（Graphic Organizer）可以帮助思考时在诸多概念间建立联结，以求理解事物，发现并解决问题，进而提升学生精准、有效、主动、独立的思考能力。在诸多图解方法中，思维导图能够兼顾大脑左半部的具象思考与右脑的抽象思考，让"心"门敞开，"智"慧无限，"图"解说文，让教学内容或文章架构一目了然，实为训练学生"归纳整理"与"多元联想"的有效策略。因此台湾教育部门在2008年出版了《语文思维导图教学指引》一书，供学校老师作为教学参考依据。

紧接着南一书局在2009年亦将初中国文阅读教学以思维导图的方式，配合每次段考精选两篇选文编制成教师教学手册及投影片，以加强学生理解课文内容与写作能力。

台湾已经有超过百所学校邀请我或我培训的讲师团队，为学校老师、同学，甚至家长讲授如何运用思维导图法提升教学与学习效果。龙华科技大学与亚东技术学院甚至安排了二十几位教授接受我规划、执行的师资培训方案，结训之后在服务的系所指导学生运用。

近几年来，"国际项目管理师"认证考试在全球成为企业人士专业资格必备证照之一，不少辅导证照考试的专业书籍与培训机构会采用思维导图作为协助学员学习的工具，以厘清项目管理五大流程、十大知识领域之间的复杂关系。

全球知名的人力资源发展专家罗伯特·帕克（Robert W.Pike）指出，发展高效能训练体系与课程规划的先决条件，就是使用思维导图法作为工具。思维导图法让我们清楚地看到各种想法与信息之间的关联，这是传统笔记无法做到的。

在华人世界，思维导图法已经普遍应用到小学、中学、大学，以及职场的教育课程中。在倡导终身学习及高龄化社会逐渐来临的今天，未来思维导图法除了上述机构仍有很大的发展空间之外，在社教机构、乐龄学习中心等机构的课程中，思维导图法也将有机会扮演关键的学习工具。

第2节　企业界的应用

"思维导图已经是2000家跨国企业采用的思考法"，不仅日本管理大师神田昌典、经济评论家胜间和代认为思维导图法是最佳的思考工具，微软、惠普科技等跨国企业也纷纷相继采用。

至于思维导图法在企业应用的成效如何，以下列举几个国外公司的成功案例：

　　◎负责波音公司员工教育训练的史丹利博士运用思维导图整理课程，将原本需费时一年才能上完的工程技术训练，只花短短数周便有效地完成。估计运用思维导图法作为教育训练工具所节省的经费达1100万美金。

　　◎时间管理专家梅耶（Jeffrey Mayer）指出，思维导图法能够让他在几分钟之内处理完过去要花几小时、甚至好几天才能完成的事情。

　　◎列支敦士登的全球信托公司（Liechtenstein Global Trust）运用思维导图法记录客户数据、开会的发言大纲、问题分析与解决方法、规划年度工作计划，建立起一个具有包容性又充满活力的机制，为企业带来创造力与高效率。

　　◎甲骨文（Oracle）软件公司的主管麦契汉（Alan Matcham）指出，思维导图已普遍导入到甲骨文各阶层，成为公司内部推动变革的驱动力量。许多人都用思维导图来组织策划活动，并且应付工作中遇上的复杂问题。

　　◎提供美国纽约通讯与电力系统的爱迪生（Con Edison）公司在9·11事件中，透过思维导图实时提供各个团队所需的信息，并有效整合救难抢修资源，让通讯与电力顺利地恢复供应。

　　◎新加坡维莉塔斯（Veritas DCG）公司办公室不幸遭逢火灾，重要文件尤其是计算机中心全毁于祝融。副总裁柯汉（Sami Khan）以思维导图协助董事长制订重建计划，每项任务巨细靡遗地展现在思维导图中。维莉塔斯公司大约花了十天时间重建计算机中心，开始恢复正常运作，同时节省了三四百万美金的费用。

　　◎世界贸易组织WTO于2003年11月在墨西哥坎昆市（Cancus）召开会议，反全球化的示威者扬言要进行大规模示威与破坏行动。墨西哥政府与军队在维大利斯（Vitalis）保全公司协助下，利用思维导图讨论会议期间可能会发生的危机，最后确认了8,829项艰巨任务，并将冲突发生时的应变策略统统记录到一张大型思维导图中。他们也用思维导图呈现示威者的计划与意图，并与反对组织沟通协调，取得双方共识。最后事件平息，没有发生任何一起暴力事件；原本对立的双方成为合作关系；反全球化运动的领导者感激世界贸易组织为他们做的一切努力；由于思维导图在这次行动发挥了重要功能，因此主办当局将计划与执行的思维导图内容整理成200页的文件，指导人们处理类似的国际暴力事件。

除了以上的国外案例，台湾自从1998年我应IBM台湾分公司的邀请前往讲授思维导图法课程开始，至今在华人地区已经有超过300家的跨国公司或知名企业为了提升员工的工作能力与组织绩效，纷纷邀请我前往讲授思维导图法的应用课程，成效卓著。

自1999年起，思维导图法已经是强调研发创新的工研院每年固定必开的课；全球三大会计师事务所之一的资诚联合会计师事务所（PwC Taiwan）为了提升审计人员问题分析与解决的能力，自2002年起每年定期举办思维导图法研习课；联华电子则是在2010年将思维导图法列入新进人员教育训练的必修课，以提升员工的工作计划能力；HP惠普科技台湾区副总经理陈国钦先生自称，自从使用思维导图法来带领业务团队之后不但屡创佳绩，且让他从忙碌的无头苍蝇"蜕变"成享受工作乐趣的雅痞；台新银行总稽核吴弘仁表示，运用思维导图法可以轻松掌握客户需求，提供客户最贴心的专业金融服务；华邦电子人力资源处在陈培光处长的全力支持下，2000年即导入思维导图法并成为有效的工作平台，不论是创意思考、人际沟通、会议讨论或是项目企划，都能化繁为简、架构清晰，工作效率大幅提升；1998年宏碁计算机的学习月课程首度列入思维导图法单元，全球教育训练中心张博尧处长发现，思维导图法为宏碁同仁开启了创意思考的一扇窗。

从以上案例显示，许多个人与企业都认同，只要正确使用思维导图法，将可让大脑思考更有条理、思绪更加清晰敏锐，想法也更富有创意。这也促成现今各个企业将思维导图法逐步纳入教育训练课程，寄望员工能应用在各部门实务工作中。

一个概念、技巧或方法的科学化及学术化，必须植基于相当的理论基础。此理论基础或源自于既有理论，或来自实务的检验，经由综合、比较、分析及批判等过程，去异求同后逐渐归纳建构出属于本身的理论基础。有人认为，讲求实务应用比探讨、研究一大堆理论来得重要。殊不知实务知识也会落入不务实的窘境，因为随着环境因素变迁，原本实务的东西变得不适用，这时理论的功能就会显现。因为理论是用来解释、说明与预测某种现象的产生原因、过程及结果。换句话说，理论是一种观看的视角、思考方式，作用在于"了解"、"反省"与"批判"实务的现象。透过实务经验累积，我们归纳出了理论，也因为具有理论基础，得以修正实务应用，彼此的关系乃相辅相成。

　　思维导图法亦不例外，必须从理论基础来发展出实务应用。从我分析过百余篇台湾思维导图法相关学位论文的研究结果发现，有关思维导图法"知其然，知其所以然"的know how与know why的实务经验经得起科学方法检验，意即思维导图法在台湾的发展，已经和英国博赞的思维导图法在知识论、方法论与实务应用上有差异，更具有进步性与实用性。

　　论及思维导图法，"心智"必然与大脑有着密切关联。以下是几则有关大脑的描述。

> 　　博赞把我们人类的大脑比喻成一个沉睡的巨人，这个巨人拥有像银河那么多星星的神经元，舞动着大脑宇宙的银河之舞。

> 　　莫斯科大学阿诺金（Petr Kuzmich Anokhin）教授表示，大脑蕴藏的潜能无可限量，但有史以来，还没有一个人完全发挥大脑的全部潜能，因此有所谓我们只开发使用大脑十分之一的说法。诺斯与博赞也指出，我们在1950年代只使用大脑50%的能力，到了1960年代降到25%，1970年代再降到10%，1980年代再降到4%，到了1990年代只剩下1%。

大脑内约有一千亿个脑细胞或称神经元（NEURON），每个都可以与相邻的神经元产生一万次突触的接触，如此一来，每个脑内细胞与细胞连接可以有十的十五次方那么多，这代表我们永远不会缺乏心智的储存空间。有人计算出普通人一生积蓄的记忆占据约十的十七次方个位信息，意思是普通人的脑内可以放到两千万张计算机光盘数据，约为美国国会图书馆所有收藏的五百倍，可以写满七点五兆张纸。除了神经元之外，大脑还有更大的第二级细胞，神经生物学家称之为胶质（glial）细胞，每一个神经元约有十个胶质细胞，总数为一兆，胶质细胞的部分功能似乎是神经元的保姆，也产生及接收神经传导物质。由此可见，智力并不是由脑的大小来决定，而是由神经元的连结数目多寡分出高下的。

我们真的只用到大脑这么一点点能力吗？这迷思广为流传，却一直无法获得真正解答。不过我们若注意不幸中风的病患，他们脑中一小部分受损就造成行动瘫痪、语言困难、丧失记忆。如果我们日常生活只用大脑不到一半的能力，还可能行走自如，照常工作、学习？思考的关键点应该是，我们是否能够充分地、正确地、有效地运用大脑的心智能力？

思维导图可以解释为心智地图，是反应大脑思考与学习的最自然的模式。博赞在其最早著作《启动大脑》及经典著作《思维导图圣经》中所论述的思维导图法范畴包含了：认识大脑及大脑的工作原理、记忆原理与技巧、正确的阅读方法、创造力、放射思考的思维导图，以及在学习与工作上的应用。其理论基础因此包含了大脑讯息处理、知识表征、建构主义与后设认知。

现在就让我们进一步探索，检视脑力、智力、语意学、图像组织、图像思考、色彩学与思维导图法之间的关联，梳理出一套逻辑架构来验证，并建构出思维导图法的know why知识。

第**3**章
大脑与记忆

大脑如何思考？大脑如何记忆我们接收到的讯息？记忆分为哪几类？记忆储存在大脑的哪一个地方？针对这一连串的疑问，在2000年获得诺贝尔生物医学奖的美国加州大学圣地亚哥分校医学院斯奎尔（Larry R. Squire）教授与哥伦比亚大学神经生物学暨行为研究中心创办人坎德尔（Eric R. Kandel）指出，影响记忆的因素包括了重复的次数、重要性，并且能与现有知识挂钩并组织在一起。记忆的种类又可分为陈述性记忆与非陈述性记忆，可以用语言或心像描述我们累积的知识、经验与学习称为陈述性记忆；习惯化、敏感化与古典制约则属于非陈述性记忆。

王建雅、陈学志在《脑为基础的课程与教学》一文中指出，坊间所谓"大脑的潜能只用了10%"的商业广告从来就不是事实，因为个体看似简单的行为，都是汇整大脑许多部位合力达成的，虽然各种感官在大脑皮质有不同的投射区，其功能却依赖皮质整体的联结。

思维导图法即植基于反应大脑工作的原理。在实务上，我们在乎的是怎么应用才有效，但要有效就得掌握背后的理论基础。接下来将探讨大脑的基本结构、功能，以及讯息处理模式，来解释说明思维导图法对提升记忆力的角色与功能。

第1节 认识神奇的大脑

汉诺瓦保险公司总裁比尔·欧布莱恩（Bill O'Brien）曾经以"地球上未开

发比例最高的地区，就是介于两只耳朵之间的空间"来形容我们神奇的大脑。大脑蕴藏着无限潜能，人类在21世纪面对的挑战之一就是了解并有效地运用我们的大脑。

大脑有一千亿个神经元网络

大脑重量约1300克（欧洲人平均1,300~1,400克，20世纪最聪明头脑之一的爱因斯坦只有1,230克），是由一千亿（10^{11}）个神经元网络组成，每个神经元之间平均又有一万个连结，换句话说，大脑神经元的连结高达10的15次方（10^{15}）这么多。人类近亲黑猩猩的大脑神经元数量与我们差不多，但是神经元之间的连结却只有人类的四分之一。人类经由庞大神经元链接形成的网络节点，缔造了优于其他动物的智力、创造力、情绪、意识和记忆。

这颗神奇大脑的快速成长期是从母亲怀孕六星期到六个月之间，这时候是以每分钟25万个新神经元的速度成长，总数量可高达一兆个（10^{12}），然而到了出生时却只剩下其中的百分之十（10^{11}），其他百分之九十的神经元因为不具有功能性链接而遭淘汰，亦即大脑会"用进废退"，唯有不断动脑，脑神经细胞的突触才会不断延伸，去与其他细胞沟通、产生连结的神经回路。反之，没被使用的大脑神经元则逐渐萎缩，最终将丧失功能。教育或学习是建构大脑神经网络的重要因素，相关研究也指出，脑神经元之间突触的连结会持续一辈子。这也说明了"多动脑筋可以保持年轻"、"一旦学习停止，死亡便开始"。

大脑乃三位一体

脑神经学家麦克莱恩（Paul D. MacLean）则以"三位一体脑"（triune-brain）来描述大脑的进化过程与功能。

第一部分是延伸自脊髓中央柄状物的脑干，是脑部在子宫里发育过程中最先成形的部分，也是进化过程最先出现的脑部形态，负责传送来自感觉器官所接收到的信息，并控制呼吸、心跳等本能直觉反应。两亿八千万年前，最先行走在地球上的动物就是爬虫类，它们仅仅只有脑干，与我们现在的脑干非常类似，因此脑干被称为"爬虫类"的脑（reptilianbrain）。

大脑中最先发展的是第二部分，大约已有一亿五千万年的历史，围绕着脑干，负责处理情绪、情感行为的边缘系统。动物有了边缘系统才发展出社会合作关系，这部位又称为"古老哺乳动物的脑"（old mammalian brain）。边缘系统不仅影响情绪，对记忆力也有重要功用，因为边缘系统当中有海马体与杏仁核。海马体是脑部记忆中心，储存了某些短期、长期的记忆，大部分长期记忆都是储存在新皮质区。人类到了两岁左右，海马体才会发育完全，许多研究人员认为，我们之所以无法记得婴儿时期的事，是因为海马体尚未能发挥功能，将短期记忆"输送"到长期记忆。老年痴呆症患者的脑部最先受损的器官便是海马体，因此会丧失短期记忆的功能，但是过往事物安全储存在新皮质区的长期记忆数据库里，因此刚刚发生的事情一下子就忘记，但是满口陈年往事。根据最新研究指出，杏仁核是处理感情记忆的中枢，帮助海马体区分并储存记忆，处理信息的过程中带有丰富的感情因素时，杏仁核就越有可能将讯息储存到长期记忆区。

第三部分是脑部进化过程最后阶段才完成的大脑神经新皮质区（cortex），大约是8000万年前哺乳动物出现后才存在，因此又称为"新哺乳动物的脑"，负责理性思考、说话、归纳、推论与创造。

新皮质区与边缘系统都在大脑里，大脑两侧的区域大致呈对称状，沿着脑部中央画一条直线为轴，左右两边就是我们俗称的左右脑。

左右两个脑

1960年代末期，加州理工大学史佩利（Roger Sperry）教授研究发现，大脑皮质区左右两边有不同的心智能力，左脑的能力与文字、数字、逻辑、行列、顺序、窗体有关；右脑则是图像、色彩、想象力、空间、韵律、完形等。斯坦福大学心理学家奥恩斯坦（Robert E. Ornstein）教授与美国加州大学大脑研究中心的脑神经行为学家赛德（Eran Zaidel）博士等人进行了后续研究，除了证实史佩利的理论之外，也有些不同的发现。虽然左右脑掌控了一些固定的行为活动，但史佩利指出的心智能力，事实上遍布在大脑皮质区的每一处。现代的新观点是：每个记忆和思考过程都需要大脑不同区域协同工作才能完成。史佩利因为他的研究成果，在1981年获颁诺贝尔奖。

英国牛津大学生理学教授约翰·史坦（John Stein）也指出，97%的人是以左脑处理语言，右脑处理视觉空间与情绪表达。但也不是绝对二分法，因为右脑在处理语言时也扮演着重要角色，例如带有情感的语言；同样的，左脑也会辅助视觉空间运作，例如文字在句子中的相关位置。有许多更进一步的研究也发现，同样的心智能力会因为不同文化差异，处理模式也不同，例如中文的语言文字以"象形图画式"为主，包含了象形、形声、会意、转注与假借，这些能力大部分是透过右脑学习。西方国家则是使用"字母式"文字环境沟通，用到大量左脑的功能。

史坦针对老鼠的研究也发现，丰富的环境操作刺激，可以增多、加强大脑皮质神经元的连结。因此，从实作中学习的成效比起只有听或看的学习更好。

左右脑的心智功能

大小两个脑

大脑是由边缘系统与新皮质区组成，小脑则位于脑干正后方，负责运动、协调肌肉以及动作的记忆。大脑则分成脑前端的额叶，负责思考与解决大部分抽象问题；额叶下方是顶叶，处理知觉接收到的讯息；枕叶体积较小，位于大脑底部，负责控制视觉；最后接近太阳穴在大脑两侧的是颞叶，控制记忆力、听觉、语言等。

第2节　信息处理与记忆

学习是如何发生，记忆是如何储存的，这一直是哲学、心理学，以及生物学的中心议题。在19世纪末之前，记忆的研究一直属于哲学范畴。到了20世纪，研究重心才逐渐转移到以实验为主的心理学和生物学。21世纪的今天，心理学和生物学已经汇集在一起共同讨论。从心理学观点探讨的是：记忆如何运作，有不同类型的记忆吗，生物学研究的重心是：学习活动是发生在大脑哪个部位，我们接收到的外界信息是储存在大脑哪个地方，记忆储存可以化约到神经细胞的层次吗。如果可以，记忆机制是如何，只从心理学或生物学回答上述问题都无法令人满意，但集中两者的优点便可导出一个新领域，让我们了解大脑是如何接收与储存信息的。

心理学家研究心理学的基本理论之一，是从人类如何处理信息开始，包括运用语言信息、记忆、复述、理解、表达、评价等过程，在每个过程都会使用到语言知识。因此，若要解释说明人的心理过程或心智历程，就必须了解语言如何储存与应用。换言之，我们必须清楚掌握语言知识在人类信息处理中的各种作用。

大脑记忆从外界接收到的信息，诸多学者依不同取向而有不同的分类，大部分都是根据内容和可提取性为基础，也就是以"储存在记忆里的是什么东西"以及"这些东西有多容易被提取出来"两个原则划分。因此，美国细胞生物学博士萝普（Rebecca Rupp）将记忆分为"陈述记忆"与"程序记忆"。陈述记忆又可分为"事件记忆"与"语意记忆"。陈述记忆属于有意识的回忆,是生活中的经验和事件,以及学习来的知识。例如我们可以说出2011年3月11日的大地震在哪里发生,造成哪些重大灾情。程序记忆又称肌肉记忆,是我们学会的技能,知道"如何做"的过程,例如开车。运用思维导图法所要记录与呈现的内容属于陈述记忆的范畴。

美国伊利诺伊州立大学教育心理博士靳洪刚则认为,记忆可略分为"阶段论"与"层次论"两类。阶段论强调信息在人脑中处理过程中的连续性,层次论着重探讨不同的信息接受方式,会影响大脑对信息的记忆效果。

第3节　记忆:阶段论

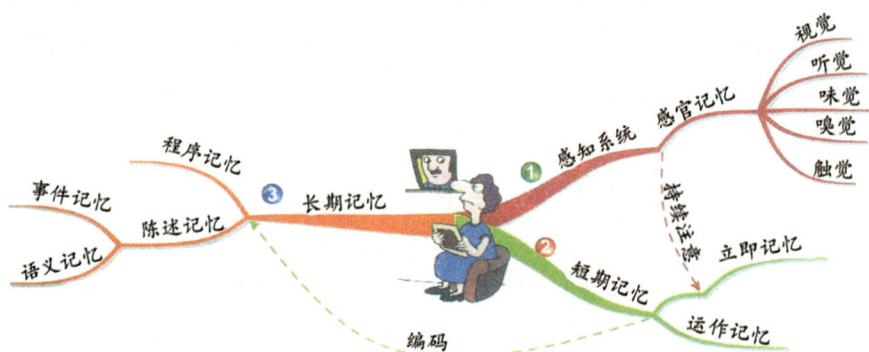

感知系统、短期与长期记忆

感知系统

感知系统(或称感官记忆)属于人类处理信息的第一步骤,透过视觉、听觉,甚至味觉、嗅觉与触觉接收信息,将信息保持一段时间,以便在下一阶段处理。"模式辨认系统"是感知系统的一例,当我们接收到一个新信息时,会从已经储存在脑海里的长期记忆中提取相关信息，以便辨认新信息。

感知系统的记忆时间非常短暂，当刺激五官的讯息消失，记忆效果也随之消退。强化的方式就是再现感官讯息，例如再看一次或再听一次。透过不断地注意刺激来源，感知系统的讯息会进入到短期记忆系统。

短期记忆系统

德国心理学家艾宾浩斯（Hermann Ebbinghaus）在1880年左右的研究发现记忆的两个原则：（一）有些记忆只能记住短短几分钟，有些却可以记住好几天、好几个月，甚至更久；（二）重复练习可以使记忆维持得更长久。后来美国的心理学家詹姆士（William James）将艾宾浩斯的研究结果更清楚地量化为短期记忆和长期记忆。

艾宾浩斯的实验发现，人们接触到的信息在经过学习后便成为短期记忆，如果不及时复习，会很快就遗忘这些记忆内容，而且是先快速、大量地遗忘，然后速度逐渐趋缓；他因此发明了著名的"艾宾浩斯遗忘曲线"。学习活动刚结束时，我们可以百分之百记住所有内容。但是20分钟之后，记住的内容立刻降到58.2%，一天之后是33.7%，一个月之后只剩下21.1%。详细时间间隔与记忆量如下表。

时间间隔	记忆量
学习刚结束	100%
20分钟之后	58.2%
1小时之后	44.2%
8小时之后	35.8%
1天之后	33.7%
2天之后	27.8%
6天之后	25.4%
1个月之后	21.1%

艾宾豪斯发现，只要规律地复习，一天之后可以保持98％的记忆，一周后尚可保留86％。这也说明复习可以将短期记忆延长为长期记忆，也印证早在两千五百年前孔老夫子在〈学而篇〉明白揭示的"学而时习之"。

认知心理学家将短期记忆再细分成"立即记忆"（immediate memory）与"运作记忆"（working memory）两种。立即记忆指的是接收到外界刺激时占据当时心思的信息，类似前述的感知系统。美国天主教大学教育心理学教授盖聂（Ellen D. Gagné）等人在《学校学习的认知心理学》（The Cognitive Psychology of School Learning）一书中引用赛蒙（Herbert H. Simon）的研究指出，大脑运作处理一个单位的新讯息大约要花十秒钟，也就是一分钟大约只能储存六个新知识单位，若在接收讯息的过程中还主动去思考、论述新知识的话，会让每分钟能储存的新知识数量降到更低。哈佛大学心理学家米勒（George A. Miller）也指出，人的立即（短期）记忆的容量非常有限，大约只能维持七个项目或七个串节左右，因此提出"神奇的数字七，加减二（magic7±2）"原则，除非一直不断复诵，否则通常不到三十秒就忘记了。也难怪许多人有这样的经验：从客厅走到卧室，却已经忘记到卧室是要干什么事情。

立即记忆透过讯息重复刺激、主动复诵等运作过程，可以延长记忆的时间，著名心理学家巴德利（Alan Baddeley）教授将此定义为"运作记忆"（working memory），因为在这个记忆阶段是强调讯息正"运作中"，换句话说，运作记忆是一种有意识的心理活动，以整合讯息来完成任务。

更进一步的研究发现，大脑是非常取巧的，神奇的数字七并非完全是独立的个别项目，也可以是一组或成块的信息。透过富有创造力的"组块"心智技能，我们可以把较多信息储存到较小的空间。为了突破短期记忆局限，有效的策略是将组块"分段"或"分类"，把要记住的内容分成几个有意义的小部分去记忆，然后凝聚成一个有意义的大单位。例如以下这45个字母的英文单字：

Pneumonoultramicroscopicsilicovolcanoconiosis（火山矽肺尘症）可以分成八段来记忆。

Pneumonoultramicroscopicsilicovolcanoconiosis
肺... 超 微 观 矽 火山 尘 病变

换句话说，短期记忆透过编码过程，可将讯息转化为长期记忆。但是如果一次同时出现大量数据，例如上课、听演讲，要立即记住所有的内容，光是用分段法成效还是很有限，就必须借助其他方法，例如运用类似拼图游戏，或可以组织大量信息并将信息具象化的思维导图法，以便我们在接收信息时可以处理信息，以达到长期记忆的效果。

长期记忆系统

长期记忆储存了我们过去所有经历的事物，可用来解释新的经验，或链接新接收的信息，储存到记忆系统中。

要了解长期记忆如何建立，必须先知道灵长类视觉处理的神经通路。视觉皮质的神经通路投射到大脑皮质许多区域，包括额叶与颞叶内侧。最早提出人类记忆可能储存在边缘系统的颞叶，是由加拿大神经外科潘菲尔（Wilder Penfield）教授在1938年所提出的。大脑皮质层可分成四大区域：

一、额叶（frontal lobe）：四个区域中扩展、成长最快，所占面积最大的一个，分前后两部分：前半部是前额叶，负责解决大部分抽象问题，包括思考、策划、行政与决策。人类前额叶的大脑皮质层在万物之灵中所占比例最高。额叶后半部是运动皮质层（Primary Motor Cortex），负责指挥身体各种动作。额叶左边有一个重要区块叫做布罗卡区（Broca's area）负责将我们想要表达的句子意义传到运动皮质层。

二、顶叶（parietal lobe）：位于头顶平坦的头颅下，也分为前后两部分。前半部是感觉运动区，主要接收来自身体各部位传来的讯息。后半部的顶叶继续分析、整合接收到的讯息，让我们可以知觉所处环境的空间距离。

三、枕叶（occipital lobe）：主掌视觉中心，位于大脑皮质层后方，当视丘把视觉讯息送到枕叶之后，会在这个地方分辨、整合，比较现在所接收的新讯息与储存在脑内的既有数据，就能明了看到的是什么东西。

四、颞叶（temporal lobe）：控制记忆力、听觉、语言，尤其是语言的长期记忆，在颞叶左后边有个维尼基区域（Wernicke's area），主要是负责解析听到的语言，转换成有意义的句子，让我们了解别人说话的内容。

透过最新的图像处理技术证明，每一个记忆、思考都需要大脑皮质层几个不同区域的通力合作才能完成。如果我们要将视觉讯息和立即记忆转换成为长期记忆，颞叶内侧与边缘系统的海马体和杏仁核必须先储存正在进行发展中的记忆，换句话说，颞叶内侧能维持短期记忆的知觉经验，而成为长期记忆。海马体决定非情绪的信息，杏仁核则决定情绪性的信息，如果没有它们"筛选与运送"，就不会有新信息储存到长期记忆里。就我们所知，海马体特别容易受到生物性的破坏，特别是可体松的破坏，所以失忆的初期症状就是丧失创造新记忆的能力，这就是为什么老年人通常都记得很久以前的事情，却经常忘记刚刚发生的事。因此，两侧边缘系统与颞叶受损，将会逐渐造成陈述记忆衰退、选择性记忆失常，也就是所谓的失忆症。

美国佛罗里达州立大学教育心理学教授德里斯科尔（Marcy P. Driscoll）在《教导学习心理学》（*Psychology of Learning for Instruction*）一书中指出，下列五种形式有助于将信息储存为长期记忆：

一、网络模式（Network Models）：长期记忆中许多概念是用层级方式连结。

二、特征比较模式（Feature Comparison Models）：找出不同概念的主要特征，并比较各个特征的异同之处。

三、命题模式（Propositional Models）：长期记忆中最基本的单位是命题而不只是概念，也就是要将概念结合成一个有意义的句子。

四、平行分布处理模式（Parallel Distributed Processing Models）：此一

模式也称为神经网络模式。学习历程分输入、精致化处理以及输出三个阶段，精致化处理阶段又可分为讯息的组织与转换，以同化或调适学习者已有的认知结构以及讯息的记忆与保留，而且是同步分工进行。

五、双码模式（Dual-Code Models）：同时使用图像与文字来为记忆编码，在回忆时会比单纯使用文字有更多可提取线索的。

谈及把信息从短期记忆顺利输送到长期记忆，多伦多大学认知心理学家图恩（Endel Tulving）认为，还必须把长期记忆区分为"语意记忆"（semantic memory）与"事件记忆"（episodic memory）。语意记忆是对一个语词、概念、象征、事物的系统知识，不与时间、地点相连结。事件记忆是自传记忆，一个人一生发生之事的记录，往往保存了事件发生的时间、地点等信息，关乎个人经验的人、事、时、地、物。这两种记忆在讯息处理过程中会相互作用，用来解释与辨认外界的事物与规律。事件记忆随着生命不断变化，语意记忆也随之相对稳定；透过将讯息赋予意义，则可强化长期记忆的效果。

宾州大学医学中心的神经学家格罗斯曼（Murray Grossman）综合了短期记忆与长期记忆，提出了W-I-R-S-E五种记忆类型：

一、W代表运作（Working）记忆：属于短期记忆。许多人到了四十岁，运作记忆的能力就开始退化。

二、I代表内隐（Implicit）记忆：或称暗示性记忆，属于长期记忆的程序记忆。除了肌肉记忆之外，有些反射性动作也属这类。

三、R代表久远（Remote）记忆：又称遥远的记忆，属于终身不断累积的讯息，也会随着年龄增长而退化。

四、S代表语意（Semantic）记忆：也翻译成语意记忆，属于文字符号代表意义的记忆。这种记忆比较不容易消失。

五、E代表事件（Episodic）记忆：也译成情境记忆或插曲式记忆，是有关个人特殊经历的记忆。

短期记忆的讯息会经由编码程序成为长期记忆。所谓编码，就是将讯息转换成对学习者有意义的概念。常见的编码策略有：

一、组织分类：将需要记忆的大量事物先根据其属性或目的做出分类。先记忆类别，再记忆每一类的项目，其数量就可大幅减少，以符合"神奇的数字七加减二（magic7±2）"原则。例如要记忆：苹果、剪刀、橘子、飞机、汽车、圆规、火车、尺、香蕉、轮船、铅笔、西瓜十二个项目，可先分成"水果"、"文具"与"交通工具"三类，每一类下只有四项，就比较容易记忆了。

二、前缀联想：把要记忆的各项东西名称的第一个英文字母或中文字排列成另一个单字，或重新编成一个有意义的短句。例如：要记忆美国五大湖"Superior、Huron、Michigan、Erie、Ontario"，可将每个单字的第一个字母组成homes或重编成She Has Many Ears On作为记忆提示。

三、心像联想：发挥个人的想象力，透过谐音、意义等联想方式将文字转化成画面。例如：要记忆台湾五大毒蛇"龟壳花、眼镜蛇、雨伞节、百步蛇、青竹丝"，你可以想象一个画面："忍者龟，戴着眼镜，手拿雨伞，走了一百步，来到竹林里"。

除了上述三大编码策略之外，常见的还有利用中介元素及时光回溯两种策略。所谓中介元素技巧就是，要记住A与B时，不容易从A联想到B，于是找一个中介元素X，从A可以联想到X，从X也能联想到B，这样就能记住A与B。例如要记忆"苹果"与"运动"，两者很难直接联想，于是使用中介元素"健康"，吃"苹果"会"健康"，想"健康"就要"运动"。时光回溯则是像电影倒带一样，将时间逐步往前推进，让画面一一浮现，直到答案出现。例如：早上出门时，忘记昨晚回家时把车子停在哪里，这时就从昨晚回到家门口的画面往前回想是走哪条巷子、哪条路，让画面逐步回到停车时的场景，就能想起车子停在哪里了。

若是碰上长期记忆的回忆效果不佳，原因除了时间久远之外，另一个就是干扰记忆的因素出现，例如：不正确的讯息分类造成储存不当，以及未能将讯息做有意义的观点转化。因此，当我们运用思维导图法做当学习工具时，特别在萃取信息、整理信息时，必须注意撷取有意义的关键词，避免选择无意义或不重要的信息，以减少干扰，提升记忆效果；根据学习目的与文本属性做出合适的分类，以有效提升内容理解，并增进长期记忆的效果。

第4节　记忆：层次论

"层次论"强调信息如何被接收。此一理论的重要概念是"练习作用"。多伦多大学心理学教授克雷克（Fergus I. M. Craik）博士与洛克哈特（Robert S. Lockhart）博士认为"练习"是一种控制过程，让短期记忆的信息得以重新使用，因而达到保持短期记忆中的信息和将信息转送到长期记忆中。此一理论认为，短期记忆中处理信息的"方式"，比处理该信息所用的时间重要得多。记忆大量信息时，尤其是事件记忆，先针对内容建立意义连结（底层信息处理），再花一分钟来记忆，记下的数量会比耗费十分钟把每个项目单独记下（表层信息处理）来得多。所以，大量无变化的重复对记忆没有帮助，新信息必须先强调特殊重要性、与现有知识建立联系、赋予意义、强烈的情绪连结，之后再经常复习，才能有效成为长期记忆。博学多闻、生活历练丰富的人在学习时，会经由脑内四通八达的思考网络与丰富的数据库产生意义链接，学习起来会比一般人轻松有效。但是如果只是针对语意记忆或程序记忆，都可以只经由反复练习而获得进步。

1993年，德国心理学家冯·雷斯托夫（Hedwig von Restorff）为渴望提高社交能力的人做了实验，结果发现我们倾向记住一些特殊、与众不同的人、事、时、地、物。此一结果被称为"冯·雷斯托夫效应"（Von Restorffeffect）又称隔离效应（isolation effect）或新奇效应（novelty effect）。这些特殊事物会对大脑产生吸引力，有助于短期记忆转化成长期记忆。

冯·雷斯托夫指出，差异特别大的东西要比普通东西容易记忆。当与"背景不同"（例如一个与周遭事物不同的东西），或是"经验不同"（例如新信息与记忆中的经验不同），就会产生冯·雷斯托夫效应。比方说，要试着回想起一组字符串376A92，我们会很容易记住当中的A，因为A是字符串串里唯一的一个英文字母。产品广告会请知名人士代言来提高品牌知名度，可让广告与周遭信息有明显差异，提高对消费者的吸引力。但是该知名人士若代言太多不同品牌、产品，效果就会递减。此外，人们常常可以记住生命中的重大事件，例如：大学发榜的那一天、第一份工作、美国9·11事件、日本3·11大地震等事，是因为这些事物与过去经验明显不同。

另外值得一提的是"伴生感觉"（synesthesia），对长期记忆力也相当有帮助。伴生感觉指的是五官知觉的结合与协调，"闻到"某个味道让你"想到"某人，"听到"某首音乐让你"感觉到"某个季节。这种"看到"声音，"品尝"颜色的能力，在创造力丰富的人身上更明显。 博赞指出，想要大幅提升记忆力，并有效率回想记忆的信息，必须运用大脑各个层面的心智能力，因而提出了思维导图法SMASHIN'SCOPE超强记忆力的十二项原则：

1. 伴生感觉／五官知觉（Synaesthesia/Sensuality）
2. 动作（Movement）
3. 联想（Association）
4. 性象征（Sexuality）
5. 幽默（Humor）
6. 想象力（Imagination）
7. 数字（Number）
8. 符号（Symbolism）
9. 颜色（Color）
10. 顺序（Order）
11. 正向思考（Positivity）
12. 夸张（Exaggeration）

经过多年实务教学，博赞将此十二项原则重新整理，简约成十大核心记忆原则：伴随五官知觉、夸大、节奏与动作、颜色、数字、符号、次序与样式、吸引力、欢笑、正向思考。

从以上层次论的观点不难发现，融入五官感觉、发挥想象力、建立有意义的链接，是将短期记忆转化成长期记忆力的有效"方式"。思维导图法能透过色彩传达我们对信息的感受性，并以图像对内容的重点概念做出有意义的联想。

第5节　睡眠与记忆

日本漫画《东大特训班》是以学习方法为主轴的益智连载漫画，内容除了论及许多思维导图法（记忆树）之外，还特别强调睡眠能够帮助记忆，可以把当天学过的东西从短期记忆转换成大脑的长期记忆。究竟要睡几个小时才够？重点不在睡多久，而是睡得好不好。

斯奎尔与坎戴尔在共同研究中发现，短期记忆到长期记忆是从以历程为主的记忆（Process-based memory）到以结构为主的记忆（Structure-based memory），短期记忆的改变仅限于小细胞的改变。例如，移动突触囊泡的位置，使其更加接近或远离活动区域，这个历程可以改变脑细胞释放神经传导物质的能力。相反的，长期记忆是新突触连接的生长，或是缩回原有的突触连接。1963年弗莱克斯纳（Louis Flexner）发现，形成长期记忆需要新蛋白质的合成，而短期记忆则不需要。

然而科学再怎么发达，我们还不是很清楚每个脑细胞是如何储存一部分记忆的。美国麻醉与抗老医学专家卡尔萨博士（Dharma Singh Khalsa）指出，当我们有一个想法或是从五官接触到的任何讯息，都会改变脑细胞的核糖核酸（RNA）的生理结构，因而产生记忆路径的个别"位"。脑是身体的记忆库，核糖核酸是脑细胞的记忆库，核糖核酸存在细胞核与围绕细胞四周的胶质细胞中，也能帮助身体合成所需的蛋白质。卡尔萨博士的结论是：记忆是一种"带有密码"的蛋白质，储存在核糖核酸里。

最近的研究也证实，人们睡觉的时候，脑内的化学工厂会制造人体与脑细胞所需的蛋白质，以及让脑子可以保持平衡运作的神经传导物质。研究也发现，睡眠不足会影响思考判断与情绪处理的能力，而这两项正是影响学习质量与记忆效果的重要因素。人从浅眠到熟睡时，会进入眼球急速跳动的阶段，这时主宰短期记忆的大脑海马体会重现白天学习、经历的事（即所谓日有所思、夜有所梦），强化白天学习、经历的内容，然后输送到掌管长期记忆的大脑皮质层。

美国范德堡大学医学博士麦克鲁尔（Jake McClure）的研究也发现，睡眠时间超过七小时的学生接受大脑反应测试时，在视觉记忆、语言记忆的准确性，及反应时间等方面表现，优于睡眠时间不足七小时的学生。由此可见，良好、充分的睡眠对学习、记忆是多么重要。

一天所学的东西会透过睡眠时的重现来强化记忆效果。平时若能养成习惯，将所学的东西整理成思维导图笔记，在睡前再次阅读，这对保证长期记忆的效果有相当大的帮助。

第6节　三种感官记忆：视觉、听觉、运动记忆

卡尔萨博士进一步说明，大脑接收信息基本上有三种方式：视觉、听觉、触觉。

视觉记忆大部分储存在脑部新皮质的右边，听觉记忆大部分是左边；触觉的运动记忆大部分不储存在新皮质，而是在小脑里。

三种类型的记忆中，大多数人都只擅长其中一项。有65％的人擅长视觉记忆，20％的人擅长听觉记忆，15％的人对与触觉有关的运动记忆比较擅长。美国马里兰州罗克维尔市特殊诊断中心主任欧布莱恩（Lynn O'Brien）研究发现，中小学生在实际参与及亲自动手操作下的学习效果较佳；成年人则偏好视觉感官的学习。不过大部分的人都能同时将此三种类型以不同方式组合运用来学习。长期记忆不仅需要情绪因素，更与意义化的编码程度有关，如果记忆时都能将视

觉、听觉、动觉加以编码，信息就能储存在更多的脑细胞中。换句话说，善用视觉记忆、听觉记忆与运动记忆的人，会是一个出色的学习者，记忆力非常强。

充分融合视觉、听觉与触觉能强化记忆效果，这也说明光是盯着关于英国伦敦的课文，学习成效是有限的；亲自到伦敦玩几天，回来之后就成了伦敦通，难怪孔子说"行千里路，胜读万卷书"。然而书本是大量智慧累积的结晶，有其不可替代的价值。在知识爆炸的21世纪，不但要行千里路，更要博览万卷书。两全其美的方法是在阅读文章时发挥想象力，让文字内容变成情境画面，以提升学习记忆的效果，这也是思维导图法强调的视觉思考的重要原则。

第7节　大脑记忆与思维导图法

综合以上的理论探讨可了解到，为了有效提升学习记忆的效果，学习者在心态上必须强化三个原则：（1）自信心：自己的能力不会比别人差；（2）企图心：今天的我要比昨天进步，明天的我要比今天更进步；（3）坚持心：绝不给自己半途而废的借口，一定要全力以赴。

超强记忆力运用到的技巧，主要有情节式记忆与空间位置的记忆。要强化记忆力，就得发挥想象力，以虚拟现实的方式融入五官的感觉，将内容联想在一起，并以正面积极的心态对所学事物产生浓厚兴趣，并且善加运用大脑吸收信息的五大原则。

一、初期效应：把最重要的内容放在一开始的学习时段。

二、近期效应：利用休息前的三至五分钟时间，快速复习刚才所学的内容重点。

三、关联原则：内容重点要跟自己的兴趣、经验、时事联想在一起。

四、特殊原则：以不同颜色的荧光笔标示不同属性的重点，以插图强化重点所在，以及重点内容代表的含义。

五、重复原则：学而时习之，掌握复习的要领与时机，并以思维导图笔记作为复习工具。

立即掌握整体概念，促进主动学习

基于记忆的原理，运用思维导图法绘制笔记时，关键词的筛选与逻辑分类、阶层化呈现出的分类结构或因果关系，透过链接线指出概念之间的关系，可以让思维的语意结构更加烁炼、简洁易懂。先掌握整体概念，再慢慢了解细节之间的关系，是一种主动思考、学习的过程，符合建构主义的学习观与精致化理论的原则，以及大脑有效吸收信息的关联性法则。

帮助大脑有效记忆

思维导图法强调以可视化的图像来标示重点。第一阶的主干线条相较支干线条粗大、第一阶的主要概念文字的字体大于次要概念、使用英文字母时第一阶均以印刷体大写书写，较特别的主要或次要概念在线条样式上可以采用圆角方形或图文框等，这些都是为了达到大脑有效记忆的特殊性原则。

分类确实，有益于复习

因此思维导图法的应用强调对文字内容要产生有意义的联想，透过颜色来区分类别，并表达对信息内容的情绪感受，再配合米勒的"神奇的数字七加减二（magic7±2）"原则（在整理准备考试要记忆的思维导图笔记时，分类上尽量不超过五个主干，七类已经有点勉强，九类是极限了）。若信息内容确实有很多类别，可根据相似类别另外整理成一张思维导图。每一类别之后的内容描述也尽量以不超过五阶为原则，这样思维导图笔记才较为简洁有重点，利于往后的复习。这不仅符合有效记忆的重复原则，也实践了孔子"学而时习之"的教诲。

帮助左右脑的心智均衡发展

思维导图法的操作定义中强调的"关键词"、"逻辑分类、阶层化概念"属于左脑的心智能力，"图像"、"色彩"则归属于右脑的心智能力。若能善用思维导图法，可以让我们兼具逻辑与创意、科学与艺术、理性与感性的发展。更重要的是，学习者自己整理、绘制思维导图更能强化学习效果。以思维导图作为学习的辅助工具，将有助于将信息从短期记忆转为长期记忆。

第**4**章
语意学

人类生活中重要的认知活动之一就是沟通交流，语言扮演着重要的角色，是人类文明与文化的重要表征。语言无所不达、无所不在，包含了理解、表达、会话三种不同的层次。

一、理解：想要与他人沟通交流，首先得要听懂别人说的话。

二、表达：为了达到双向沟通，除了听懂别人说的话，也必须能够清楚地说明自己的想法。

三、会话：在与他人沟通的过程中，若想要相互了解，就必须透过会话的方式，不断地去理解他人的想法并表达自己的想法。

认知活动是大脑重要的信息处理过程，包含了信息的获取、表征化，并转化成知识、知识的分类检索与记忆、知识的推理与运用、知识的创造等心理过程。从语言的角度来看，认知过程包括了语意的记忆、运用与推导，从而获得正确的语意解释。不论从大脑处理语言或语言学的理论，都离不开语音层次的知识（语音中的声音系统）、语意层次的知识（词与句子的意义）、语法层次的知识（词与句子的结构安排）三部分。

博赞的思维导图源于一般语意学；思维导图的树状结构与网状脉络又源自柯林斯教授的"语意网络"。因此我们要从语意学的相关研究中做粗略探讨，以便掌握思维导图法的运用原则。

第1节　语言的思维与思绪联想

冯特（Wilhelm M. Wundt）是心理语言学的奠基人，他认为句子是语言的核心，语言表达是把大脑思维转换成顺序排列组合的语言成分，语言理解的过程则与表达相反。冯特进一步说明，句子是一个有机体，是一个认识层次的整体。

人类从非语言思维进化到语言思维的阶段，必然出现的思维基本单位是"语词"。句子由语词组成，因此我们有必要了解是什么样的规则，可以限定并说明这些句子是有意义的。最早关于语言心理的实验，都建立在经验主义及联想主义的基础上，因此冯特做了一项"语言联想测验"，让受试者根据某一个字（语词）说出它的从属词、并列词。例如：让受测者看"笔"这个语词，请他说出从属词、并列词。从属词可以是"文具"，因为"笔"从属于"文具"，也就是"笔"是"文具"的下位阶；从属词也可以是"铅笔"，因为"铅笔"从属于"笔"，也就是"铅笔"是"笔"的下位阶；并列词则可以是"橡皮擦"，因为"橡皮擦"与"笔"并列，都从属于"文具"，也都是"文具"的下位阶。

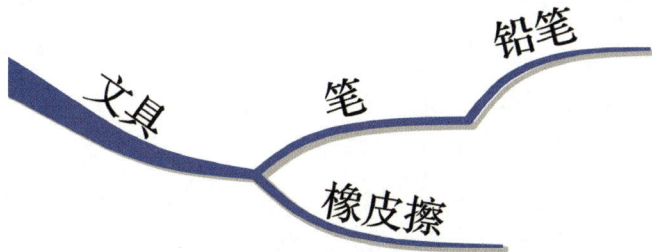

以思维导图方式表达冯特的从属与并列联想

从思维导图法的扩散思考而言，其联想的逻辑结构有水平思考的"思绪绽放"（Brain Bloom）与垂直思考的"思绪飞扬"（Brain Flow）两种类型。思绪绽放的结构属于并列词，思绪飞扬的结构即是从属词。

第2节　语言的规则和句子的组成

1960年代心理学的语言研究开始逐渐重视语言学，目的在于描述与解释语感，不仅提供了形式化的语法描述手段，同时结合了词义成分的分析，说明某个语词与另一个语词是如何与涉及的对象产生关联。周建设指出，语词的具体内容包括了（1）对象：真实存在的实物，或凭借想象力产生的虚构事物；（2）性质：描述对象的属性；（3）关系：对象与对象、对象与性质、性质与性质之间的关联性。

近代研究语意理论的学者与重要著作中，普林斯顿大学哲学博士卡茨（Jerrold J. Katz）与心理学家福多尔（Jerry Fodor）在1963年合作发表了第一篇重要的语意学论文《语意理论的结构》（*The Structure of a Semantic Theory*）。来年又与句法学家波斯特（Paul M. Postal）合作出版了语意学专书《语言学描述的整合理论》（*An Integrated Theory of Linguistic Descriptions*），因而形成了独特的语意理论。比较特别是麻省理工学院语言学教授乔姆斯基（Noam Chomsky）提出的转换生成语法理论。乔姆斯基认为人类有能力表达或理解以前从来没有听过的新句子，说明了语言知识或语感可以由一系列语言规则来表现：

句子（S）＝名词词组（NP）＋动词词组（VP）

名词词组（NP）与动词词组（VP）又可以进一步解构分析成：

名词词组（NP）＝限定符（DET）＋名词（N）

动词词组（VP）＝动词（V）＋名词词组（NP）

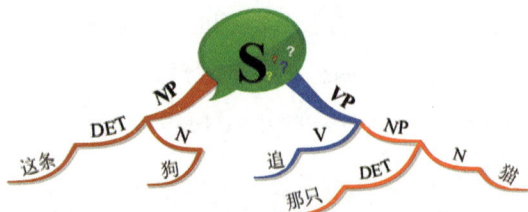

以思维导图表示"这条狗追那只猫"句子的树状结构

"这条狗追那只猫"这个句子中有两个名词词组（NP），直接从属于句子（S）的名词词组（NP）是主语，从属于动词词组（VP）的名词词组（NP）是受词。

有时候可将动词词组（VP）由一定要具备的语词和可有可无的语词（括号中的语词）来组成：

动词词组（VP）＝动词（V）＋（副词）＋（数量词）＋（形容词）＋名词（N）

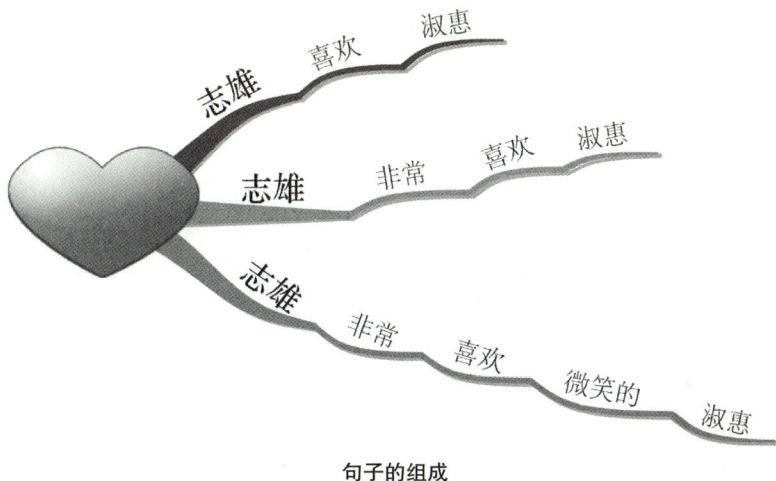

句子的组成

从规则中可得知，意思的表达是由必备的名词、动词，以及可有可无的副词、数量词、形容词组成。因此在思维导图法结构中，关键词的运用原则是以名词为主、动词次之，再加上必要的形容词、副词、数量词等。

第3节　合乎语法的原则

"语言"是由无数个合乎语法的句子构成；"语法"是语言中能够形成许许多多句子的系列规则。语法代表母语使用者对自己语言的知识，多数人对这个知识只能意会而不能明确言传。例如我从小在高雄长大，闽南语（台语）是我的母语，我很会讲，却搞不太清楚其中的用语、语法。美国加州大学柏克莱分校语言学教授史洛宾（Dan I. Slobin）说，一个人在生活中接触到语言，也在他的大脑中建立起一套跟语法规则相呼应的心理语言系统。无论如何，"语法"必须合乎下列两大标准。

1.语法必须有能力限定什么语句在语言中合乎语法，什么不合乎语法。这是语言学所谓的概括准确性（observational adequacy）。

2.语法必须能够说明语言中不同成分之间的关系。也就是说，语法不仅要能正确排列词汇，也要能解释彼此关系，例如同意与反意。这是语言学中所谓的描绘准确性（descriptive adequacy）。

有四个语词，分别是"我"、"苍蝇"、"打死"与"一只"，它们有很多种组合，以下举例其中几种：

我打死一只苍蝇
我打死苍蝇一只
苍蝇我打死一只
苍蝇打死一只我
我一只打死苍蝇
我一只苍蝇打死

按照中文的习惯，我们发现第一与第二种组合比较合适，因为它们符合"高频优选"与"语意亲疏"原则。所谓"高频优选"，简单说就是在日常用语中最常见的组合；"语意亲疏"指的是语意上最亲近、语意联系最紧密的组合，就会被视为最合适。

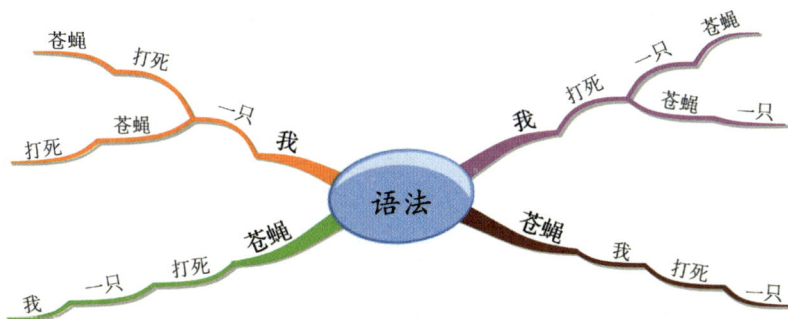

合乎"语法"与错误"语法"的思维导图结构

　　思维导图结构中每一个阶层线条上是以书写关键词为原则，尽量避免一长串的句子。从上方的思维导图中可看出，右边紫色与咖啡色两个主干的内容是合乎"语法"的思维导图结构，左边橘色与绿色两个主干的内容则是错误的。因此，关键词的排列顺序不仅要注意概括准确性的要求，也要考虑描绘的准确性，否则将造成错误的理解，或看不懂思维导图所要表达的内容。这是初中思维导图的学生经常面临的困惑与常犯的毛病。

第4节　语意结构与基本单位

　　要说明句子在语言中的意义，可以透过分辨意义的基本单位，以及它的意义结合规律来达成。因此，从一个句子中的意义，我们可以了解其他相关句子的意义，并创造出类似的句子。然而一个句子如何拆解成数个独立语词是个难题，因为它牵扯到双重语意的问题。例如"小学生活动力"可以根据基本语词单位拆成：

小学生、活动力
小学、生活、动力

以上两种都是正确且常见的语词，但两者却有不同的意思。为了解释语意结构，人工智能专家创立了树形嫁接语法（Tree Adjoining Grammar），把每个语词视为基本结构单位，树形结构有"主要树形"与"附加树形"。"主要树形"是由句子的基本结构"主词"、"动词"与"受词"组成；"附加树形"是由基本句子的其它成分构成，例如"形容词"、"副词"，也就是核心语词的修饰语。

思维导图是由"主要树形"的主词、动词与受词组成。曾经担任惠普科技企业服务器暨储存事业处总经理的廖仁祥先生指出，会议中与同事讨论问题、寻求解决方案时，都要求只说出主词、动词与受词就好，他认为这是最有效的沟通方式。至于"附加树形"的形容词、副词等是否在思维导图的结构中出现，则依照实际情况来决定。如果省略会对内容产生误解就不能省略，还是要把必要的形容词、副词，甚至介词加入。总而言之，思维导图的内容要以精简的"主要树形"为原则。

第5节　语法结构的组合排列

语法像是一棵树，由我们心智模型内各种相对的关系构成，不仅超越传统的文字顺序，亦不同于文法用语的定位功能。借由语法，说话者可以迅速把自己的心智模式传达给听者。一个句子的意义，取决于句子当中语词的意义以及句法结构，相同的语词排列组合不同，会产生不同的意义（如下图）。

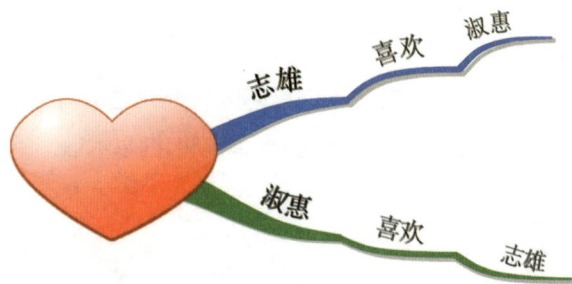

志雄　喜欢　淑惠
淑惠　喜欢　志雄

每个句子虽然都是由"名词"词组与"动词"词组构成，但是此一规则并无法涵盖所有句子，例如"那条狗，毛很长"、"手洗了没"，却能说明句子短语之间的界限及意思不同句子之间的关系。虽然句子语法不能处理一词多义造成的歧义，但必须能够解释短语结构上的歧义。例如：

充满活力的老师和学生

"充满活力"在句子中是歧义短句，因为它可以修饰"老师"与"学生"，也可以只修饰"老师"。因此这个句子可以有两个树形结构：

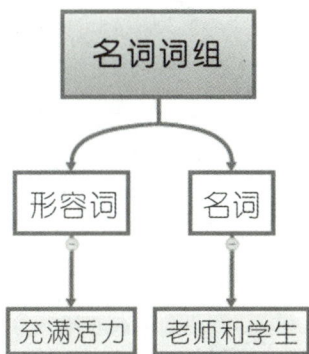

短语结构上歧义的树状图之一

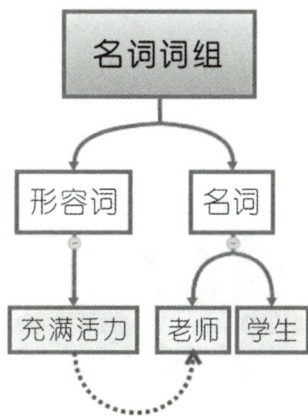

短语结构上歧义的树状图之二

以思维导图整理文章重点笔记时必须注意结构上的歧义，当"充满活力"是修饰"老师"与"学生"时，做法如右页上图；若只修饰"老师"，当如右页中图；右页下图则是一般学生思维导图笔记常见的写法，这种结构无法让我们正确判断"充满活力"修饰的对象。

充满活力

老师

学生

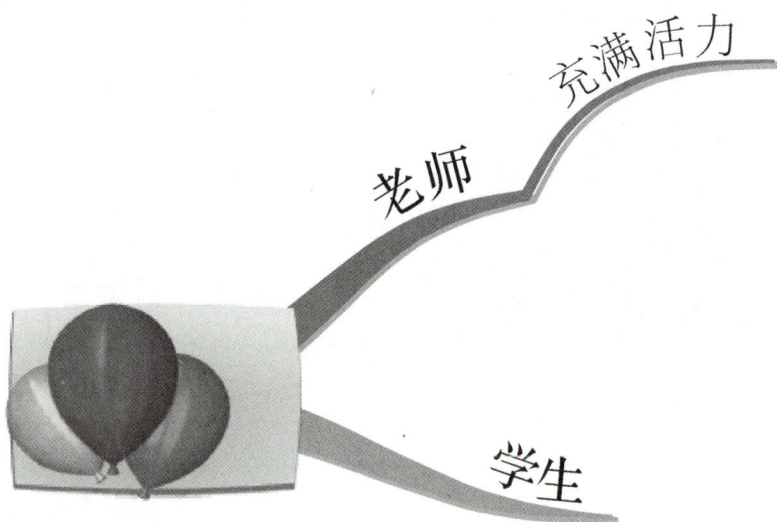

充满活力

老师

学生

充满活力

老师

学生

第6节　转换句子的语态

　　句子转换是指语词的添加、取消或重新排列。运用规则排列来产生句子的过程称为"派生过程"，最常见的转换语法是主动式转为被动式，例如"老师夸奖我"转为"我被老师夸奖"。这转换包含了复杂的派生过程。首先，两个名词调换了位置，第二个名词"我"调到第一个名词"老师"之前；其次，第一个名词"老师"之前加了一个"被"；原本在两个名词之间的动词，被调到两个名词之后。主动语态之所以能派生出被动语态，是因为两个句子的深层结构是一体。下图是这两种语态的思维导图。

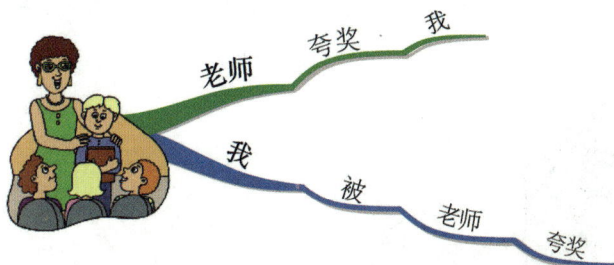

变换主动和被动语态的思维导图

　　思维导图的树状结构为了让具有共同概念、涵盖层面较广，或出现较多次数的语词放到上位阶，例如："老师夸奖我，同学夸奖我，邻居也夸奖我"，这时若要转换思维导图当中的句子结构（把"我"调到最上位阶），要注意到主动语态与被动语态。

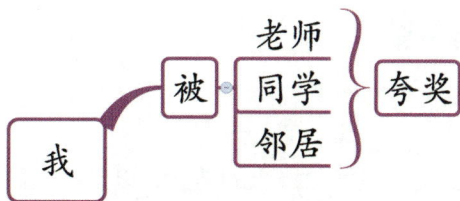

变换主动和被动语态的树状图

第7节　内涵与外延的逻辑顺序

　　首先对语言符号提出内涵与外延概念的是英国哲学家弥尔（John S. Mill）。内涵意义是质性的、情绪感受性的，通常以某种价值或偏好来表达。美国伊利诺伊大学香槟分校的心理学教授奥斯古（Charles E. Osgood）在1942年用语意差异法（method of semantic differential）的评价、力量和行动三个基本向度来说明各种语言的内涵意义，区分不同文化团体的差异。内涵是事物归属的类，外延是事物构成的所有的类。换句话说，内涵相当于归纳的动作，外延则有演绎的含义。

　　"面包"这个词的内涵是"食物"，外延是一切都可以称之为面包的东西，包括土司面包、菠萝面包、红豆面包、肉松面包、奶油面包、杂粮面包。下面的思维导图可以很清楚看出"面包"的内涵与外延关系。

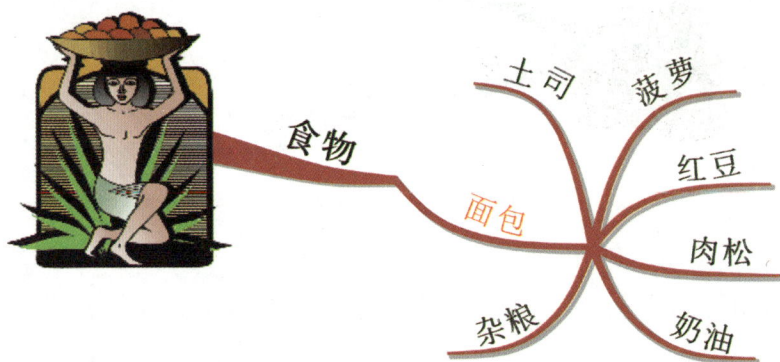

第8节　语意网络架构

　　语意网络是由代表具体或抽象概念的节点，以及指出概念之间关系的连结线所组成。奎利恩（Ross Quillian）在1960年代试图在电脑模拟中，经由语意网络来搜寻和理解信息。它从两个或多个节点的概念激发扩散出更多想法，直到发现一个解答。语意网络可以看成是一组事实描述，方便我们理解内容，其特点与优点是：

1.它是自然语言概念的分析。

2.同一阶语词的逻辑，具有相同的表达能力。

3.能透过解释程序推理。

4.能够清楚地表达相关性。

5.相关事实可以从节点概念推论出来，不需阅览全部知识库。

6.透过"是"（is-a）和"次"（subset）在网络中建立下一阶层概念，易于进行演绎推理。

7.运用少量概念即可描述状态和动作。

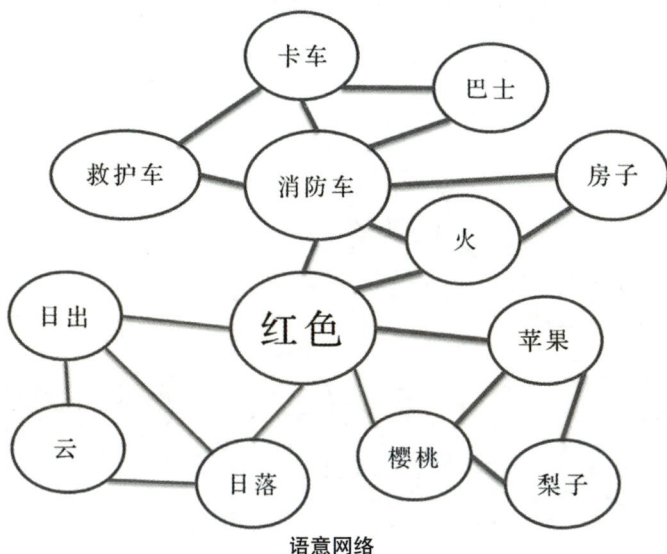

语意网络

从上面的语意网络图可窥见思维导图树状结构的雏形。为符合语意网络的定义，在思维导图的结构化放射性思考模式中，特别在信息分类时，同一个阶层必须具有同样的逻辑或属性。

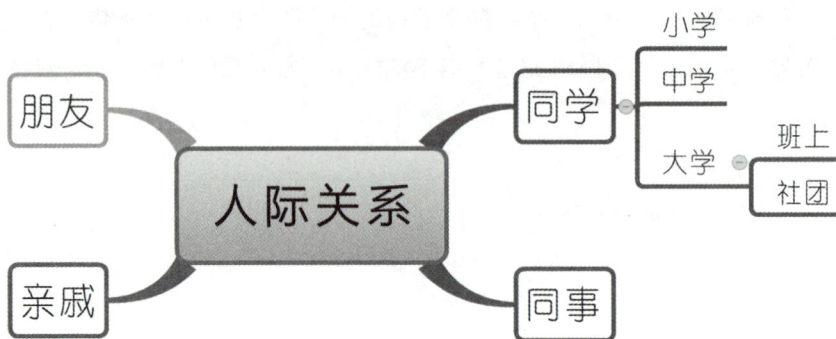

同一个阶层具有同样的逻辑或属性

柯林斯和奎利恩在其典型研究中获得的结论，支持了"讯息在长期记忆中是以网络形式储存"。网络是一种阶层化架构，其中关于特定的事实，依其本身的普通性而被储存在不同阶层中，下图即是表达这样的网络结构，在较高阶层属实的事件，在较低的阶层也会属实。

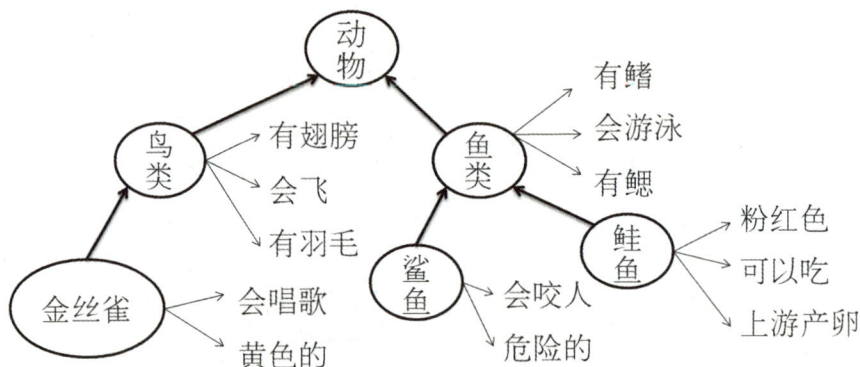

柯林斯和奎利恩的阶层化组织语意网络架构（修改自岳修平，1998年）

阶层化组织语意网络架构若以思维导图呈现则如下图。

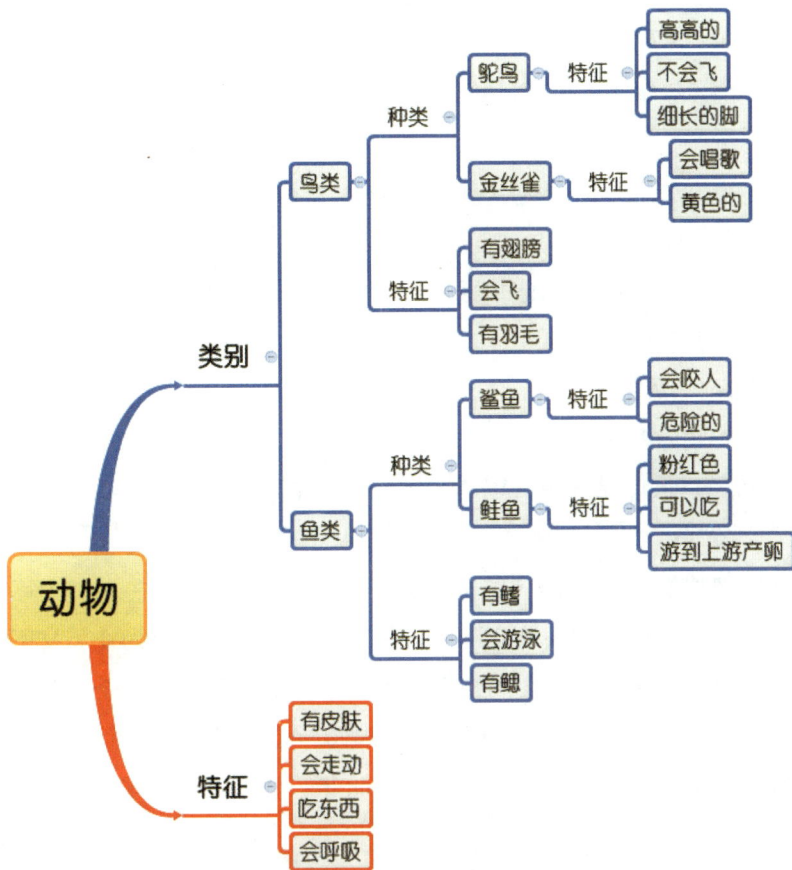

以思维导图呈现阶层化组织语意网络架构

第9节 思维导图法的语词运用原则

思维导图的缘起与其结构都与语意学有着密不可分的关系。透过思维导图呈现出来的内容，包括了语意的知识及语法的知识。从语意知识的角度来看思维导图法的语词运用原则是：

一、词性选择是以"名词"与"动词"为主，"形容词"、"副词"等为辅。

二、在每一线条上，语词数量尽量以"一个"为原则，必要时才使用两个以上的语词。

从语法的角度，思维导图法展开的树状结构组织图必须考虑：

一、从"概括准确性"与"描绘准确性"来建构合乎语法的语词排列，并注意到不同句法结构排列是否会造成：

1.不同的语词意义。

2.一词多义造成的歧义。

二、句子转换的派生过程，词性的变换。

三、内涵与外延时的逻辑顺序与分类阶层的组织结构。

思维导图法很重视运用"关键语词"（Keyword），在本书中称为"关键词"，与我们常用的"关键词"一词其实是一样的。但因为在英文里每一个"语词"都是一个单字，很容易辨别；中文的"语词"会有一个、两个或多个中文"字"组成。为避免思维导图法中强调每一个线条上写一个"Keyword"的原则被误解成只能写一个中文"字"，而非一个中文"语词"，因此以"关键词"来表达。

第**5**章

KMST知识地图学习法

17世纪的哲学家洛克（John Locke）曾说，我们感觉到世界的万事万物，不是由零散的知觉碎片随意堆积而成，而是一个有组织、有系统的整体世界，在这个世界当中的每一件事物都与另外任何一个事物有关联。知识、概念亦是如此。因此，有系统的组织概念、建构知识在强调知识经济的21世纪，自有其必要性与重要性。本章将说明演绎与归纳、分类与整合知识的方法，最后提出以思维导图法为基础的KMST知识地图学习法（Knowledge Mapping Study Technique）。

第1节　知识的演绎与归纳

人类知识的来源有根据经验、诉诸权威、采用演绎推理、运用归纳推理与采取科学方法五种，其中演绎法与归纳法是主要方式。

演绎（Deduction）

演绎法是人类为了探究真理所采取的有系统的研究，缘起于亚里士多德，后来由法国学者笛卡儿正式提出，是一种运用逻辑推理来论证的方法。演绎法是以理性为前提，根据必然前提推演出必然结论，在大前提、小前提与结论间，建立一种由一般到特殊的逻辑关系。此种推理方式亦称为定言三段论（Categorical Syllogism）。

演绎法有两个基本方法：正断法与逆断法。正断法的推论原则为"A则B"，若A条件满足，则B一定成立。例如："电视需要电力"，这台电视可以正常开机，所以这台电视有插电。逆断法的推论原则为"A则B"，若B不成立，则A一定不成立。例如："所有的人都会死"，他不会死，所以他不是人。

演绎法的特点是前题如果为真，则结论也为真。但若前提为假，那么结论也会是假的。因此，演绎法的定言三段论是由通则性的陈述开始，然后根据逻辑做推论，最后获得个别的陈述。

归纳（Indeduction）

归纳法是英国学者培根提出的认知方法，他认为应采取直接观察的方法，观察许多个别现象，探求其共同特征或是特征之间的关系，从而获得结论或原理，进一步将结果推论至其他未观察的类似事例。归纳法有两个常用的方法：

1.从过去发生的事推断将来会发生的事。例如：过去中东地区只要发生战乱，全球石油就涨价，所以未来只要中东地区有战争，石油就会涨价。这个推断的缺点在于，过往事情发生时有它当时的特定条件，若未来该条件不存在，事情则不会发生，原先的推论就被推翻。

2.从片面看全部，以偏概全。例如：我家附近几家杂货店的米涨价了，所以推论现在的米都涨价了。如果发现有些地方的米没有涨价，这个推论就无法成立。

归纳法是经由观察、收集、记录许多事物，然后找出其共同特征或关系，接着推论到其他相似事物上，最后建立一个通则。

思维导图法在演绎与归纳的应用

思维导图树状结构可以呈现出分类关系、因果关系与联想脉络，操作原则是以一个关键词写在一个线条上。对于演绎时的命题思考，可以经由分类关系或因果关系的树状结构开展出更多可能性，强化思维的缜密。例如"电视需要电力"，在思维导图上的写法是"电视"、"需要"、"电力"（图1），从"需要"这里我们开启了思考的活口，除了原来的"电力"之外，还可能会想到"讯号"、"输入"（图2）。

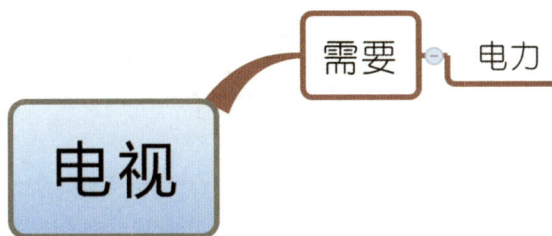

图1

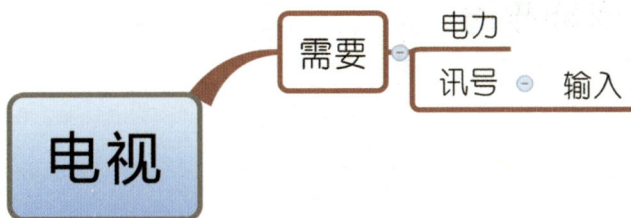

图2

思维导图法是以树状结构来呈现信息的逻辑分类与阶层关系，又透过网状脉络来指出不同概念间的关联。在归纳思考的过程中，可以运用思维导图的树状结构呈现共同特征的信息，经由可视化的图像让思绪更清晰明了。例如："股市大涨"、"失业率下降"、"百货公司业绩上升"与"工业用电增加"的共同特征是因为"经济好转"（图3）。"经济好转"、"治安良好"、"教育普及"与"司法公正"的共同特征是需要有个"廉能政府"（图4）。

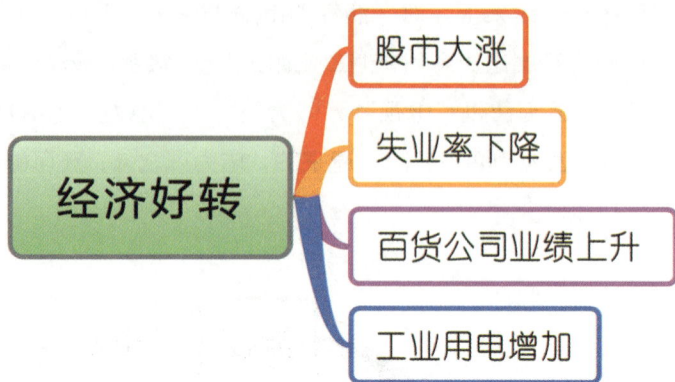

图3

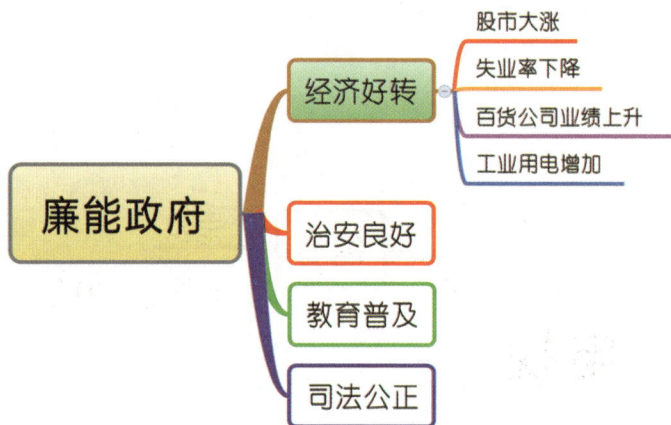

图4

第2节　知识分类与整合：CHM分类与阶层法

分类是区分出不同事物，或把相似事物集合在一起的一种逻辑思考。日常生活中大脑的运作（例如：脑力激荡、记忆、问题分析与解决）都与分类有关。美国著名教育学家杜威（John Dewey）曾说过："所有的知识都是分类。"（All

Knowledge is Classification）建构知识有两种方式，第一种是由上往下，将不同的事物做"群组分类"；第二种是由下往上，把相似事物集合在一起的"概括分类"。经由详尽确实的知识分类，可以帮助我们了解宇宙生生不息的万事万物。换句话说，分类是一种看待世界的视角，分类者将其感兴趣的事物现象，与其他事物现象之间彼此的关系呈现在情境脉络中，以描述、解释、预测，以及产生新知识。从分类方式可以看出分类者的世界观。

柯沁曼（Sherry Koshman）指出，人类用分类方式组织知识，主要目的是透过简洁的分类图表来说明事物之间的关系，以提升记忆效果，同时可以更容易检索到需要的信息，描述并建构相似事物间的关系。分类是依据事物之间的关系，将其排序分组，这些关系可以是明显可见，也可以是推测而来的。

分类图表不仅能呈现出知识概念，更能将这些概念以系统的方式组织起来，形成有次序的结构。因此，分类图表的功能是描述与解释概念与概念之间的关系架构，建构出其中的关联，以有效地呈现知识。至于所谓种类则是与分类息息相关的抽象概念，在分类过程中，种类被视为分析与组织事物、现象、知识的工具。

我们生活场域常用的分类思考方法论述繁多，这里以职场较常提及的KJ法以及金字塔原理，来说明"由下往上"与"由上往下"两种形成知识类别的过程与方式。

KJ法

KJ法能透过A型图解，针对某一特定主题搜集大量的事实、意见或资料，再根据它们相互间的关系做出概括分类。KJ法是由日本东京工业大学教授川喜田二郎（Kawakita Jiro）创立，本质上是一种以语文为主体的定性数据处理方法论，其应用范围普遍，同时也是一种经常应用在脑力激荡的创造力技法。用KJ法整理资料的基本操作步骤如下：

（一）把信息或想法写在卡片上，想法越多越好，原则上每一张卡片只写一个信息、概念或想法。

（二）写好的卡片根据其内容的相似性予以群组化。

1.小群组：类似的卡片聚在一起，成为一个小群组，并根据这个小群组中每一张卡片内容的属性，为这个小群组取一个类别名称。

2.中群组：类似的小群组聚在一起，成为一个中群组，并根据这个中群组中每一个小群组的名称属性，为这个中群组取一个类别名称。

3.大群组：类似的中群组聚在一起，成为一个大群组，并根据这个大群组中每一个中群组的名称属性，为这个大群组取一个类别名称。

（三）以图解的方式，呈现出大类、中类、小类与卡片内容（下图）。

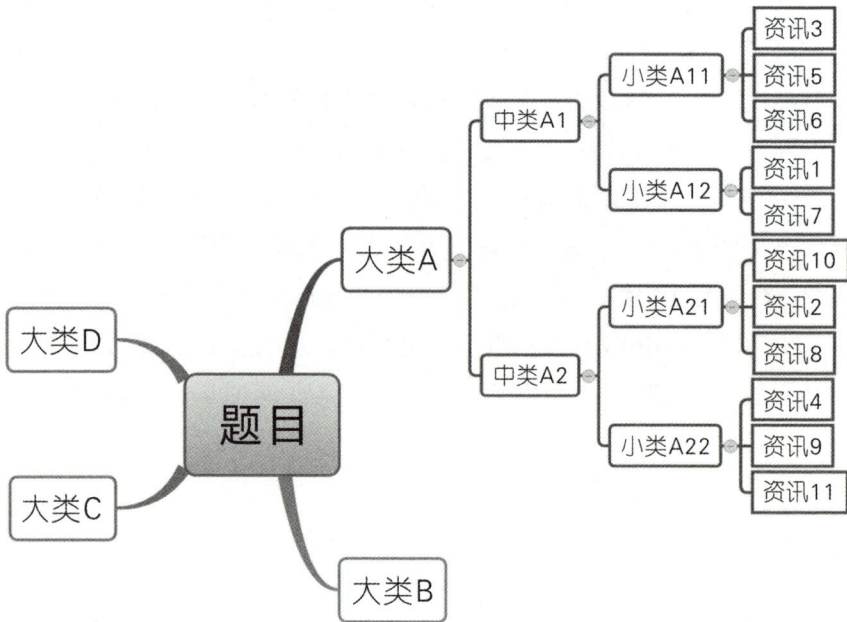

KJ法的A型结构

金字塔原理

金字塔原理是由麦肯锡企管顾问公司的明托（Barbara Minto）于1973年提出的思维建构法。管理大师大前研一在《思考的技术》中所提到的金字塔结构思考法，正是源自于明托。这是一种兼具水平关联与垂直关联的思考模式，同时涵盖由上而下与由下往上的分类方式，不仅适用于写作、思考、提问，也可以应用在书面或口头报告上。

明托指出，人类的大脑会自动将每件事物排出顺序，把同时发生、相关联的一组东西视为同一类，并且进一步把一种逻辑模式套用到这个类别上。例如：咖啡、泡面、花果茶、卤味、蛋糕、松饼看似不相干，但是大脑会把咖啡、花果茶归纳为"饮料"，蛋糕、松饼归纳为"点心"，"饮料"与"点心"再归纳成"下午茶"，泡面、卤味归纳为"消夜"，"下午茶"与"消夜"可再归纳为"食物"。

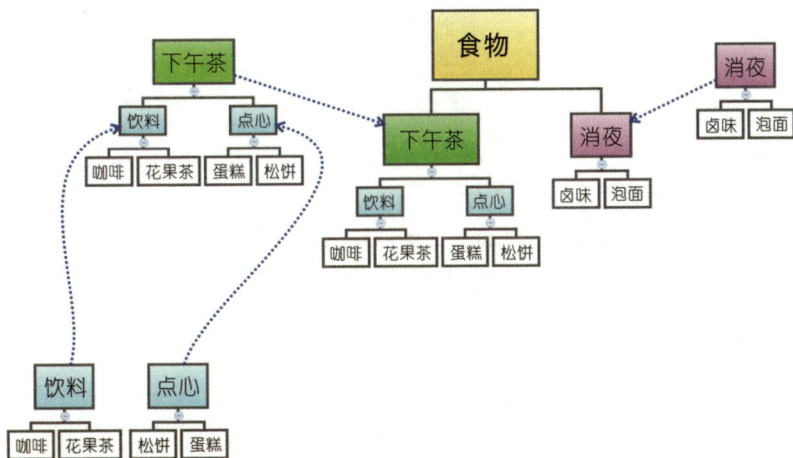

金字塔原理：由下往上

遇到事物数量较多时，为了方便记忆，大脑也会对它们做逻辑分类，例如：燕子、脚踏车、小狗、海报纸、毛笔、轮船、影印纸、货车、乌骨鸡、飞机、钢笔、独木舟、鲸鱼、鲑鱼等14个项目，可以先分成"动物"、"交通工具"、"文具"等三大类。

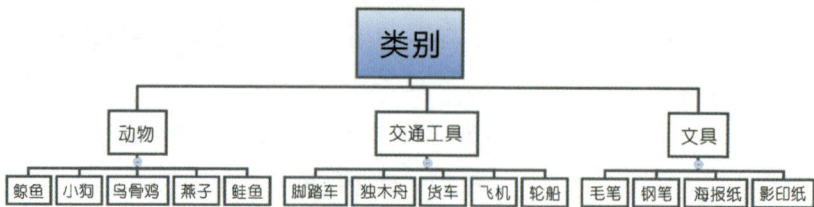

金字塔原理：由上往下1

动物又可分成"哺乳类"与"卵生类"；交通工具可分成"人力"与"动力"；文具也可分成"笔"跟"纸"。

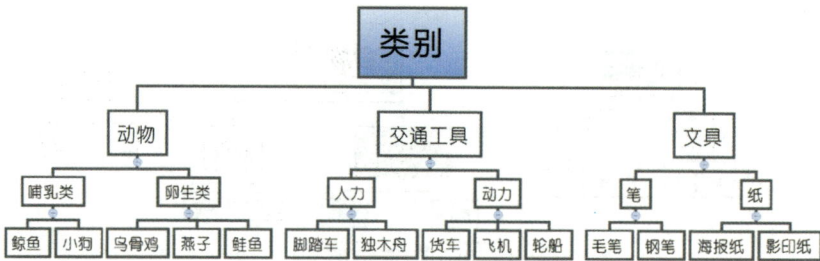

金字塔原理：由上往下2

哺乳类又可分为"海洋"与"陆地"，卵生类可分成"陆上"、"天空"与"海洋"，人力可分为"陆上"与"水上"，动力可分为"陆上"、"天空"与"海洋"，笔可分为"古典"与"现代"，纸可分成"大张"与"小张"。

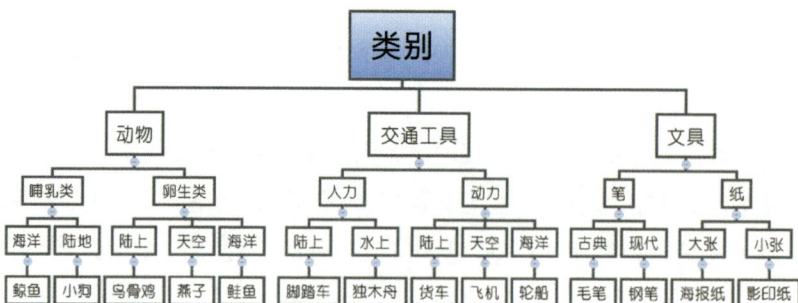

金字塔原理：由上往下3

金字塔原理的应用范围非常广，上述两个例子仅就分类上说明。第一个例子是由下往上的从小类、中类到大类的归纳分类，形式非常类似KJ法；第二个分类例子则是由上往下，从大类、中类到小类。不论是哪一种形式的分类，分类与命名一定存在某种逻辑。举例来说，在"交通工具"那一类之下，先分成"人力"与"动力"，之下再分"陆"、"海"、"空"。也可以先分成"陆"、"海"、"空"，然后每一项的下一阶再分成"人力"与"动力"。两种形式在逻辑分类上都没有错误，究竟哪一个概念放上位阶，哪一个放下位阶较佳？没有标准答案，但是跟解决问题或思考事情的"目的"或"优先级"有关，如果在交通工具的选择上是先考虑会不会耗费体力，那么"人力"、"动力"就会在"陆"、"海"、"空"的上位阶，反之亦如此推演。

CHM分类与阶层法

　　根据我的教学经验发现，初中思维导图的学生最常碰到的困惑是画出中心主题图像之后，接下来就不知道该在树状结构第一个阶层的内容写什么。或是一段文章整理出重点项目后，却不知该如何归纳出上层结构的名称。这时如果能善加运用CHM分类与阶层法（Classification & Hierarchy Method），以上困惑将能迎刃而解。

　　要如何决定或选择思维导图主干上的类别？博赞提出了在不同知识领域的逻辑分类原则BOIs（Basic Ordering Ideas），作为展开思维导图第一阶层类别名称的好选择：

1. 问题本质分析：以5W1H来分类。
2. 书本：以章／节／主题来分类。
3. 属性内容：以事物的特性来分类。
4. 历史：以发生的时间顺序来分类。
5. 结构：以事物形态来分类。
6. 功能：以工作内容来分类。
7. 流程：以事物如何进行来分类。

8. 评价：以"有多好"、"价值"、"事物的利益"来分类。

9. 类别：以事物之间的关系或属性来分类。

10. 定义：以事物的含义来分类。

11. 个性：以角色或人格特质来分类。

思维导图法虽然是很个人化的思考与学习工具，但还是必须遵守一定的原则，以便更有效率地组织知识与产生知识。

因此我统整了演绎与归纳、KJ法、金字塔原理与博赞的BOIs原则，归纳出思维导图CHM分类与阶层法。这方法的运作原则在决定第一阶信息时，除了上述博赞的建议之外，还可以结合管理策略或学习策略作为逻辑分类。例如：问题分析时可以采用PEST或SWOT来分类；项目管理可以采用五大流程与十大知识领域来分类；学习时的文章笔记可以采用"人、事、时、地、物"、"5W1H"或"开始（原因）、经过、结果"来分类；上课、听演讲的笔记可以根据演讲大纲或自己关心的问题来分类；会议时可以根据讨论议题来分类。无论如何，重点在于依照实际情况选择合适的各个阶层分类，而非随意选择，尽可能同一个阶层采用相同的逻辑属性概念。除非是创意发想时的自由联想，才允许天马行空的概念出现。

第一阶主题定案之后，接下来就是要决定第二阶、第三阶等各个下位阶了。在事物的分类，会是中类、小类到内容的描述说明，例如：第一阶是"食物"，第二阶是"水果"，第三阶是"瓜果"，第四阶是"西瓜"；如果脑袋先产生一个想法是"鸡腿"，我们要思考它应该归在哪一个大类下，并补充大类与鸡腿之间可能该有的中类、小类。

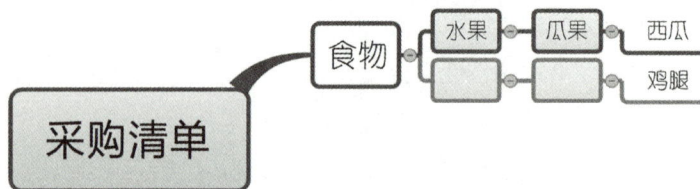

思维导图法的CHM-1

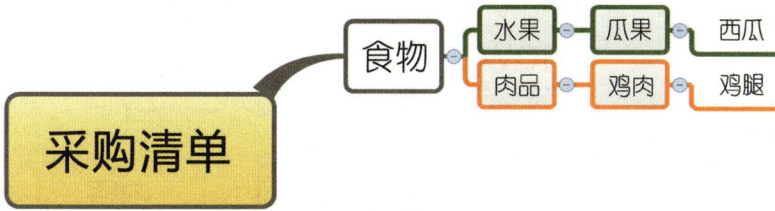

思维导图法的CHM-2

以5W1H或项目管理的流程、知识领域做第一阶分类，要决定第二阶之后的分类主题就必须依照实际面临的情况而有不同选择，例如：5W1H的每一项目之下的第二阶也是5W1H，"地点"（Where）之下一阶又分别是"为什么选择这个地点"（Why）、"谁可决定地点"（Who）、"什么时候要决定地点"（When）等。

5W1H的CHM分类1

也可以分成大、中、小类的形式，例如："地点"的下一阶是"室内"、"户外"，再下一阶是"教室"、"礼堂"或"操场"、"公园"。

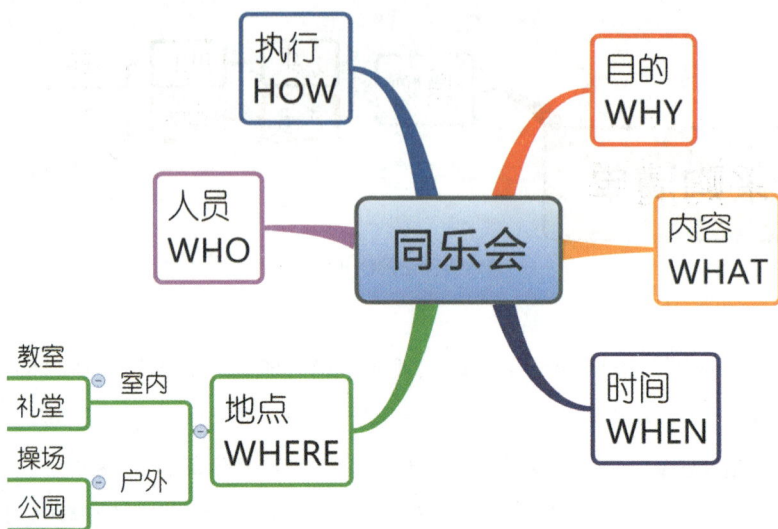

5W1H的CHM分类2

要分析问题与解决问题时，因果关系中每一阶层也会依实际应用的需要，衍生出不同的阶层化分类。例如：因果关系中第一阶是"问题"，第二阶是"造成的原因"，第三阶是"问题原因的解决方案"。要特别注意的是，在因果关系的树状结构中，原因或解决方案本身也会有分类关系的情况产生。

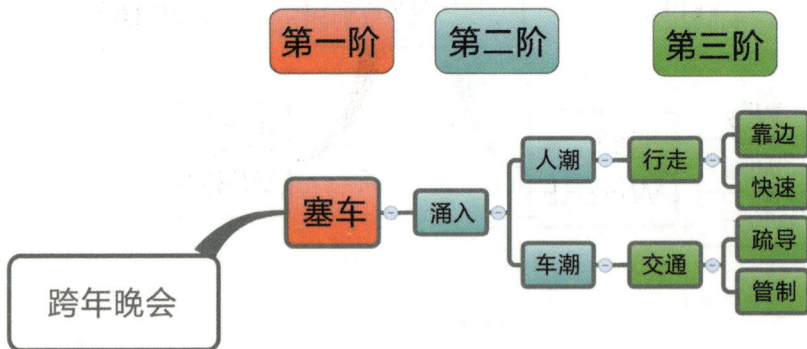

问题分析与解决的CHM分类

因此，分类与阶层法是在种类项目与类别大小之间交互进行。为了培养见林也见树的思考能力，当有一个大类别的信息出现时，该根据中心主题的核心概念，思考这个大类应往下层衍生哪些中类与小类；或是一开始时产生了中类概念，这时不但要往上探询比较适合属于哪个大类，也要往下分析其小类别；如果一开始是小类信息，同样也是根据中心主题的核心概念，思考这个小类别其上位阶的大类、中类应该是什么会比较恰当。

经由分类与阶层法，我们产生的概念会组织成一个有阶层的结构，建构起一个大、中、小类的阶层之后，每一个大类中除了原本的中类之外，还可再以水平思考的方式探讨其他可能的中类；同样，每一个中类之下，除了原本的小类之外，也可以用水平思考的方式产生其他小类。如此一来，就可以建构出一个思考非常缜密的金字塔结构。

第3节　KMST知识地图学习法

"地图"让我们清楚地知道身处何处、何去何从，欲达目的该走的路径与步骤。学习亦是如此，有效的学习地图，指引每个正确的学习方向、步骤与内容，让我们事半功倍。我自幼功课极差，再怎么努力挑灯夜战苦读，花再多的钱请家教补习，成绩上也未见任何成效。如今回想起来，最主要原因是没有读书方法，也就是缺了一张学习地图，让自己陷入苦读的深渊中。正确有效的学习地图在哪里？本节将简述几个重要的学习模式，并提出一种以思维导图法为基础的KMST知识地图学习法（Knowledge Mapping Study Technique）。

SQ3R学习法

美国俄亥俄州州立大学心理学教授罗宾森（Francis P. Robinson）在《有效的学习》（*Effective Study*）中提出一种提升学习能力的有效的读书方法，

称之为SQ3R。这种方法主要用于精读课文，最初是为了美军特种训练设计。SQ3R是五个英语词语的前缀，即概观（Survey）、发问（Question）、阅读（Read）、背诵（Recite）、复习（Review）。

一、概观（Survey）：在详细阅读文章、书本之前，先很快地浏览文章一遍，重点在于掌握文章的主要标题及内文结构，以便设定学习目的、方向，和提升阅读的注意力。先阅读该篇文章或书本的序言、总结及参考文献资料，试试能否从中获得文章或书本的主要议题、概念。目标至少要掌握三到六个要点。

二、发问（Question）：以文章或书本中的章节标题与六何法（5W1H），针对要学习的主题自行拟定问题。

三、阅读（Read）：透过详细阅读，找出发问问题的答案。这阶段要主动阅读，在内文中找寻先前拟定问题的答案。

四、背诵（Recite）：阅读时利用各种记忆技巧以帮助记忆重点，例如：用不同颜色的荧光笔划重点、口头复诵或笔记摘要。

五、复习（Review）：再次阅读所画的重点或整理的摘要笔记，试着回忆所记忆的重点内容。

OK4R学习法

美国康奈尔大学在1962年将罗宾森的SQ3R修改成OK4R。OK4R的六个步骤又可细分为学习前、学习中、学习后三个阶段。

◎学习前阶段

浏览（Overview）：以速读方式快速浏览全文一遍，以概略了解章节次序及重要段落。这步骤在信息爆炸的现代更显重要，能让我们筛选出真正需要的文章，避免迷失在信息丛林里。

◎学习中阶段

找出重点（Key ideas）：根据文章标题标示出重要概念。找重点可从阅读每一段落的第一、二行以及最后一、二行着手，因为作者一般会在这些地方阐明旨意及归纳重点。同时要注意专有名词与自己不懂的地方。

阅读（Reading）：逐字、逐句、逐段仔细地阅读，同时标示重点、画出要句、撰写心得、细意理解。

◎学习后阶段

回忆（Recall）：阅读之后不再看书本，凭印象尽量用自己的语言说出或写出刚读过的重点，实时测验自己，如果无法明确回想起内容，就需要回到第三步骤再阅读一次。

思考（Reflect）："回忆"只是记住书本上的知识，经过"思考"的步骤，知识才能转化成属于自己的东西。整理新学习到的知识与过去既有的知识、经验，思考其中的疑点、歧义或冲突，也找出吻合的相似之处，便可吸收新知识取代旧知识，或排斥新知识巩固旧知识，并且可扩大自己的认知层面。

复习（Review）：在适当时机或一定时间间隔之后，重复前述五个步骤。每次复习时要能找出新的或更多重点，好提升理解与记忆的效果。要能深入分析作者观点背后的含义，体会为何以及如何写这篇文章，如此便能与作者隔时空进一步交流。

坎第培养阅读能力的方法

南昆士兰大学副校长坎第（Philip C. Candy）在《自我导向的终身学习》（*Self-Directionfor Lifelong Learning*）一书中指出，培养阅读能力包含了四大步骤：

一、准备阅读：综览文章的结构、题材，也就是阅读书中的主要概念、理念、定义或图表、表格等。

二、思考阅读的内容：着重于文字的理解、描述的理解与应用的理解。

三、萃取并组织信息：以摘要式笔记来萃取与组织信息，确认文章中主要的议题、原则，以及支持的证据。透过这步骤可以了解主要概念之间的相关性，以及与其他理念之间的相关程度。

四、转化信息：清楚理解阅读文章要传达的理念，并能以自己的意思表达出来。

坎第所提出的四大步骤能帮助你在较高阶的认知过程中，透过高层次阅读达到自我导向学习的目标。

博赞的MMOST学习法

博赞在《思维导图圣经》中提出了MMOST（Mind Map Organic Study Technique），以思维导图作为学习笔记的读书方法共分成八个步骤。

一、快速浏览书本一次，让自己对书中内容产生整体概念，然后根据书本的主要概念在一张白纸上画出一个图像。

二、根据文章的内容多寡与难易度，来规划学习时间与范围。

三、另外拿出一张白纸，以思维导图快速列出与书本主题相关的信息，可以是书中的内容，也可以是自己既有的知识。

四、在刚才的思维导图中加入新的想法，或以一张全新的思维导图列出学习的目标。

五、假设自己正在与作者对话，再次略读内容、标题、重要因素、图表与目录并在第一张只有中心图像的思维导图上加入几个主干线条，代表书内的主要议题。

六、根据文章开头与结尾的段落来揣测作者的意图，并在思维导图各个主干之后的支干上加入更多次要议题。

七、开始详细阅读文章，尤其是艰涩或特别重要的地方，并在思维导图中加入需要的详细重点。

八、透过解决问题、完成学习目标、做思维导图重点摘要笔记来复习。

博赞在《超高效思维导图学习法》中将MMOST改名为BOST（Buzan Organic Study Technique），但内容含义并无太大差异。

格绿宁学习法

传授高效率阅读与学习技巧的格绿宁（Christian Grüning）根据自己准备律师、法官考试的经验提出学习法，共分成四大阶段。

1. 信息的浏览：以结构式阅读方式快速浏览文章内容，像拼图一般做整理与归纳，并以积极的态度圈限范围、提出问题与活化知识。

2. 信息的处理：以符合人类大脑结构倾向及运作方式的思维导图来处理并建立学习内容结构，以有效掌控重点并做补充。透过触发学习动机与适当的压力管理来提升学习能力。

3. 信息的储存：先透过思维导图建立知识网络，让学习者容易理解内容结构与重点；融入五官感觉来提升专注力与训练记忆；做好时间管理，有计划地学习、记忆；最后透过规律复习来强化记忆效果。

4. 信息的取出：信息重新建构的阶段，检验前三阶段是否处理得当。

高峰学习

高峰学习是一种在自我控制、设计和选择之下的自我导向学习，学习情况轻松、愉快、自然，是一种使生活更精进、更充实、更有意义的学习，更是强调运用各种方法和资源来帮助学习、看重学习方法更甚于知识本身的"学习如何学习"之学习。过程分为学习前、学习中与学习后三个阶段，详细含义与内容详如右页图，看看各位是否能经由阅读思维导图了解我要传递的知识。

KMST知识地图学习法

综合上述多位学者的观点可以看出，整理重点摘要笔记是有效学习不可或缺的一环。整理笔记不只是记录内容，还要加入自己的想法和意见，同时为了避免见树不见林的学习困境，以速读方式先掌握整本书的概貌是先决条件。

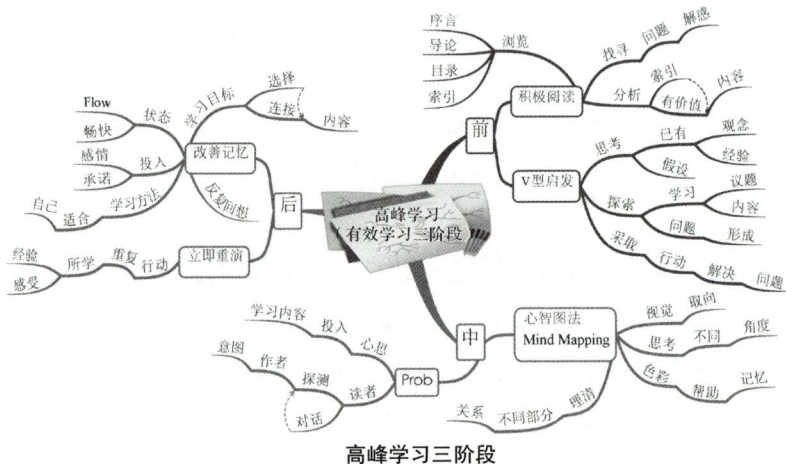

高峰学习三阶段

速读为何对学习有帮助？台大吕宗昕教授指出，使用速读的优点好比先大致逛逛百货公司，熟悉环境之后，再去有兴趣的楼层商家仔细观看选购。因此，速读对学习的帮助有下列几点：

1.容易掌握读书的重心：快速浏览一次全部的文章，便可以大致了解内容的多寡与难易度，重点出现在文章哪些章节，有助于读书时间分配和拟定读书计划。

2.方便标示重点记号：对文章内容有大致概念之后，阅读第二遍时才容易掌握真正需要的重点。

3.有助于减轻读书压力：利用最短的时间将文章内容大致看过一次，心理上比较轻松，不会有一直读不完的压力。

4.增加考试的分数：如果真的没有时间细读课文，速读还是能帮你对内容产生大致印象，看到考题时不会一筹莫展，多少可以写出一些东西，拿到一点分数。

以上提及的学习法都涵盖了速读、笔记与记忆几个元素。归纳上述学者论点，以及我多年实务应用与教学经验，我整理出了KMST知识地图学习法，这也是一种结合速读、笔记与记忆的全脑式学习法。其内容与步骤如下：

一、从书（或文章）的名称、章节目录中先思考，在还未阅读内容之前，你已经了解的有多少？如果你是作者，你会写出哪些重点？将你的想法以重点摘要的思维导图列出来。

二、快速浏览整本书（或文章），特别留意内容的结构与标题、图表，如果看到不懂的地方、重要的信息，先不要停顿下来思索，只要在这个页面贴个书签，提醒自己这里需要回头细读。继续快速看完内容。

三、思考作者想要表达的重点是什么？可以从这本书（或文章）中学习到什么？以思维导图列出你的学习目标与学习重点，这时可以根据下列其中一项或多项：

（一）作者提示的学习纲要；

（二）老师指定的学习主题或方向；

（三）考古题、测验卷的内容；

（四）自己关心的议题或想学习的内容。

与第一阶段完成的思维导图做比较，看看哪些是你还未阅读内容之前就已经知道的。

四、再次快速浏览整本书（或文章），把重心留在符合学习目标与学习重点的章节段落上。

五、仔细阅读文章中符合学习目标、学习重点的内容，或第二步骤中贴书签的艰涩难懂的章节段落，以逻辑结构的方式，用荧光笔或色笔标出关键词。

六、以思维导图软件整理标示出的关键词，转化成结构清晰、易懂易记的思维导图学习笔记。

七、假想自己与作者对话，检视思维导图的内容是否满足原先预期的学习目标与重点，如有必要便做局部调整与增修。

八、学习笔记中若有需要强化记忆的内容，就再以手绘的方式重新绘制一张思维导图。请注意，不要一边看一边抄，而是凭印象，试着重现计算机思维导图的内容。方法如下：

（一）在一张A4白纸上画出一个5公分左右大小，能代表文章主题且能留下强烈印象的中心主题彩色图。

（二）先画出所有的主干，线条颜色对你而言必须能代表该主题或类别的含义，线条要与中心的图像连接在一起，由粗而细，从中心往外画出去，然后在线条上以相同颜色写出第一阶的主题或类别名称。

（三）陆续逐步画出各个主干之后的支干线条、次支干线条，并在各条在线写出下一阶或次要概念。支干的线条只要画成一般粗细，往上的方向画凸形，往下则画凹形，一律写在线条上。如果不同信息之间有关联，要加上单箭头或双箭头的关联线条。

（四）在特别重要的地方，加上能对内容产生联想的彩色插图，以增强视觉上的注意力与记忆效果。

（五）以相同或类似颜色的铅笔，在每一个主干衍生出来的结构表面，画出一个包覆整个主干以及其后支干（含文字、插图）的边界外框，借此再次记忆这篇文章的几个大类概念。

（六）用相同或类似颜色的彩色铅笔，沿着主干、支干线条画出阴影效果，并在每个支干线条上画出略微由粗而细的效果，除了创造美感，同时记忆支干上的内容。

（七）以照相记忆的方式，直到手绘思维导图可以轻松浮现脑海为止。

九、把整理好的思维导图学习笔记，用自己的表达方式分享给学习伙伴。

十、经常复习你的思维导图学习笔记，以强化对书本（或文章）重点内容的记忆效果。

KMST中要用到的思维导图文章笔记整理技巧，将在后面实务应用部分进一步说明。

第6章

创意思考

管理大师彼得·德鲁克（Peter F. Drucker）曾经说："不创新，即死亡。"（Innovate or Die）创意思考是创新的前提，创造力是创意思考的来源。凡事只要用"心"，就能激发更多智慧和想法。本章将说明创造力的含义，以及与思维导图法相关的创意思考理论。

第1节 什么是创造力？

创造力的概念

依据韦氏大字典的解释，创造有"赋予存在"、"无中生有"或"首创"的性质。创造力是一种创造的能力，也有学者称为创造的思考能力。

创造力大师陈龙安认为，创造力是指个体在支持的环境下，结合敏觉、流畅、变通、独创、精进的特性，透过思考的历程，对事物产生分歧性观点，赋予事物独特新颖的意义，不但使自己满足也使他人满足。许多研究也显示，有创造力的人具有勇敢、善于表达、幽默与直觉灵敏等特征。

拥有详尽的背景知识是创造力的关键。太阳底下无新鲜事，因为几乎所有的创意都只是把既有想法重新整合而成的。那些有创意的人，对自己创作的主题都具有丰富的知识。牛顿是历史上最有创意的科学家之一，谈到广博知识的重要性，他说："如果我能看得比别人远，那是因为我站在诸多巨人的肩膀上。"

创造力的小故事

在我们生活之中，创新的产品与服务无所不在，从绿能屋、智能型手机、餐厅的服务流程到搭乘出租车，都可发现创造力。究竟什么是创造力？在说明之前，不妨先聊聊两个常在网络上被分享的故事。

一个阳光灿烂的中午，在美国明尼阿波利斯市（Minneapolis）的一家餐厅，一位顾客想吃个简单的午餐，但是客人很多，点餐的服务生非常忙碌。这时一位收拾碗盘的服务生注意到这位坐在角落的顾客，便主动上前招呼。顾客说他只要一杯可口可乐和两个面包，但是这家餐厅只有百事可乐，于是顾客改点了一杯柠檬水，开始享用起午餐。没多久，刚才那位服务生送上来一杯清凉的可口可乐。以下是他们的对话：

顾客："你们不是没有卖可口可乐吗？"

服务生："没错，我们没卖。"

顾客："这杯是从哪里来的？"

服务生："对面街角杂货店买的。"

顾客："谁付的钱？"

服务生："是我，才两块钱而已"

顾客："哇！谢谢你。"

服务生："不客气。"

顾客不禁被这位服务生专业、贴心的服务折服。一年之后，顾客再度光临这家餐厅，那位服务生已经晋升为经理了。

这位服务生的表现就是创造力中的敏觉力与变通力。接着我们来看第二则故事。

大老板家的总管要退休了，他想从两位副总管中挑选一位来接任总管职务，由于平时两位副总管的表现都很努力，大老板不知晋升哪位比较好，于是想出一个考验的方法。

　　大老板告诉副总管甲："明天家里要宴客，想请大家吃西瓜，你去帮我问一下西瓜怎么卖？"

　　副总管甲快速来回并汇报："老板，1斤25元。"大老板问："甜吗？"副总管甲又快速来回并汇报："老板，很甜，我试吃了。"大老板继续问："多买可以算便宜一点吗？"副总管甲再一次快速来回并汇报："老板，买10斤的话，每斤可以算23元。"

　　大老板找来副总管乙，同样说："明天家里要宴客，想请大家吃西瓜，你去帮我问一下西瓜怎么卖？"副总管乙去了一会儿才气喘吁吁地跑回来，汇报说："老板问好了。我先问平常购买的那家水果摊，他1斤卖25元，买10斤以上可以算23元，我跟他套交情说是老顾客了，他愿意每斤22元出售，我也试吃了几口，确实很甜。但是我又跑到对面去问另外一家水果摊，他的西瓜也很甜，而且不管买多少都愿意以每斤22元出售，买10斤以上的话，还帮我们送过来。"

　　如果你是这位大老板，要晋升哪为成为总管？答案应该很清楚了吧！副总管乙就是创造力当中精进力的表现。

　　因为工作的关系，我经常四处演讲，偶尔有邀请单位会安排出租车在当天一大早到我家楼下来接。下楼前我就会接到司机的电话，温馨告知已经在楼下等候，我一下楼就会看到穿着整齐制服的司机面带笑容为我打开车门，车内驾驶座旁布置了鲜花，还为我准备了面包、牛奶、矿泉水，以及当天的报纸。出发时，司机还会征询想听哪一类型的音乐，音量大小是否恰当？抵达目的地，司机立刻下车绕到后面帮我开车门，并递上名片，说声："希望有机会再次为您服务。"

这样贴心、温馨的服务或许已经算不上非常独特的独创力，但绝对是精进力的典范。在演讲结束后，主办单位请我填写讲师意见回馈表，在"交通接送"一栏中我一定会为这位司机打满分，并极力推荐。

从以上案例我们可以得知，在创意思考历程中所需的敏觉力、变通力与精进力的重要性，的确是不亚于流畅力与独创力。接着，我们进一步来探讨何谓"创造力"。

创造力的定义

美国心理学会主席基尔福特（J. P. Guilford）从智力结构的观点，区分了发散性与聚敛性思考。聚敛性思考必须给出正确答案，发散性思考是一种问题解决的历程，引导个体产生许多不同的答案。在创造力的测验中，可以观察到流畅性（点子数目的多寡）、独创性（不寻常或独特的点子），与变通性（点子所属类别的数量）的差异。创造力本身是一种创造的能力，并随着以往的经验或知识所累积的智力、个人思考风格、环境、动机影响，产出有创意的反应，是一种以独特、新奇的观念解决问题的历程。 陈龙安综合相关学者的观点也列出影响创造力的因素，可分为能力、历程、人格特质，重点归纳整理如下：

一、创造的五种能力

（一）敏觉力：敏于觉察事物，发现缺漏、需求、不寻常及未完成部分的能力。

（二）流畅力：在一定的时间内，根据主题连续思考，产生构想数量多寡的能力。

（三）变通力：不同分类或不同方式的思考，从某一辆思考列车转换到另一列车的能力，以不同的新方法去看一个问题。

（四）独创力：想法的独特性，想出别人想不来的观念。由某一项反应在全体反应中所占比例来决定，与别人雷同度越少，创造力越高。

（五）精进力：一种补充概念，或在原来构想或基本概念的基础上再增加新观念，增加有趣的细节，或组成相关的概念群。

二、创造的四段历程

（一）准备期：搜集有关问题的资料，结合旧经验和新知识。

（二）酝酿期：百思不解的问题就暂时搁置，潜意识仍然会思考解决问题的方案。

（三）豁朗期：突然顿悟，知道解决问题的关键所在。

（四）验证期：实际运用顿悟出来的观念，验证其是否可行。

三、有创造力的人具备的四种人格特质

（一）好奇心：对事物产生怀疑，疑问随即伴随而来。问题产生时便去调查、探询、追问，虽然感到困惑却仍然继续思索，力求厘清事情的真相。

（二）冒险心：有猜测、尝试、实验或面对批判的勇气，也包括坚持己见、应付未知状况的能力。

（三）挑战心：处理复杂问题与混乱意见，寻求解决问题的能力。将逻辑条理带入情境，并能洞察出影响变动的因素。

（四）想象心：在脑中构思各种意象并加以具体化。让我们超越现实的限制，进入一个无所不能的世界。

博赞在《创意智商的力量》（*The Power of Creative Intelligence*）一书中指出，影响创造力的要素包括下列七项：

1.运用左右脑心智技能的能力。

2.将内心想法转换成书面数据，并增补细节的能力。

3.思绪的流畅性。

4.弹性与变通能力。

5.原创性。

6.扩散思考能力。

7.联想的能力。

思维导图法与创造力

亚里士多德认为，思考问题时若能将文字转化成视觉情境，想法才能源源不绝。思维导图法即是一种可视化思考工具，运用与内容主题相关的图像来激发想法，可以让思绪更流畅。思维导图中不同的树状结构分属不同类别，我们思考事情时尽量在不同的树状结构中切换思维，可以让想法具有变通性；思维导图法缘起于语意学，因此强调思考时把想法拆解成单独的语词，每个线条上的关键词都是另一个思考的起点，得以让想法更广、更深，想出别人忽略的构想，让想法具有独创性。透过树状结构来开展想法，很容易看出哪个大类、中类、小类信息不足，需要增补，有助于提升精进力。最后，思维导图法强调同时使用左右脑的心智，让想法能兼顾逻辑与创意、科学与艺术、理性与感性，对养成敏觉力有一定的功效。

第2节　运用思维导图法创意思考

创意思考的形成要素中具有思维导图法强调的四个主要核心概念：关键词、放射思考的图解结构、色彩与图像。

1.思维导图的放射性思考可让我们从一个主题经由联想，产生许多不同角度的思维。每个关键词都能自成中心，向外延伸，无限扩散，每个扩散都能导回原本的概念。

2.思维导图法可以训练感官能力，用关键词和逻辑关联加强记忆，收集各种想法并形成概念。

3.你还可以用思维导图来制定计划或做笔记，应用文字、数字、行列、顺序、图像、色彩、符号、韵律、联想等左右脑的天赋心智，不但能增进创造力和记忆力，更能使思维导图妙趣横生，更具个人特色。在写作上让思维导图帮忙灵感发想，落笔前得以从容准备。

4.思维导图利用整体思考的方式，让信息可以从不同主题方向呈现，这种方法能有效掌握讯息重点，让人快速、精确地发现问题盲点，并透过思维导图架构知道自己所处位置，或应该吸收哪些信息以补不足。

博赞指出，思维导图运用到各种与创造力有关的技巧，尤其是想象力、联想与变通力，因此是一种非常棒的创意思考工具。

博赞也指出，思维导图法之所以能激发无限潜能，是因为从大脑心智的角度来看，大脑放射思考的天性与思维导图中每一个关键词、图像都能激发大量想法的模式相符。在一些智力活动中，例如：做决策、记忆、创意思考，若能善加运用放射性思考原则，你的大脑将获得更多自由扩展的空间。

接下来我们将从脑力激荡、创意工作计划、创意解决问题、智力结构理论与创意学习的角度来探讨思维导图法的功能。

运用思维导图法脑力激荡

以思维导图当做脑力激荡工具时，可根据主题先列出讨论的大方向与中方向，甚至小方向。下图是以"爱护地球"为脑力激荡的主题，从中心主题的图像

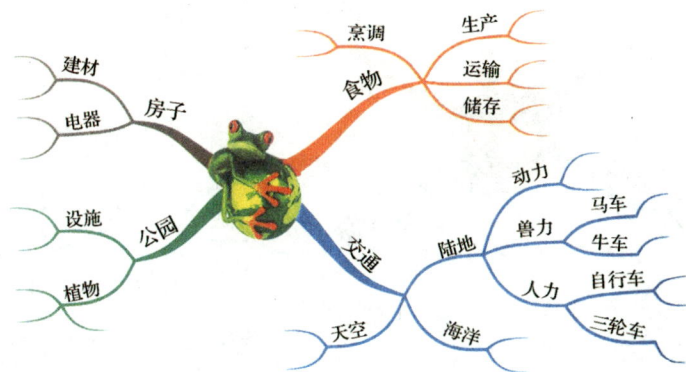

以主题列出讨论大、中、小方向

发展出"食物"、"交通"、"公园"与"房子"四大讨论主题，每个主题之后都可延伸次主题，让脑力激荡过程中可以自由地在不同主题（树状结构）之间变换思考内容，达到创造力中的"变通力"；从每个大主题或次主题概念尽量发挥想象力，让图像、情境融入五官感觉，让自己沉浸在虚拟现实中，并在不同主题之间跳跃思考，想到哪里就写到哪里，想法因而源源不绝而生，符合"流畅力"原则。

在书写思维导图内容时，掌握每一个线条上只写"一个"关键词的原则，每一个关键词都会成为一个新的思考起点，因而产生了思考的活口。下图中"食物"、"生产"之后的想法不用"禁用农药"，而拆成"禁用"与"农药"，从"禁用"又可联想到"肥料"或其他生产食物时禁用的东西；从"交通"、"陆地"、"动力"之后，原本脑袋有个想法是"小型汽车"，但是拆成"汽车"与"小型"，从"汽车"又可联想到"省油"或其他注意事项。"一个"关键词，不仅想法能更流畅、更变通，也能增补更多细节内容，想到他人忽略的构想。这属于"精进力"与"独创力"。

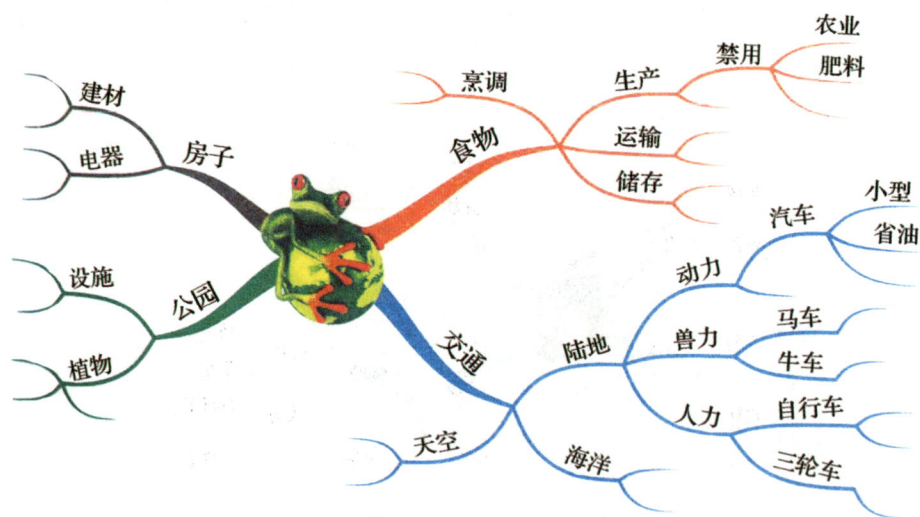

以一个关键词为原则，开启更多思考活口

创意工作计划的应用

英国登堡营销公司（Temple Marketing）总裁尼格·登堡（Nigel Temple）说："我们公司使用思维导图来改善财务规划以及各个层面的管理。例如在脑力激荡阶段，思维导图法是一项非常好用的工具，它可以把一些创意想法以符合逻辑顺序的方式记录下来。"

大多数人习惯以文字来呈现大纲结构，思维导图也使用大纲的层次，但大量采用图形与图像，可触及并激发人脑的创造力，产生更多的好构想，而且比传统脑力激荡的结构严谨得多。思维导图的图解结构可以帮助我们看清楚大方向与各个细节、厘清彼此的关系，刺激大脑思考与创意发想。

越来越多项目经理人把思维导图法运用到项目管理的企划上，不少培训项目管理师的企管顾问公司也采用思维导图为教学工具。在"工作任务分解结构"（WBS）的流程上，思维导图法非常适用于安排项目进度、分配资源、监视工作进度。在定义项目范畴及初期规划时，经理人需要全脑思考，可运用思维导图做脑力激荡，把想法尽量丢出来，暂时不需太在意想法之间的逻辑顺序，只要尽情"涂鸦"。这可以有效扩张人们的想象力，还能激发参与者的热情。

用创新的方法解决问题

传统思维方式无法解决的问题，必须采用新的思维，使问题圆满解决。创造性问题解决的过程即是希望在面对问题时能跳脱问题的情境，从有别以往的知识、经验，做出各种可能的响应，这些响应要兼顾新奇性与实用性，以建立出具有创造性的问题解决方案。

思维导图能帮助你整理思考，如果能经常运用，可以滋养个人在扩散思考与聚敛思考的分析力、观察力、组织力及联想能力，思考的创造力在日久之后也会增进。透过思维导图的绘制还可以启发联想力，从系统化结构中聚敛筛选出所需的信息，对用创意方法解决问题十分实用。

实践智力理论的代表人物

基尔福特（Joy Paul Guilford）提出形成智力立体架构有三个基本向度：

1.思考运作：认知、记忆、扩散性思考、聚敛性思考、评价。

2.思考内容：图形的、符号的、语意行为的。

3.思考产物：单位、类别、关系、系统、转换、应用。

迦德纳（Howard Gardner）指出，智力并不是一种单一能力，而是由八种不同能力组成，其能力面向与代表人物分别是：

1.语言智力：艾略特

2.逻辑数理智力：爱因斯坦

3.空间智力：毕加索

4.身体动觉智力：葛兰姆

5.音乐智力：斯特拉文斯基

6.人际智力：甘地

7.内省智力：弗洛伊德

8.观察大自然智力：达尔文

思维导图就像一位拥有很多只手的捕手，专门接住我们大脑随时蹦出来的"思考球"。脑袋中不论何时何地产生了伟大的想法，都能经由它的树状结构与网状脉络，以结构化的扩散性思考模式记录、储存起来，并以图像、符号来标示内容重点所在，并强化重点的联想。因此思维导图可以帮助我们在创意思考扩散的过程中，系统地记录下所有构想。在思维导图中将一句话或一个讯息浓缩到极致，巧妙地运用关键词，就能自在地操控大量的情报。

创意学习的应用

思维导图能唤醒人们可视化的能力。大脑发展视觉图像能力的同时，也能激发培养思考能力、认知能力、记忆力，并建立自信心。借由独立发展图像组织架构，学习者可以呈现他们对学习内容的理解程度，掌握组织知识的过程。只要学习者了解如何创造、应用图像组织，便学习到了一个有助于计划、理解、记忆与评价知识的新颖工具；经由图像组织还可以增进学习时对主题、内容批判思考的能力。

做笔记是学习的必备功夫，应用"创意笔记法"思维导图来整理、记录所学内容，能令人印象深刻、不容易忘，而且记录方法轻松，还能达到有效沟通的目的。功能如此多样，方法又符合大脑的思考模式，因此常被比喻成"思考的瑞士刀"。从功能来看，又宛如是在变化无常的波浪上乘风破浪，因此思维导图被比喻成"智力的冲浪板"。

左右两边的大脑拥有不同的心智能力，只要用对方法，我们可以非常协调地让左右大脑发挥最佳效能。思维导图笔记具有空间、非线性取向、运用颜色和图像的特色，以整合、交互连结的方式自然地运用全脑思考，并以树状结构与网状脉络来展示关键性概念与彼此间的关系。这些特色可以帮助我们整理信息，强化内容的记忆。

达·芬奇是文艺复兴时期天才中的天才，他非凡的成就来自于卓越的学习力与创造力，这都与他同时运用左右脑心智能力的"用心默记"来培养记忆力有关。全脑思考的思维导图法不仅能提升我们对内容的理解程度，也能强化长期记忆的效果。

第3节　思维导图法给创意思考的启示

人类主要是采用语意式与图像式思考，大脑蕴藏的无限潜能，可以透过可视化图像的思考模式来释放。视觉思考的运作有三个层次：首先是有意识地"看"，透过观察来搜集与解释资料。接着运用辅助图表，例如思维导图来呈现所看到的数据。最后进一步发展，在脑子里形成"可视化图像"的能力来衍生思考，并呈现内在思维的能力。记忆力与创造力都是可视化思考的应用。思维导图即是一种以可视化思考方式来激发点子与组织想法的工具。创意的产生历程也仰赖扩散性思考，我们也同时了解到大脑有能力接收非线性的信息。思维导图的树状结构就是以图解组织的思考方式扩散与整合信息，有助于主题创意的概念发散和逻辑收敛，且都利于组织进行创意思考。

由于环境急速变迁，原本解决问题的方法可能面临不够适切的窘境。如果你也有类似的困扰，思维导图法将为你在黑暗中点亮一盏明灯，帮助你厘清问题，并找出可能的解决方案。思维导图还将不同的问题整合在一起，清楚地知道哪些必须进一步探讨。运用思维导图法列出各项问题的解决方法，可以增进对问题的洞察力，有助提升工作绩效。

在创意构思过程中，思维导图法可以帮助我们在准备期及孕育期阶段更加集中注意力、更有效地搜集信息，并建构关联性，让思绪快速进入豁朗期。

说明完创造力、创意与创新与思维导图法"关键词"与"放射思考的图解结构"的关系，接下来将就图解思考、图像与色彩做进一步探讨。

第**7**章
图像组织

还记得就读初中、高中的时候，上课铃一响就是我梦魇的开始，因为老师会在黑板上写一大堆密密麻麻的文字，老师讲得很认真、很辛苦，我听得很模糊、很痛苦，相信也有不少读者跟我一样，有不愉快的学习经历。传统条列式的书写在形态上是排列在一起的线性式文字，让人无法看清楚内容的整体架构与关键点在哪里。

后来因为工作及兴趣的关系，参与企管顾问公司以及青商会举办的课程时，发现学习过程若是轻松有趣，学习效果就会显著和长久。为何会有如此的差异呢？最大差别是企管讲师擅长以不同的图表来解释复杂的关系。日本多摩大学教授久恒启一在《这样图解就对了》中强调，以图解呈现数据内容乃采用有空间感的分层排列方式，除了给人清晰易懂的印象之外，过程还会让人"深入思考事物的本质"。因此图解不仅是表达的方式，也是思考的工具。

图像组织（Graphic Organizer）又称组织结构或图解思考，是将概念、语句、符号、图像等

元素，在一个空间中展开彼此的关系。伊艮（Margaret Egan）在*Reflections on Effective Use of Graphic Organizers*一书中指出，图像组织是人类心智模式的表现，一种可视化呈现知识的方式，它将讯息概念结构化，并将某个主题（或概念）的各个重要层面重新组合建构出一个新模型，可以让想法更明确、更具体、更丰富、更有创意地呈现出来，让复杂的信息简单化、平面概念立体化、抽象事物具体化、无形的想法有形化。以组织结构来做笔记的时候，因为只记录关键词，不但可以节省时间，更能理出概念之间的关系脉络，让学习者学得更愉

快、更有意义。

可视化的组织结构种类非常多，功能也不同。一般常见的有呈现信息的直方图、长条图、圆饼图与折线图；分类分析的矩阵图、鱼骨图、曼陀罗（九宫格）、雷达图；展现关联概念图、树形图、组织结构、流程图、范氏图与网络图。如果想要有效使用这些组织结构，不但要了解其理论背景，伊艮也强调要配合不同的工作需求、时机与不同的任务目标，选择适合的组织结构使用，否则运用不当，恐怕很难达到预期的效果。

第1节　什么是图像组织？

学习策略的观点

美国发展心理学家迦德纳（Howard Gardner）在《智力架构》（*Frames of Mind*）一书中发表了多元智慧论（Theory of Multiple Intelligence），其中提到"可视化"是"空间智慧"的核心。加速学习系统创始人，也是英国"学习协会"领导人罗斯（Colin Rose），在《学习地图》（*Accelerated Learning*）中引用一位致力于"加速学习理论"研究与推广的洛扎诺夫（Georgi Lozanov）博士的观点："刺激视觉的素材是一种有效的教学与学习策略，不仅有助于质量提升，更有强化长期记忆的效果。可视化的图表、组织结构可以用来呈现、界定、解释、操作、统整与概念的厘清，对提升教学质量是一种很好的策略。"

英国艾希特（Exeter）大学的研究员何奥（Michael Howe）进行一项学习时做笔记对学习成效影响的研究发现，有做关键词笔记的学习效果是没做笔记的六倍。由于传统整句条列式笔记讲求文法正确性，相较于只记录关键词的笔记就显得繁琐没效率。可视化的组织结构笔记强调只写下会产生较强印象的名词、动词等关键词，以及关键词之间的关联与联想，不仅有助于学习时储存讯息、编码、组织信息、激发联想、推论与解释，还能提升学习时的专注力。《多元智慧的教与学》（*Teaching & Learning through Multiple Intelligences*）的作者坎贝尔（Linda C. Campbell）以及《学习革命》（*The Learning Revolution*）的作者佛斯（Jeannette Vos）都建议，学习时的笔记要使用运用到大量群组化、视觉图像技巧的概念图或思维导图。 美国宾汉顿大学（Binghamton University）教育与人类发展学院的教授布伦来（Karen Bromley）、维逊斯（Linda Irwin–De Vitis）与摩德罗（Marcia Modlo）归纳多位学者的研究后，提出组织结构的基本形态有：

一、阶层性：组织结构大部分都有一个中心概念，底下有下位阶的等级、层次或次概念，归纳与分类是常使用的技巧。

二、概念性：概念性组织结构常用的形态有中央概念、层次或角色、问题分析与解决、比较概念的异同等。

三、序列性：对于具有因果关系、次序性的概念、过程与结果、问题解决的历程等，都可以运用序列性的组织结构。

四、循环性：这种组织结构包含了一系列没有起点也没有终点的循环历程。

基于上述特征，布伦来、维逊斯与摩德罗认为组织结构具有以下四大功能：

一、连结各自独立的概念：借由组织结构删除不必要的信息，留下关键概念并指出关联性，以利于理解内容。

二、整合新经验与旧经验：新知识进入脑中时，组织结构可以有效与既有基模整合。

三、整合心智的工具：组织结构中会以图像来表达重要概念，比长篇大论的文字更容易记忆。

四、连结听、说、读、写与思考，达到有意义的学习的目的。

透过组织结构可以清晰、简洁、有效率地表达信息的状态、信息之间的关联，以及信息的分类分析，达到加深印象、化繁为简、易懂易记的教学与学习成效。

创造思考的观点

创造思考能力通常包含扩散思考的五项基本能力：流畅力、变通力、独创力、精进力与敏觉力。组织结构强调关键词使用，除了可以减少不必要的赘言，也能开启更多思考活口，让思绪集中在主题上，帮助我们搭别人想法的便车，思绪可以变得更流畅。分类阶层的概念也有助于水平思考的拓展，对思绪的变通有帮助。

钱秀梅、蔡文山、孙易新、黄玉琪、钱昭君、陈孟妏等人的论文研究结果也显示，使用组织图形式的思维导图法作为创造思考与教学工具，对提升学生创造力均呈现正向成效。在蔡巨鹏做的"易经创造思考的训练模式之建构与应用"研究中，以九宫格、思维导图等可视化的组织结构运用在250场创造力训练课程上，结果发现可视化组织结构不但能激发学员的创意潜能、做好个人知识管理、了解过去掌握现在创造未来，课后学员皆纷纷表示从中获得许多启发。

最近20年来，企业界、政府机构与非营利组织为了提升工作绩效，纷纷导入项目管理系统。美国华盛顿大学的伯朗（Karen A. Brown）教授以及范德堡（Venderbilt）大学的海尔（Nancy Lea Hyer）教授在《思维导图：项目管理的利器》一文中指出，许多项目经理在规划项目时，思考很容易落入执行细节层面，因为大多数人都偏向用左脑思考，如果能使用充满色彩、图像、组织结构缜密的全脑思考模式的组织结构，例如思维导图，可以让项目在一开始就能激发更多创意与直觉，过程中能产生更周延的思考和有效的决策。曾经参与苹果计算机、惠普等公司成长、领导计划和组织变革工作的葛罗夫（Grove）国际顾问公司创办人席彼特（David Sibbet）也在*Visual Meeting*一书中强调，善用类似思维导图功能的可视化组织结构或表格，就好比在演奏爵士乐，不但可以让思考过程更有创意，也让我们的思绪或计划的结构更完整。

逻辑结构的观点

逻辑又称为推理或理则，数学家哥代尔（K. Godel）说："逻辑乃是一门先于其他科学的科学，它包含了所有科学的基本观念和原理。"人类大脑思考的基本形式又会因构成的元素，以及元素之间联结方式（结构）的不同，而形成各种不同的亚形式，这类亚形式称之为思考的逻辑结构（或思维的形式结构）。维基百科指出逻辑的基本定义是：

1.同一律：每个事物都只能是自己本身。

2.排中律：任何事物在一定条件下，要有明确的"是"或"非"，不能存在模棱两可的中间状态。

3.充足理由律：任何事物都要具有支持它存在的充足理由。

4.非矛盾律：在同一时间，某个事物不可能既是这样又是那样。

逻辑系统的性质是：

1.兼容性：任一定理都不会与其他定理相矛盾。

2.可靠性：不会出现一个正确前提，却产生错误的推论。

3.完备性：不会出现一个正确命题，却无法被证明。

演绎和归纳则是逻辑思考的基本结构。演绎推理是从现有前提下思考会推演出什么样的结果。归纳推理则是从现有的信息中，观察它们可以导出什么可靠广义化概念的过程。

图解方式的组织结构在逻辑思考的基础就是"逻辑树形图"或称为"金字塔架构"，是一种严谨的"主题—大纲—细节"关系的组织结构。一张有价值的组织结构图不仅要网罗必要的信息，还要能够指出信息之间的逻辑关系，包括了因果关系、并列（水平）关系，以及相对关系。逻辑树形图可以帮助我们从宏观到微观、从广度到深度，清晰呈现信息的分类以及彼此间的关系，达到有层次、有系统整理信息的目的。其运用原则包括了：

1.附属于同一因素（或概念）之下的次要因素，其抽象程度必须一致，也就是同一位阶的因素，必须具有同样的逻辑表征。

2.主从关系必须合乎逻辑，不能随意衍生出不相干的概念。

3.同属于某一因素之下的次要因素不可以重复，也不能有所遗漏，也就是"彼此独立，互无遗漏"（金字塔原理）。

不论从学习策略的观点，创造思考的观点，或逻辑结构的观点，不同可视化的图解组织结构会有不同的目的，但整体而言组织结构的优点有：

1.一目了然：可以兼顾宏观与微观、广度与深度，在最短的时间掌握最多的信息。2005年我受邀为铼德科技全球策略营销部门讲授思维导图法，全程参与研习的张副总经理在课程结束前向学员表示，思维导图是很好的脑力激荡工具，在分析问题时不但能激发创意，更能经由一张A4纸中的树状结构与网状脉络，清晰地厘清并掌握所有相关因素，即所谓许多跨国企业在会议简报中要强调的"one page control"。

2.有效传达信息：透过组织结构对信息做出系统分类，有助于理解内容，并能一眼看出是否有重复或遗漏的事项。

3.表达信息间的关联性：因果关系的流程图、逻辑图、思维导图、鱼骨图；包含关系的范氏图；层级关系的组织结构、思维导图；类别关系的矩阵图、思维导图、曼陀罗等，都能以不同的图解方式说明信息之间的关联。

4.让信息内容的结构更有逻辑：图解形式的组织结构透过树状结构、关系线条、箭头符号等，表达逻辑关系与顺序，避免矛盾情况出现。

5.生动、活泼、图像化：运用颜色、插图让组织结构更加可视化，表达我们对讯息的感受性，并能吸引注意力。

第2节　放射性思考的图像组织

根据我使用思维导图与教学的经验，发现学员经常把具有"放射思考"的概念图、鱼骨图、曼陀罗（九宫格）与思维导图法产生概念上的混淆，甚至归为同一类。因此将在此逐一个别探讨其含义、应用，以及和思维导图的异同。

概念图

一、含义与运用技巧

《学习如何学习》一书的作者诺瓦克与高温建议使用能够指出概念关系的顺序与关系的可视化图表，来作为教学以及问题分析与解决方案的工具，他们称此技术为概念构图（Concept Mapping），呈现出来的图表称之为概念图（Concept Map）。

概念图的结构从外观看很像树形图，它包含了一个中心概念和支持的事实。应用的技巧是把涵盖范围最广的概念或思考主题放在最顶端，下一阶写出次广的概念或从主题衍生的想法，并以线条连接上一阶层概念，也可以在线条上说明两个概念之间的关系。往下每个阶层也是依循此原则添加，直到重要概念都已经涵盖在内为止。

二、使用时机

1.流程解说。

2.系统、问题或决策分析。

3.部门组织结构。

4.发现因果关系。

5.撰写计划。

6.整理书面资料。

7.教学、简报。

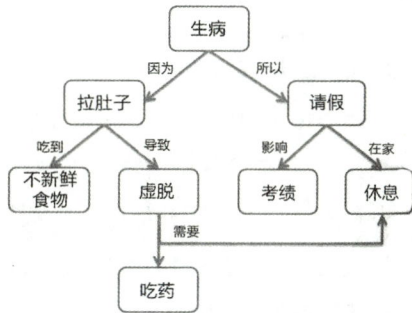

概念图

三、使用限制

1.初中者动作会较慢且觉得不适应。

2.不确定何时该结束。

3.较难显示多重的关联。

四、与思维导图法的异同

1.相似点：皆有概念的层次关系以及概念之间的连结。

2.差异点：

◎思维导图强调使用图像、色彩等元素，概念图只运用文字来呈现概念与关系。但是近年来少部分的概念图也加入了色彩、图像，尤其是小学的教学应用。

◎思维导图在每个节点线条上的语词数量特别强调只写一个语词，尤其是应用在思考上的笔记。概念图则未特别规定每个节点概念的语词数量。

◎概念图在节点之间有联系词连接概念，思维导图只有在线条上写出概念，没有强调概念之间一定要加上联系词，除非缺少了联系词会对内容产生误解，才在两个概念之间多加一个线条，写出联系词。

◎在思考方式上，思维导图法比较强调放射性思考，概念图比较倾向聚敛式思考。

鱼骨图

一、含义与运用技巧

鱼骨图是1940年代7大基本品管工具之一，1960年代由日本品管大师石川馨加以统整，正式应用在川崎重工造船厂的质量管理流程，因此鱼骨图又称石川图，也有人称之为要因分析图或因果图（Cause-and-Effect Diagram）。鱼骨图的鱼头通常表示某一特定的问题或问题的结果，组成这条鱼的大骨头就是造成此问题或结果的主要原因。鱼骨图是问题分析与解决的好工具，也是项目管理中风险辨识的主要工具之一。

鱼骨图很容易上手，通常会搭配美国BBDO广告公司创办人奥斯蒙（Alex Faickney Osborn）在1938年所提倡的脑力激荡法。首先在纸张上画出向右方向的鱼头，在鱼头上写出待解决的问题或某一现象的结果。接下来透过脑力激荡，在鱼身的大骨头写下造成此结果的主要原因。接着从大骨头衍生出若干种骨头，它们就是造成主要原因的各个次要原因，再从中骨头衍生出若干小骨头，它们就是造成中骨头上面次要原因的各个因素。运用鱼骨图时需充分运用互斥与穷尽（MECE）原则，也就是说，各因素不能重复且没有遗漏任何事项。

问题分析的鱼骨图

　　鱼头向右的鱼骨图是分析问题的原因，针对解决问题的方案分析就可以用鱼头向左的"反鱼骨图"。鱼头是原本问题分析中的某一大问题、中问题或小问题。在问题解决的鱼骨图中，大骨头代表该问题的主要解决方案，中骨头是该解决方案的各种做法，小骨头则是做法的说明或依据。

问题解决方案的鱼骨图

二、使用时机

1.辨识问题或风险背后的原因。

2.发现因果关系。

3.根据问题寻求解决方案。

三、使用限制

1.层次较多阶的时候，手绘鱼骨图会书写空间不足。所幸已有许多绘制组织结构的软件可以使用，这项限制可稍获解决。

2.不确定何时该结束。

四、与思维导图法的异同

1.相似点：分类与阶层化的概念。

2.差异点：

◎思维导图强调同时使用文字、逻辑分类、图像、色彩元素，鱼骨图只运用文字、逻辑分类来呈现问题与解决方案。

◎思维导图在每个节点线条上只写一个关键语词，鱼骨图则是在每根骨头上写下一个或多个语词来表达想法。

曼陀罗（九宫格）

一、含义与运用技巧

曼陀罗（Mandala）源自于佛教的智慧，Manda是梵语"本质"、"真髓"；la是"得"、"成就所有"的意思，Mandala一词有"获得本质"或"具有本质之物"的含义。距今约一千五百年前的藏传佛教在冥想与仪式中使用曼陀罗，象征西藏佛教中的真理，也是一种艺术，用来表达天体大宇宙与人体微宇宙相互汇集的世界观。日本学者今泉浩晃在1987年将之加以系统化，成为一项激发个人潜能、稳定情绪、专注学习与提升创造力的脑力激荡及分析问题的工具。作家佐藤博更进一步改良，把它作为实现目标的新式日记。

曼陀罗是一种网状组织的可视化思考工具，在一张纸张上的水平与垂直方向各平均分割成三等份，成为九个格子，因此又称为"九宫格"。中心那格填写主题，其他八格是次要主题或相关描述，以放射式思考加上图像式的表达，启动想象力，创造能量。这种结构完全符合大脑的思考方式，可活化潜在意识。它的思考方式有如魔术方块般分成两种基本形式：

1.向四面扩散的放射模式：中心区域是思考的起点，由它向围绕四周的八个格子扩散想法。每一个小格子又可以再分割成九个小区域，每一个小区域又可以再分割成更小的九个小区域，这种变动可以无止境地延伸，这便是曼陀罗蕴藏无限能量之所在。相反的也可以由分布四周的八个事物，向中心聚合归纳成一个集合概念（左图）。

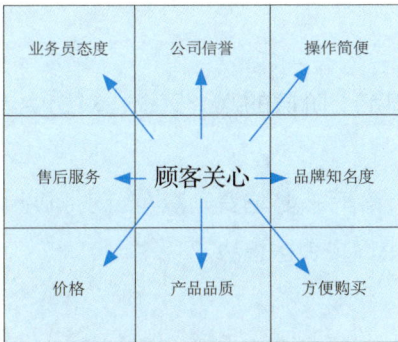

向四面扩散的九宫格

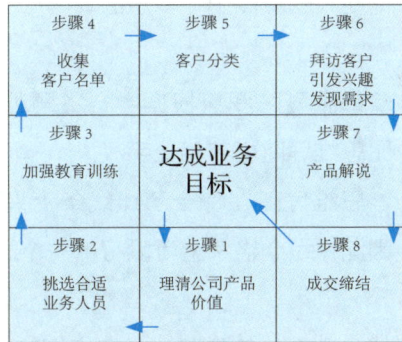

逐步思考的九宫格

2.逐步思考的顺时针模式：曼陀罗亦可从中心区域为定点向下方的格子移动，然后顺时针移动，依序产生各种想法（右图）。

运用曼陀罗技巧时，可以在大脑思索各个相关事物同时把想法转化成影像，努力感受其中蕴藏的能量。今泉浩晃称这种状态为"观想"。

二、使用时机

1.创意思考。

2.问题分析。

3.工作计划。

三、使用限制

不同阶层之间的概念较难一眼看出彼此的关系，尤其分成许多张曼陀罗的时候。

四、与思维导图法的异同

1.相似点：

◎放射（扩散）思考模式。

◎分类与阶层化的概念。

◎运用图像激发想象力。

◎曼陀罗的空白格子与思维导图的空白线条都植基于完形心理学理论，可诱发、促使大脑激荡出更多想法。

2.差异点：

◎每张曼陀罗只根据中心主题思考四周下一阶层的八个概念，对初中者而言，比思维导图更容易上手。

◎思维导图在每个节点线条上只写一个语词，曼陀罗则没有特别强调或限制，因此在每个格子上可以写下一个或多个语词来表达想法。

从概念图、鱼骨图与九宫格等特性中可发现，它们与思维导图法同样具有可视化、扩散思考、逻辑分类的概念；思维导图法还特别强调色彩、图像的使用，但近年来在若干教学场域上也看到有些老师在运用概念图、九宫格时，也融入了色彩和图像，只是尚未明确说明色彩、图像的使用原则。早期柯林斯的语意网络图也是只有文字与线条，经过博赞的修正，才在思维导图中融入了色彩与图像。或许概念图、鱼骨图与九宫格也能发展出另一套色彩、图像的操作策略，这些都值得后续相关领域的研究者探讨。

第3节 运用思维导图法制作组织结构

图像组织（组织结构）是一种让思考、学习更加生动活泼的可视化工具与策略，能突显重要的关键概念，说明概念之间的关系及组织的整体性，因此能够有效率地整合知识、提升批判思考的能力，对于理解文本内容与记忆也相当有帮助。本章探讨的各种与思维导图结构类似的组织结构，在英国博赞软件公司（ThinkBuzan）执行长葛利菲斯（Chris Griffiths）的眼里看来，那些都不能算是思维导图，因为它们缺乏思维导图的一些重要因素，例如，思维导图法强调一个关键词的运用技巧，以及色彩、图像的使用等。

根据本章的探讨以及我自己应用二十几年的心得，将各种形式的组织结构与思维导图的主要共同点与差异处说明如下。

共同点有：

1.扩散思考模式。

2.分类阶层化的概念。

3.信息之间的关联性。

4.归纳与演绎在思考过程中不断地同时出现。

差异之处则在于，思维导图的运用技巧还特别强调：

1.语词选择是以名词、动词为主，形容词、副词等为辅，每个线条上以书写一个语词为原则，可达到开启思考活口的效果。

2.每个树状结构透过颜色来表达心中的感受，可触发更多创造力并强化内容记忆。

3.透过插图来强调重点，并强化对内容的联想，达到记忆的目的。

除此之外，思维导图法能让左右脑心智能力并用，兼顾逻辑与创意、科学与艺术、理性与感性的思维。

思维导图法四个主要操作定义中的"放射思考的图解结构"即符合组织结构的概念，透过树状结构与网状脉络构成思维导图的整体性。树状结构应用在不同的场合会有不同的内容结构，例如：

1.分类关系：最上位阶代表最大类的概念，次位阶是中类，以此类推，最后一阶是具体事物的名称。

2.因果关系：例如在问题分析时，最上位阶代表问题的本质或表征，往下各个位阶则是造成该问题的原因，或衍生的广度与深度的问题或影响；探讨问题解决模式时，最上位阶是造成问题的因素，下一阶是各种可能的解决方案，再下一阶是该方案的各种做法。值得注意的是，因果关系中的"因"或"果"本身也可能包含了分类关系。

3.联想脉络：最上位阶代表原始或抽象的概念，往次位阶的各个阶层越来越具体、越来越细节，或是在次位阶列出自由联想所产生的各种想法。

若是不同关键词之间具有关联性，就以单箭头或双箭头的线条指出彼此的关系，亦可在线条上用文字说明两者之间的关联，就可形成网状脉络。

思维导图法的树状结构与网状脉络可以表达图解思考的分类分析、展现关联，将一切化繁为简，让人易懂易记。

第**8**章

图像思考

有小朋友的父母一定有这样的经验：家中墙壁、桌子、沙发椅经常会出现许多"涂鸦"杰作。还不会写字的小朋友为何会喜欢涂鸦？他们透过涂鸦想表达什么？俗话说"一幅画胜过千言万语"，图像是标准的一词多义，绘制者透过图像创作，究竟是要传达单一直接的意义，还是丰富复杂的思维？观看者在解读时会不会产生其他的含义？

"图像"是思维导图法操作上的四大核心关键之一，透过图像的运用，可以激发创意、提升记忆。本章将从图像学的角度来说明"图像"在思维导图法中的使用原则与功能。

第1节　意象与图像

人类思维模式可以分成语言模式与非语言模式。语言模式的基本单位是"语词"，非语言模式的基本单位则是"意象"。意象反映出人脑中非语言符号的形象或意念，"形象"指的是大脑中出现的实物图像或映象；"意念"则是实物的性质、关系。意象包括了三种基本成分：形象、性质与关系。美国心理学家布鲁纳（Jerome S. Bruner）指出人类思维有三个阶段：活动模式（active mode）、图像表征模式（iconic mode）与符号象征模式（symbolic mode）。其中的图像表征就是一个现象的重现，看起来像一幅画，但具有更深层的含义，并能重现所代表的事物。中国国际艺术研究院首席顾问周建设统整康德等学者的看法之后，提出意象具有下列三个主要特征：

1.真实稳定性：心中对某件事物的想法与该事物的本质一致，想法一旦被储存在脑中就不会随意改变，具有相对的稳定性。

2.分解组合性：每一个心中认知的意象都可以分解成许多小部分，然后重新组合成新的意象。埃及的狮身人面像、中国的千手观音都是原本各自的意象分解组合之后的创新意象。

3.自我可感性：由于每个人的观察角度不同，同样一件事物在脑中认知与记忆系统中也会产生不同的意象。这种意象只有自己最清楚，别人很难完全感受。

与大多数动物比较起来，人类具有一种神奇的力量，能够使用建构的符号（Sign）来再现这个世界、自己的经验，乃至于万事万物的点点滴滴。当人们对于某个符号的内容、意义有了一定程度的共识之后，这符号可以称为象征（Symbol）。

我们生活当中充满了各式各样的符号与象征的图像化意象，从简单的形状、色彩，到故事中的怪兽，以及通行世界的品牌标志（Logo），分别具有其神话、宗教、传说、艺术及文化含义。图像形式的符号与象征也像语言一样具有沟通的功能，传统符号是现代人共通的语言，可以表达某种叙述与内心的观点、感受，而且更能快速表达意念。人类运用图像的历史比文字早了几千年。

无论是雕塑、绘画或其他类型的图像，艺术创作者创作作品并不只是模仿现实形象，而是对现实世界的万事万物产生心理反应的替代行为，"再现"出现实世界万事万物的替代品，也就是宫布里希（E. H. Gombrich）在《木马沉思录》和《艺术与错觉》中以视觉心理学为基础的再现观（representation）。这些艺术创作表达了创作者的想法，也供日后观看者理解，解读原创者希望传达的意义。

第2节　图像研究与图像学

图像研究

所谓图像研究指的是使用、学习图像或符号的艺术。

图像研究（iconography）字源来自于两个希腊字，eikon是图像的意思；graphe的本意是书写。图像研究是一种对艺术图像的描述性诊察，包含了三个解释层次。

层次一：解释图像的自然意义。

层次二：解释艺术图像的传统意义。

层次三：解释作品的内在意义或内容。

图像学

图像学探讨的是以一个实际的艺术作品作为一个图像或符号所代表的事物。

图像学（iconology）字源也是来自希腊字，eikon是图像，logy源自logos，有思想、推论的意思。图像学是将美术作品视为社会史和文化史中某些脉络的凝缩征兆而进行解释。以潘诺夫斯基（Erwin Panofsky）的理论观点来看，图像学不仅强调创作者或作品本身的创作背景，也注意到不同时代或环境观赏的背景。更进一步说，作品不但还原创作者的意图和过去的历史文化现象，同时也是过去与当代的一种联系，体现后现代艺术中的多元解读观点。图像学是一种诠释图像的科学，也是对艺术图像的比较性分析。

符号与象征

人类神奇的大脑对周遭一切总是充满了好奇心。我们从哪里来？为何现在会在这里？死后又会去哪里？大自然现象的背后隐藏了什么意义？数万年的文化演进过程中，我们创造出可以回答这些古老问题的信仰架构。英国社会人类学家布鲁斯—米特福德（Rupert Bruce-Mitford）指出，我们从信仰架构中发展出一套功能简单明了，表达立即、简洁讯息的"符号"，以及经由视觉图像表达出背后潜在意义"象征"的广泛语汇来和宇宙连结。它们可以是书面或视觉语言一部分。符号与象征经常交互使用，但象征具有更深层的含义。

童子军的旗语、军事单位的灯号命令，只需要也只能被解释成一种同一且单一的符号意义。今天我们惯用的交通、气象、数学、货币、乐谱、质量认证等各种国际通用标志也属此类。图像制作者如果将图像当做符号来使用，传达的意义就属单一，但也有图像创作者企图传达内在意义或更多、更深层含义的象征。

艺术家陈怀恩指出，象征是一种清晰的记号书写行为，象征以及象征意义的连结是用下列三个步骤依序进行：

1.以概念为对象。
2.以自然事物为解释手段。
3.建构概念。

希腊哲学家亚里士多德在《诗学》（Poetics IX）中对象征与图像则有不同的定义与解释。亚里士多德指出，象征具有共通性，例如：文字与各种通用符号；图像则记录了历史、五官感觉等充满差异的生活事件。在我们的生活中，象征、文字和图像都可以视为不同类型的沟通语言。文字属于"指意性"的记号与象征，具有结构性与普遍性。因此象征是单一符号具备明确的解释意义，并且将整体性文化表征当做诠释对象；图像则是"描述性"的景象，具有特殊性与差异性，在不同文化脉络与时代背景下，指涉意义也会不同。

从定义内容看来，亚里士多德的象征与布鲁斯—米特福德的符号是相同的，都代表单一的意义。亚里士多德的图像则与布鲁斯—米特福德的象征有共同的含义，都表达更深层或多重的意义。

陈怀恩也认为，图像当然也可以作为指示性的符号，用来象征某个语句、意思、地点或情境。

艺术史学家贺美伦（Göran Hermerén）在《视觉艺术的再现与意义》（*Representation and Meaning in the Visual Arts*）中指出，使用象征必须符合三个基本条件：

1.象征内容必须让具有相关背景知识的人在正常观看条件下获得理解。也就是不鼓励观看者过度诠释。

2.创作者自己能够辨识所描绘的象征内容。

3.不能直接描绘所要象征的事物本身。

当图画演变成符号，每个符号各自代表独特的发音时，就是字母文字。以抽象符号代表一个完整的语词就是象形文字与表意文字，中国汉字是至今仍在使用的最古老的文字系统。以文字作为象征符号时，两个文字并置就会发展出复合关系、复杂概念或转义，例如"花"、"莲"分别各有原始含义，两个字并置时就成为台湾东部的地名。同样的，图像并置也会有类似的效果，例如"灯泡"可以代表创意，"玉山"有台湾的含义，一个"玉山峰顶有个灯泡"的图像可以代表"创意台湾"。

从上述可以归纳整理出：代表特定且单一意义的视觉插图可以称为符号；代表特定但是融入多重或深层意义的称为象征；图像则会因为不同的文化、时空背景、环境因素而有不同的意义或解读。

第3节　图（心）像含义以及在思维导图法的应用

加州大学柏克莱校区人类大脑研究专家戴蒙（Marian Diamond）教授指出，人类之所以有别于其他动物，其中一大关键就是人类拥有较佳的沟通能力，例如：透过语言、图像、音乐、舞蹈等情绪表达。我们大脑中边缘系统的情绪中枢又与长期记忆系统有着密切关联。因此，处理信息时融入情绪、意义是提升学习成效的关键。

亚里士多德曾说："没有心像，就不可能思考。"心像基本上有三种含义：第一种是属于保留空间关系的心像。它是一种模拟表征，大体上"看似"其所要呈现的概念，它是一种叙述性知识，说明某个概念的样貌或物理上的特征；第二种是运作记忆（或称工作记忆）的心像。心像在运作记忆中对表征空间讯息，也就是对脑海中出现该讯息的视觉画面特别有用，可突破运作记忆容量有限的限制；第三种是抽象推理中的心像运作。许多艺术家、科学家都是经由抽象推理的心像解决了关键问题，例如：爱因斯坦就想象着人类若能以接近光速的速度前进，这世界会是什么样的状况？是不是有可能做时间旅行？心像是一种模拟式的表征，用来说明空间概念的讯息，保留了一般命题无法保留的知觉性架构，并运用在思考抽象概念。

古哈维（R. W. Kulhavy）和史维生（Ingrid Swenson）针对128位小学五、六年级的学生所做的阅读学习成效研究结果显示，透过心像图（Image）可以增强事后的回忆。台湾也有不少学位论文的研究指出，运用到图像思考的思维导图，对学习时的记忆力有帮助，因为图像中的符号与象征对我们的大脑而言是一种带有情绪、意义与生活相关联的符码，因此对提升信息吸收有正面效果。

思维导图法与其他类似的图解思考工具最大的差异除了色彩之外，就是加入图像。综合本章图像相关论点，思维导图法插图使用的原则如下：

1.重要的地方才加插图：思维导图已经是一种简洁的信息呈现方式，但为了强调更重要的概念，因此在特别想要吸引目光的重点地方才加上插图，不是随意到处加。

2.所加的插图必须要能够明确表达所代表的重点内容，或与之产生联想。

图（心）像依其意义的描述可分为自然的意义、传统的意义与作品内在的意义。因此在思维导图中，重要信息的地方要加上插图可以参考以下原则：

1.自己的思维导图：图像可以涵盖自然的意义、传统的意义，甚至自己诠释意义的图，在不会产生混淆的情况下，符号、象征与图像可依需求自行综合运用。

2.给他人看的思维导图：例如：给他人阅读、参考的书面数据思维导图，或教学、简报时的投影片思维导图，为了避免产生误解，要以使用符号与象征为主，图像以自然意义为主，传统意义次之。除非信息接收者能正确解读，否则要尽量避免特殊意义的图像。

3.创意发想时的思维导图：不论在个人或团体脑力激荡时，为了发挥想象力、激发创造力，避免陷入既有的旧思维框架中，尽可能以自然的意义、传统的意义，以及特殊文化含义的图像为主，再辅以符号、象征。

第**9**章
色彩

科学研究结果显示，色彩对我们身心灵的影响已是不争的事实。色彩无所不在、无所不包，是生活中不可缺少的表现元素，让我们可以辨识物体，也是人类表达情意的抽象方式。每个人对不同颜色会产生不同的情绪反应，例如：暖色系的红、黄、橘让人感到热情、兴奋与刺激；冷色系的蓝、天空蓝、紫蓝则会有舒缓与放松的感觉。虽然人类会因为文化差异，色彩的感受也会有若干特殊解读，但是颜色的象征意义是举世通用的，是人类重要的象征系统。在思维导图法中，颜色并非随意使用，而是有理论依据的。

第1节　色彩如何产生？

1666年，牛顿无意间观察到从实验室墙壁细缝穿过的白色光线照射到对面墙壁上，形成美丽的红、橙、黄、绿、蓝、靛、紫七种颜色，因而发现了太阳的七色光谱。后来牛顿以三棱镜重复这个实验，都得到同样的结果。牛顿指出，物体的颜色并非物体本身产生的，而是物体吸收和反射光的结果。他的发现带给我们重大启示：日常使用的颜色具有不同的意义，对我们心理或生理会造成影响。

第2节　大脑如何辨别色彩？

色彩三要素

太阳光线中包含了红、橙、黄、绿、蓝、靛、紫七种单色光，每一种颜色都有自己的波长。色彩有三要素，分别是色相、明度，以及彩度。色相是指色彩的色调，是色彩最基本的特征，也是色彩相互区别的最明显的特征；明度也称发光度，是指眼睛感受到色彩的明暗程度，通常取决于物体的反射光量；彩度又称饱和度，是指表现色彩色调的强度，饱和度高的颜色比较鲜艳，饱和度低的则较黯淡，例如："鲜艳的红"饱和度高，"暗沉的红"饱和度低。

大脑如何看到颜色？

太阳光穿过三棱镜会产生折射现象，使得光线中不同波长的颜色分离，也因为此特性，当光线照射在不同物体时，会反射出不同波长的光，所以我们的眼睛才能辨别各种颜色。不过大脑辨识颜色也不是单纯由光的波长来决定，虽然它是主要因素，但是光的纯度与强度也会影响我们对颜色的判断。

我们的眼睛就像一台照相机，眼角膜和水晶体就像镜头，视网膜就好比是底片，光线经过眼角膜和水晶体抵达视网膜，视网膜上面有接受光的神经细胞，让我们可以判别色彩。

视网膜上有"杆状细胞"与"锥状细胞"两种感光细胞。杆状细胞负责感觉光的明暗，锥状细胞负责辨别不同颜色的光线，由于视网膜上面的锥状细胞又有分别接收波长较短的蓝色、波长中等的绿色与波长最长的红色三种细胞，当光线进入眼睛，促发这三种锥状细胞，大脑依据反应的比率组合，决定了我们看到的光究竟是什么颜色，这也形成了我们生活的花花世界。

然而在花花世界里，为何我们看到的树叶是绿色的呢？这是因为光照射在树叶上时，叶子完全反射光线中的绿色，吸收了其他的颜色。因此，红色的书、蓝色的领带，严格来说是一本反射较多长波长红色光的书，以及反射较多短波长蓝色光的领带。我们就是借着物体对光线的反射、吸收，而看到五彩缤纷的世界。

第3节　色彩的功用与效果

色彩的功用

动物世界里不仅是人类，昆虫、鱼类、鸟类、灵长类均拥有辨别颜色的能力，色彩不仅仅是分辨雌雄的方法，也是求偶的工具。在弱肉强食的食物链中，颜色更是保护自己不被天敌吃掉的生存方法。

心理学家朗诺·格林（Ronald Green）指出，利用色彩传达视觉上的讯息，可以提升80%的阅读意愿与参与动机。《色彩的影响》（*Color for Impact*）一书作者珍·怀特（Jan White）也认为，使用色彩可以提升70%的理解力与60%的回忆能力，并缩短82%的信息搜寻时间，全录和3M机构的研究也显示，颜色可以提升个人的记忆力。

色彩的效果

自古以来，色彩的心理效果现象就被广泛讨论与研究。颜色对心理的影响感受不仅出现在个人的主观体验，客观的科学研究也多有印证。看到色彩鲜艳的红、橙、黄会有兴奋、爽朗、积极的倾向，明度高、彩度高的颜色也会有这种倾向。深蓝、蓝绿、褐色、黑色则会使人感觉到沉静、阴郁，甚至消极，明度低、彩度低的颜色也会有这种感受。紫色、灰色、绿色与中明度的颜色给人的感受就比较中性、温和。

大山正运用言语心理学与市场调查的语意微分法（简称为SD法），针对日本与美国的高中生、大学生进行跨民族、跨文化与跨性别的调查，得到下列共通的结果。

一、暖色系和冷色系

红、橙、黄等暖色系通常伴随着危险、喧哗、快乐、不安定的兴奋情感。紫、靛、蓝等冷色系则带有安全、安静、悲伤等沉稳的感情。

二、前进色和后退色

画在同一张纸上，长波长的红、橙、黄会比短波长的蓝、紫感觉更接近自己。

三、显眼色和隐藏色

心理学上将有形状、存在且显眼，容易浮在前面的称为"图"，较不显眼的背景是"地"。"图"具有突出的性质，前进色当中的红、橙、黄是显眼色，后退色的蓝色系是隐藏色。红色常用来当危险信号，前进色也经常出现在刺激性的广告中。

四、膨胀色和收缩色

色彩学中分有所谓"膨胀色"和"收缩色"，认为暖色比冷色具有膨胀的效果。

五、明色与暗色

颜色明暗度代表一种外表重量。一般来说，只是目测不碰物体的话，同样形状、大小的东西，明色感觉较轻，暗色感觉较重。除此之外，暗色给人沉重、深度、充实、硬邦邦、坚强、占有、紧张、安定的感觉。

第4节　色彩与感觉

不同的颜色会让人产生不同的联想，各具有象征意义，但这些意义也会受到文化的影响。日本心理学家大山正指出，黑色对日本人而言是美丽的，美国人却认为代表丑陋与邪恶。大部分的人会觉得白色代表洁净，红色代表热情，蓝色代表平静，黄色代表快活，黑色代表悲哀。心理学家德博诺（Edward de Bono）

在《六顶思考帽》一书中以白色代表客观的事实与数据，红色代表情绪的感觉，黑色是负面的因素，黄色是希望与正面的思考，绿色代表创意与新的想法，蓝色代表思考过程的控制与组织。

大山正针对色彩与感觉做了两个实验后发现，色彩能作为各种语言的象征。他的第一个实验是列出十四个象征不同感觉的词句，请受测者从十六种颜色卡片中分别挑选出适当者。第二个实验则是将十四个象征词句与十六种颜色分别透过SD语意微分法分开测试，得到的结果与第一个实验相似（下表）。

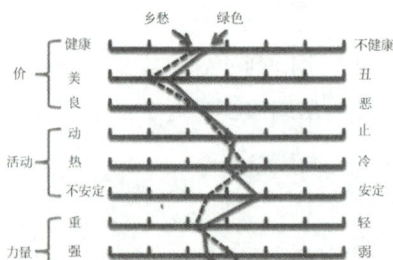

象征语和色彩的SD法观察比较，以乡愁与绿色为例

象征不同感觉的词句	第一个实验的颜色	第二个实验的颜色	共通颜色
生气	红、橙、黑	红、橙、蓝绿	红、橙
嫉妒	红、紫、橙	红、橙	红
罪恶	黑、灰、蓝紫	蓝紫、黑、红	黑、蓝紫
永远	白、绿带蓝、蓝	绿、蓝、灰	蓝
幸福	粉红、黄橙、橙	绿、黄绿、白	—
孤独	蓝、灰、黑	蓝紫、黑、灰	灰、黑
平静	蓝、绿、绿带蓝	蓝、绿、灰	蓝、绿
乡愁	蓝绿、绿、黄橙、蓝	绿、紫、灰	绿
家庭	黄橙、橙、粉红	绿、蓝、灰	—
爱情	红、粉红、橙	绿、黄绿、白	—

纯洁	白、绿带蓝、红	蓝、绿、白	白
梦想	粉红、绿带蓝、黄	黄绿、绿、白	—
不安	灰、紫、黑	蓝紫	—
恐怖	黑、灰、红	红、蓝紫、绿蓝	—

大山正色彩与感觉的两种实验结果

色彩常用来促发特定情绪，传递非语言的讯息，甚至做疾病治疗。所谓色彩沟通，就是借由色彩传递信号或讯息，诱发人类的心理感情；色彩治疗法是解读人所选择颜色的深层含义，加上外部给予颜色的刺激，进而控制情绪的色彩技巧。

如果把颜色的联想带到意识层次，就可以有更丰富和贴切的选择。色彩带有感情，能促发活络我们的大脑，对提升创造力与记忆力的帮助显著。快速学习专家亨特（D. Trinidad Hunt）在《学习如何学习》（*Learning to Learn:maximizing your performance potential*）中指出，学习过程中要尽量运用感官的刺激来触发心灵与大脑的敏锐度，以提升信息的吸收与应用。颜色能吸引目光、刺激大脑，运用更多伴随着心情、情绪的色彩来为信息分类，可提升学习成效。

色彩可说是最有力的符号，但并非所有颜色都有如此效果。除了红、橙、黄、绿、蓝、紫和它们若干的修正色之外，其他色彩并不具有震撼力，尤其以中间色作为符号色彩便会缺乏诉求力道。因此，符号色彩都是由单一色相（红、橙、黄、绿、蓝、靛、紫），或无色彩的白、灰、黑与光泽色的金、银，以及以及两种单一色相颜色调和。我综合整理了符号色彩所代表的感情讯息象征，详列如108页的表。

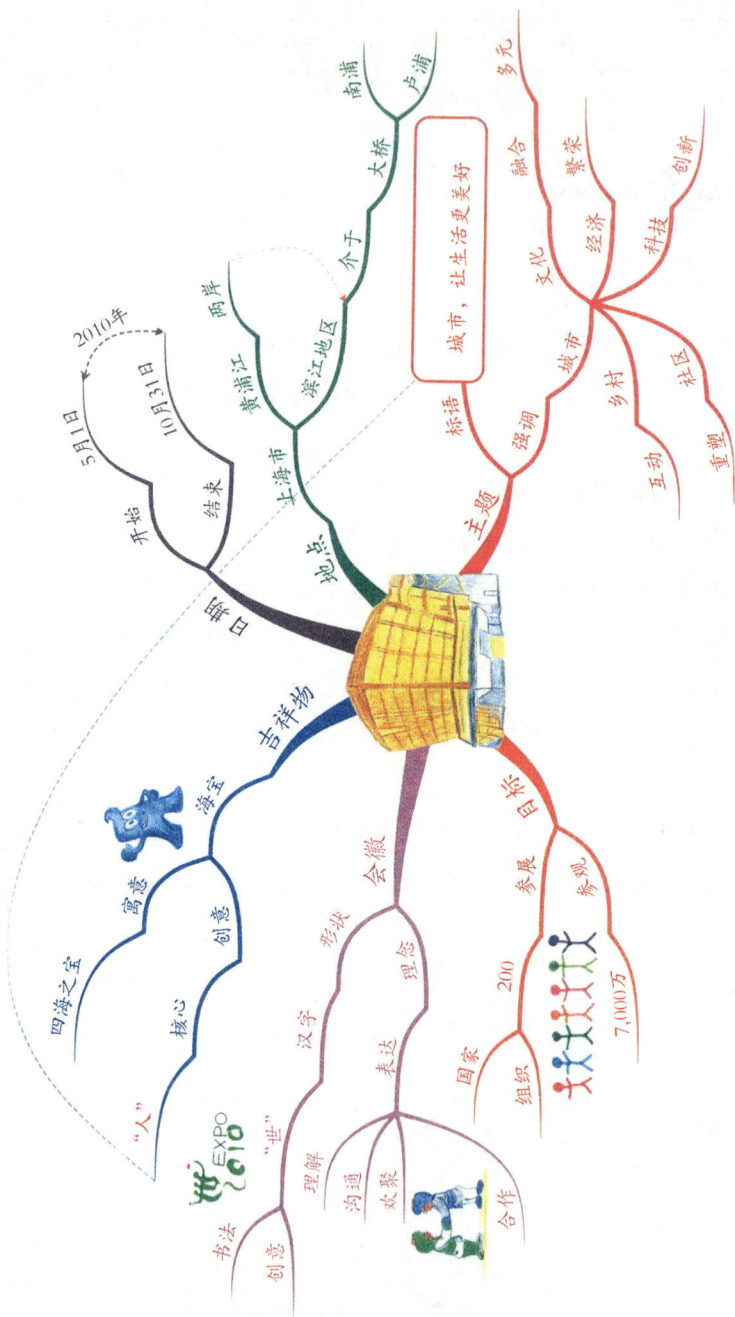

介绍2010年上海世界博览会的思维导图

南浦
卢浦
大桥
小于
两岸
黄浦江
滨江地区
上海市
地点
5月1日
开始
2010年
结束
10月31日

城市，让生活更美好
标语

多元
融合
繁荣
经济
科技
创新
文化
城市
强调
乡村
互动
社区
重塑

主题

四海之宝
海宝
寓意
创意
核心
"人"

书法
创意
理解
沟通
欢聚
合作
表达
汉字
形块
EXPO
2010
理念
会徽

目标
参展
200
国家
7,000万
组织
壮观

吉祥物

106

第5节　在思维导图上运用色彩

色彩在自然界代表着不同类别的物体或传达不同的讯息，因此思维导图法的应用有下列两种：

一、透过视觉颜色来区分不同类别的信息：同一类信息使用同一个颜色来画线条，写文字。同一类的信息以同一个树状结构来呈现信息内容的类别从属关系或因果推演，因此基本上一个主干线条与其后所有支干线条，线条上以文字书写的主要主题与分支主题都以同一个颜色来表示。但在文章笔记或计算机软件制作简报时，为避免彩色文字影响阅读，这时可用黑色书写文字，仅以线条颜色来区分类别。

二、透过颜色表达心中对该类别信息的感受性：色彩可以提升阅读、理解、记忆能力，因此个人使用的思维导图尽可能以自己的认知色彩为优先选择，若是要给他人阅读，则可参考108页表中各个颜色的代表含义。

106页的图是一张介绍2010年上海世界博览会的思维导图。这是要给一般大众阅读或公众简报的场合使用的思维导图，颜色的选择要避免太个人化，因此以108页表中符号色彩代表的感情讯息象征为参考依据。

1."日期"选择棕色，代表完整、务实的概念。

2."地点"选择绿色，大自然的大地是绿色的，表达在一片绿意盎然的黄浦江两岸举办世博会。

3."主题"选择红色，主题是重点所在，带有热情、活动力、生命力、积极的感觉。

4."目标"选择橙色，带有企图心、满足、朝气的含义。

5."会徽"选择粉红色，因为要表达的理念是理解、沟通、欢聚与合作，这与粉红的温馨、关怀契合。

6.“吉祥物”选择水蓝色，海宝的寓意为四海之宝，本身的设计就是海洋的水蓝色。

颜色	讯息象征
红	喜悦、热情、活动力、生命力、健康、积极、外向、强而有力、压迫、性魅力、直觉、情绪、愤怒、危险、攻击、战争、感情、爱情、博爱、刺激、能量、财务困难
橙	快乐、幸福、朝气、亲切、活泼、乐天、温暖、健康、热忱、高能量、正面思考、爆发、注意力、警告、双向满足、企图心、奢华显赫
黄	阳光、光线、轻巧、清澈、公平、正确、幽默、幸福、知识、注意、乐观、希望、正面思考、提醒、温暖、开心、刺激思考、启蒙、视野
绿	平衡、协调、自然、和平、健康、治疗、新鲜、春天、年轻、希望、快乐、生产力、前进、舒适、成长、繁荣、创意、新的想法
蓝	清凉、冷静、沉着、虚空、智慧、和平、无限、高贵、思考的控制管理、综览全局、男性的
靛	聪明、智慧、冷静、理性、创造、贤明、意志、信念、成熟、宁静、放松、舒缓、信任
紫	高贵、斯文、尊严、洗练、果敢、忠心、权威、领导、权力、宝贵的、奢华、能量、心灵的、精神性、直觉、神秘、幻想、性感、改观、不安、悲伤、孤单
粉红	年轻、温馨、关怀、女性的
棕	安全、完整、力量、支持、实际、务实
白	光芒、明朗、正义、洁净、诚实、中立、无私、无邪、客观事实、数据
灰	无趣、失望、阴森、孤寂冷漠、保守、探索、证据搜集
黑	死亡、恐怖、邪恶、悲伤、尊贵、严肃、神秘、阴沉、负面、单调、独立、完整
金银	优雅、华丽、尊贵、地位、财富、胜利

符号色彩所代表的感情讯息象征

第10章
思维导图法

　　"思维导图是自己心中的图，只要按照自己的意思去画就好，不要在乎别人定下的规则"、"思维导图实用最重要，不要去管一大堆理论"，经常看到类似上述这些似是而非的说法，这也难怪有些人会觉得思维导图无法发挥预期的成效，或是看到别人用得很顺手，可是自己要用就卡住了。

　　合乎科学的方法一定要兼具效度与信度，方法不但要有效，在每一个人身上都同样有效才行。因此有必要了解思维导图法的定义与规则。

　　接下来将说明思维导图法的定义与规则，并进一步解说从操作定义所衍生出的思维导图阶层结构与上下文属性的应用原则，以供学习者与相关研究者有所遵循。

第1节　四大核心与操作定义

　　什么是思维导图法？思维导图法透过思绪绽放的水平思考及思绪飞扬的垂直思考，是有效地将概念想法系统化整合的思考工具。思维导图每个线条上只写一个关键词，可以帮助开启创意思考的活口，以线条颜色表达感觉、感受，在重要地方加上彩色插图来强调、突显重点，以强化对内容的记忆。本节将明确说明思维导图法的概念性定义与操作性定义。

概念性定义

思维导图法是一种"以可视化图像为基础的放射思考模式"。诺斯则以"大脑地图"来为思维导图法做出概念性定义。

操作性定义

思维导图法不同功能的操作定义：

功能构面	定义
信息系统化整合	透过同位阶联想（Bloom）的思绪绽放（水平思考、扩散思考、广度思考）以及往下位阶联想（Flow）的思绪飞扬（垂直思考、直线思考、深度思考）系统化整合信息
开启思考的活口	在每一个支干线条上填写一个关键词（名词、动词为主，形容词、副词为辅），把想法分解成若干最小单位，每一个支干线条上的关键词都成为另一个思考的起点，让想法延伸出更多广度与深度
区分不同主题概念	主题的主干线条及延伸想法的支干线条以同一个颜色来表达，不同的主题则使用不同颜色来区分
表达主要概念	思维导图第一阶的主要概念，使用的线条由粗而细，在视觉上表达该主题有哪几个主要概念
突显重点所在	针对思维导图上的重要信息，可以在文字旁边或上方画上符合含义的图像或符号，以视觉效果来突显重点所在，强化印象

思维导图法的四个主要核心概念是"关键词"（Keyword）、"放射思考的图解结构"（Radiant Thinking）、"色彩"（Color）与"图像"（Picture/Image）。接下来说明四大核心概念的操作定义：

一、关键词

思维导图法关键词的运用原则是：

（一）词性选择以名词为主、动词次之，加上必要的形容词与副词。

（二）每一线条上的语词数量尽量以"一个"为原则，必要时才在同一线条使用两个以上的语词。

二、放射思考的图解结构

思维导图是由"树状结构"与"网状脉络"构成。树状结构应用在不同的场合，会有不同的内容含义，大致可区分为下面四类：

（一）分类关系：最上位阶代表最大类的概念，次位阶是中类，以此类推，最后一阶是具体事物的名称或描述。

（二）因果关系：以树状结构来表示原因与结果的关系。例如：在问题分析时，最上位阶代表问题的本质或表征，往下各位阶则是造成该问题的原因或衍生的广度与深度的问题或影响；寻找问题解决方法时，最上位阶是造成问题的原因或因素，下一阶是各种可能的解决方案，再下一阶是该方案的各种具体方法。在因果关系的结构中，原因、结果的层面也会包含分类关系存在。

（三）联想脉络：亚里士多德将联想分为对比（想到男人就想到女人、想到白天就想到夜晚）、接近（想到树木就想到花草、想到高山就想到河流）与相似（想到篮球就想到地球、想到竹筷就想到竹竿）三种。从创意发想的观点，可区分为根据主题自由发挥的自由联想、特定方向思考的限制联想（或称强制联想），以及采用与主题本质相似事物为提示进行发想的模拟联想。因此，思维导图树状结构最上位阶代表原始或抽象的主题，往次位阶的各个阶层是经由上述各种联想所展开的思维脉络。

（四）网状脉络：不同节点的关键词之间若有关联，则以单箭头或双箭头的线条指出彼此的关系，亦可在线条上以文字说明两者间的关联性。

三、色彩
（一）用颜色在视觉上区分不同主题或类别的信息。
（二）用颜色表达我们心中对该主题或类别信息的感受。

四、图像
（一）重要的地方才加插图。
（二）插图必须能够明确表达代表的内容，或与该内容能够产生联想。

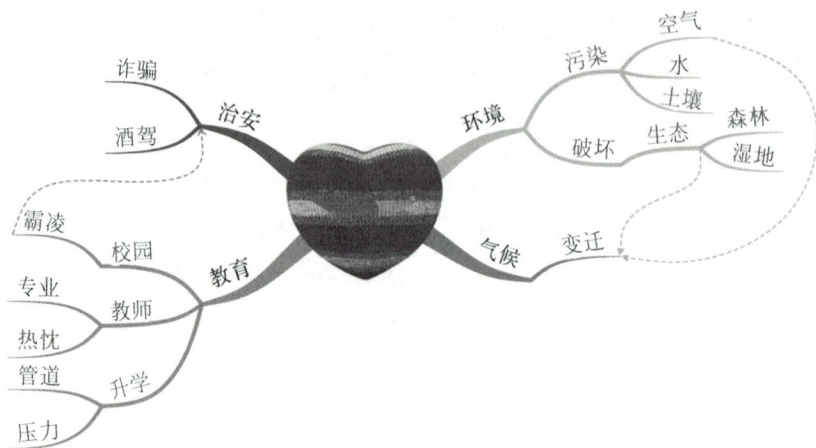

树状结构与网状脉络构的思维导图

第2节 使用规则

　　博赞在1974年《启动大脑》一书中提出思维导图法的使用规则，之后受到广泛的应用与测试，并一次次地精益求精与修正，才获致如今的结果。针对思维导图法应用于教学场域的实证研究也显示，绘制思维导图的技巧与学科的学习成效呈正相关，因此，按照规则正确运用思维导图法很重要，绝对不能因为思维导图是呈现自己心智模式的一张图，就不遵守必要的规则。正确的观念是，在一定的规则、原则之下，依照不同应用的需求做出必要调整。

　　在本节中将统整博赞 *The Mind Map Book*、葛柏《7 Brains：怎样拥有达·芬奇的七种天才》书中的观点，以及我多年使用与研究的心得，说明思维导图法的使用规则。

思维导图法规则

一、纸张

1.颜色以纯白为主：不同颜色的纸会给人不同的感受，或带来不适当的暗示。有线条的纸张会不自觉地以条列方式做笔记。

2.大小以A4或A3为首选：除了方便收纳之外，最主要的原因是配合哈佛大学米勒教授神奇的7±2原则做思考的绽放与飞扬，A4或A3的纸张大小刚刚好，尤其是应用于学习时方便记忆的笔记。

3.方向以横放为原则：思维导图是从纸张中央向四周放射书写，横放可以多容纳几阶的信息，减少线条碰到纸张边缘需要转弯的机会。

二、关键词

1.词性：以名词为主，动词次之，辅以必要的形容词、副词或介词。精简关键词有个判断原则，删除它不影响内容理解，就是可以省略；删除它会对内容产生误解，就必须保留。

2.文字的颜色：手绘时，文字要与线条同色；用计算机软件绘制时为避免屏幕上不容易阅读彩色字，以黑色为原则。

3.字号：越上位阶的字型越大并加粗，好在视觉上突显上位阶的议题、概念或类别。

4.数目：思维导图法植基于语意学中语意的派生，因此每一个线条上的关键词以一个语词为原则，特别在创意发想、工作计划、问题分析时更要遵守。只有在整理文章笔记时，章节名称、专有名词、特定概念才允许两个以上的语词写在一个线条上。内容重点整理时还是尽量掌握一个语词的原则，让数据统整更具结构性。

三、结构

1.样式：思维导图的结构是从中心开始，以放射状向四周延展。

2.内容的阶层结构：以思绪绽放的水平思考、广度思考，以及思绪飞扬的垂

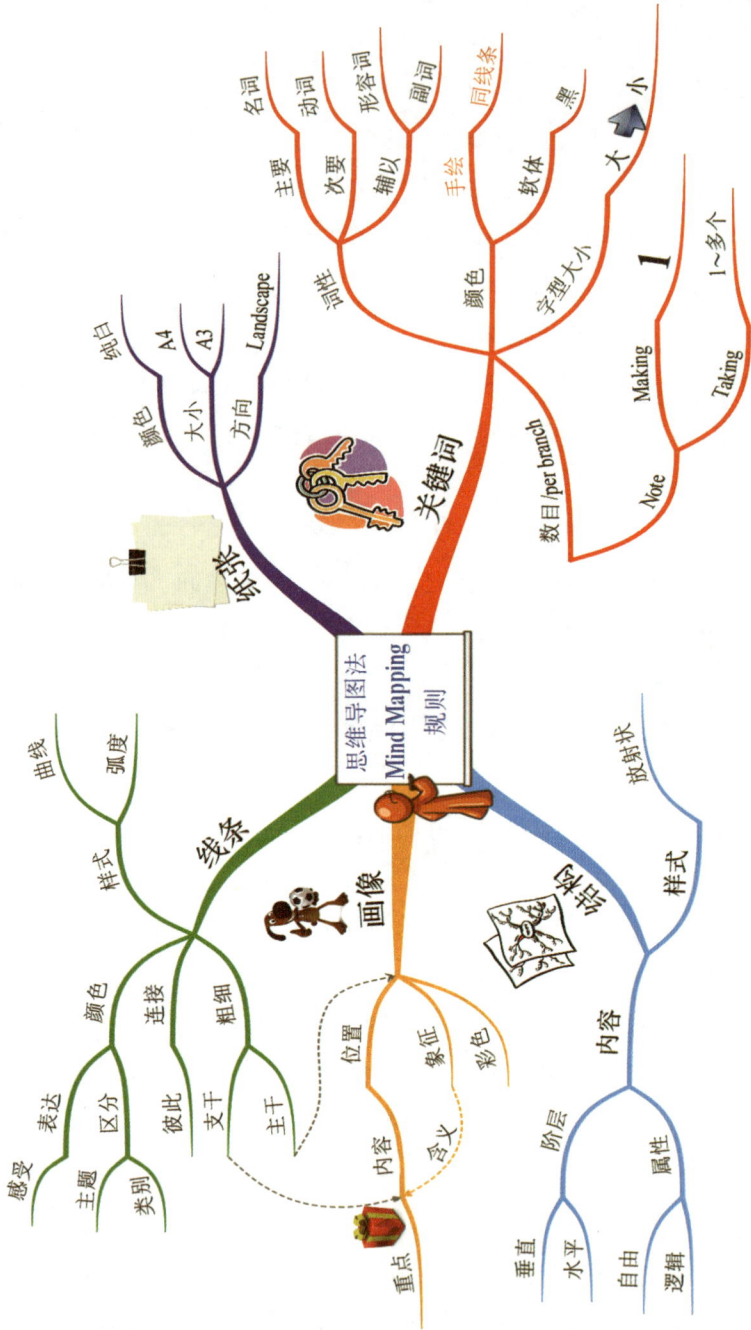

思维导图法的规则

直思考、深度思考，建构出思维导图的树状结构与网状脉络。

3.上下文属性：不论是水平还是垂直思考，关键词彼此之间的关系都包括逻辑联想与自由联想两种模式。工作计划、问题分析、事实描述偏向使用逻辑联想；创意发想或创意写作则偏向自由联想。

四、图像

1.位置：在特别重要或关键概念的地方加上图像，以突显重点所在。随便到处加插图反而会失去焦点。

2.象征：在重点地方要加的图像，必须能代表或联想到重点内容的含义，这不仅有助于激发创意，更能强化对内容的记忆效果。

3.颜色：尽可能使用到三种以上的颜色绘图，或使用与线条、文字不同的颜色，以吸引目光。

五、线条

1.样式：线条样式要模仿大自然的结构，以有弧度的曲线来绘制，让思维导图看起来美美的。

2.颜色：线条颜色除了能区分不同主题、类别之外，最主要的是使用能表达自己感受的色彩，来激发对主题的创意或记忆内容。

3.连接：为了方便阅读，线条必须连接在一起，以提升思维导图的整体感。

4.粗细：为了在视觉上容易辨别思维导图中包含哪几大类别或几大因素，与中心主题图像连接的主干线条要用由粗而细、有弧度的锥形，下一阶之后的线条则用更细的锥形，或直接以细线来呈现。

从多年教学经验中，我发现初中者或长期依赖计算机软件的操作者，在手绘思维导图时会不自觉地出现下列缺失：

1.中心主题以文字书写，或主题图像不是彩色，限制了想象的能力。

2.中心主题图像化的大小不正确，太大，占过多版面；太小，缩成一小团，无法有足够周边顺利展出想法。

3.线条僵硬，不够自然生动。

4.关键词写到线条后面或下面，不易阅读。

5.线条长度太长以至于浪费空间。

6.线条斜度大于45°，以至于关键词写到线条旁边。

7.插图未能以彩色呈现，甚至与文字颜色相同，无法突显重点。

8.支干线条上关键词的字数太多，限制了思考的灵活度。

9.线条彼此之间没有正确连接在一起，丧失美感并影响阅读。

10.信息内容在分类与阶层化的时候顺序逻辑有误，影响创意产生以及记忆的效果。

这里说明的规则是以手绘为前提。若是操作软件，其原则不变，有些地方只要软件设定好，我们就不用操心。例如：中心主题、纸张的大小方向、线条要由粗而细且彼此连接、关键词书写在线上等。但是有些不足是部分计算机软件无法克服，例如：线条不要太僵硬，发展出自己的风格等。本书使用软件绘制思维导图范例时，线条样式看起来比较生动活泼的是采用iMindMap制作，它有适合各种不同操作系统的版本，并有提供具备基本操作功能的免费版。

想要有效发挥思维导图法的功能，必须要遵守使用规则，等待技巧逐渐纯熟之后，在可以达到相同或更好的效果下，鼓励大家发出独树一格的思维导图模式。

第3节　放射性思考

创新是永远有需求的管理话题，联想则是创新的关键能力之一。创新大师克里斯汀生（Clayton Christensen）在《五个技巧，简单学创新》一书中指出，创新者都有联想、疑问、观察、社交与实验五种习惯，其中联想力是串联其他四者的关键能力。联想力强的人，可以深入观察细节，也可高俯远观细节如何融入整体，让我们的思维不仅见林也见树。

思维导图法是一种从中心主题概念360度向四周扩散思考的可视化工具，博赞称之为放射性思考，其结构就像大自然界的树。一张展开的思维导图，就好比我们从高空鸟瞰一棵大树，中间的树干就是思维导图的中心主题，从树干会长出许多由粗而细的大树枝，这是从中心主题展开的第一阶概念，称之为主干；从每一个大树枝又长出许多中树枝、小树枝，也就是主干之后会延伸出的支干。

思维导图法放射性思考的阶层结构包括了水平思考与垂直思考，在我第一本出版的书籍中，称之为思绪绽放与思绪飞扬，我们也可称之为广度思考与深度思考；在阶层结构中，水平思考与垂直思考的上下文属性又可区分为逻辑联想与自由联想。思维导图法的阶层结构与上下文属性就像堆积木，让我们联想出来的结果不仅有创意且合乎逻辑。

阶层结构

一、思绪绽放（Brain Bloom）

在儿童班的课程中，我们用"光芒般的联想"来让小朋友更容易了解这个词的意思，在成人班则进一步说明它类似于"水平思考"或"扩散思考"，好比电路原理中的"并联"，功能在于扩充思考的广度，增进创造力中的流畅力、变通力、独创力与精进力。

下图是一个思绪绽放的思维导图范例。中心主题是"生日"，围绕在四周的六个第一阶想法都是由"生日"所产生的思绪绽放联想；第一阶"礼物"所延伸出的第二阶的三个想法，是以"礼物"为主题所产生的思绪绽放联想；从"游戏机"延伸出第三阶的三个想法，是以"游戏机"为主题所产生的思绪绽放联想。

二、思绪飞扬（Brain Flow）

在儿童班课程中，我们用"接龙式的联想"让小朋友更容易了解这个词的意思，在成人班则进一步说明它类似于垂直思考或直线式思考，好比电路原理中的"串联"，功能在于增进思考的深度，强化问题分析、推演能力与记忆力。

大自然结构：树枝

　　下图中同样可以产生思绪飞扬的联想。例如：从中心主题的"生日"会联想到"礼物"，"礼物"会想到"游戏机"，"游戏机"会想到"XBox"。"生日——礼物——游戏机——XBox"就产生一个思绪飞扬路径。

　　思维导图法的阶层结构就是如此交织而成。我们可以从中心主题或任意一个支干线条来做思绪绽放或飞扬的联想，却又不会失去阶层结构的逻辑性。

思绪绽放与思绪飞扬的思维导图

上下文属性

思维导图阶层结构中，不论是水平思考或垂直思考的联想，文字上下文属性又可区分为"逻辑联想"与"自由联想"。

一、逻辑联想

逻辑联想指的是在联想过程中有一个明确的中心主题，不论是水平思考或垂直思考的分类关系或因果关系的联想，都要紧扣中心主题。例如下图很清楚可以看出是在规划"露营"活动的逻辑联想。逻辑联想适用于工作计划、问题分析。

二、自由联想

自由联想是思维活化作用散布的历程，而活化作用的散布是构成许多思考历程的基础运作。自由联想在思维导图法中指的是在联想过程中没有特定目的，而且每一个新想法都很自由、直觉、随性地根据上一阶的概念激发产生出联想。右页图是以"露营"为中心主题，但是采用的内容结构是自由联想。可以看出这张思维导图并不是在规划露营活动，纯粹是从主题概念开始自由发想。

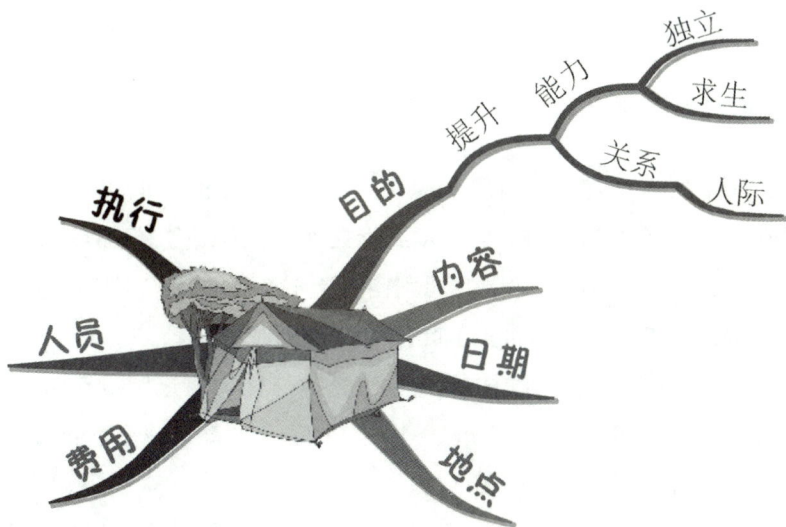

以"露营"为主题的逻辑联想

自由联想适用于创意发想，尤其冀望突破现况的枷锁、寻找开创性想法时更适用。

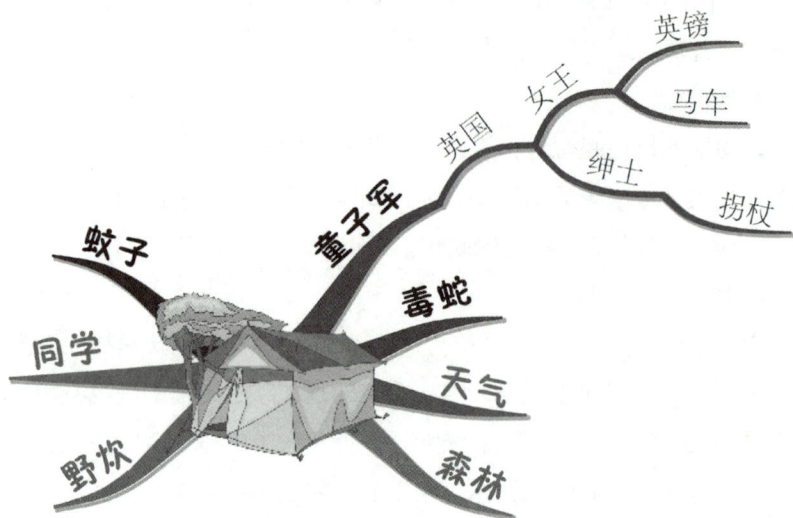

以"露营"为主题的自由联想

三维结构概念

思维导图的水平思考与垂直思考模式，让我们以二维空间展开广度与深度的结构。然而面对复杂状况，也有必要发展出立体的三维结构。思维导图如何在一张平面纸张上，将想法以立体结构展现出来呢？这时我们可以运用思维导图法操作定义中"颜色"功能，在"视觉上区分不同的类别"。

平面思维导图已经在不同树状结构的线条与文字上运用颜色来区分类别（121页上图）。接着以代表第三维分类的各种颜色"标示"在平面思维导图各个树状结构的文字上（121页下图）。

121页上图是以二维平面的方式列出员工关心的事项。121页下图将员工关心的事项以不同的颜色标示出负责处理的部门，红色是业务部，绿色是人资部，黄色是客服部，灰色是财务部，淡蓝色是福委会。

平面的思维导图

立体的思维导图

第4节　思维导图法教学

　　思维导图法教学已逐渐普及到各级学校和培训机构。此教学包含了两个层面，一是指导学生学习使用思维导图法，二是教学或学习时采用思维导图法为工具。本节仅针对学习思维导图法做说明，至于如何运用思维导图法于教学和学习场域，将在后面的章节中进一步说明。

思维导图法教学的理论背景

由于思维导图法是在建立思考与学习模式，成效并非一蹴而就，学习历程必须有计划、有步骤地进行，让学生由浅入深逐步去体验、观察、反思，以内化知识技能的形成。思维导图法的教学植基于认知主义的认知发展、智力、学习与记忆、学习如何学习，实践于建构主义的经验学习、自发性学习、观点转化与反省性实践。

以下将探讨建构理论中的经验学习与鹰架教学，协助有志从事教学者掌握教学重点，促进学习的成效。

一、经验学习

美国教育学者林德曼（Eduard C. Linderman）认为，教育的目的在于发现经验，是一种探究心灵，寻求形成行为的概念的缘由。经验是一种使教育与行为相连结的学习技巧。针对经验学习，邦德等人（David Boud，Ruth Cohen & David Walker）在《运用经验学习》（*Using Experience for Learning*）一书中提出五项主张：（1）经验是激发学习的基础；（2）由学习者主动建构自己的经验；（3）学习是一种整体过程；（4）学习是一种社会及文化的经验建构；（5）学习会受到当时社会与情绪脉络影响。

美国体验式学习专家柯柏（David Kolb）综合了美国实用主义教育学者杜威（John Dewey）的观点、瑞士心理学家荣格（Carl G. Jung）、社会心理学之父勒温（Kurt Lewin），以及瑞士儿童心理学家皮亚杰（Jean Piaget）的学习与认知发展模式，提出了著名的经验学习循环模式。柯柏认为，经验学习必须具备四种能力：（1）具体经验：具有开放的意愿，愿意把自己置身新经验中；（2）反思的观察：具有观察和反思的技巧，以便从不同观点检视新经验；（3）抽象概念：分析的能力，也就是透过观察创造出统整的概念；（4）行动实验：做决定即解决问题的能力，以便在实务中应用新观念。

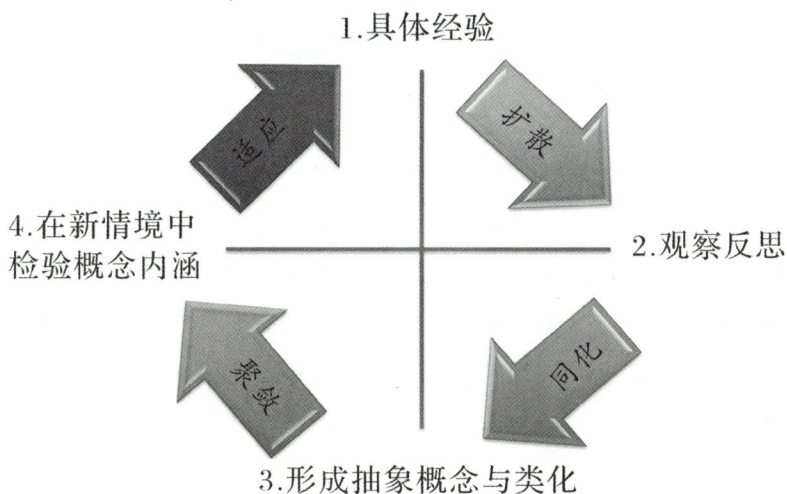

柯柏的经验学习模式图

二、鹰架教学

鹰架教学指学生在学习一项新的知识或技能时，透过足够的支持协助来提升学习能力的教学方式。鹰架一词是由伍德（David Wood）、布鲁纳（Jerome S. Bruner）以及罗斯（Gail Ross）于1976年提出，基本概念源自于苏俄心理学家维果斯基（Lev Vygotsky）的近侧发展区（又称可能发展区）ZPD（zone of proximal development）学习理论。该理论主张学习过程由教师暂时支持（鹰架）学生发展学习能力，暂时支持可能是教学策略或教学工具，随着学习者能力提升，便逐渐将学习责任转移至学生身上，最后让学生能主导学习，并经由学习建构出属于自己的知识。

在实际教学应用上，伍德等人提出鹰架教学需要具备六个具体机制，分别是：

1.引起学习动机与兴趣。

2.分析学习内容，给予明显且明确的引导，减轻学习的负担，避免学习困惑。

3.针对学习目标不断给予引导。

4.采取不同的方式聚焦于学习事物的关键特征。

5.协助学生解决学习过程中面临的挫折，并培养独立解决问题的能力。

6.以提供范例的模块化教学方式，一步步地解决问题，达到学习的目的。

整合柯柏的经验学习以及伍德等人的鹰架教学，思维导图法的教学方法是让学员在教师详细的指导与带领下，从绘制简单的水平思考与垂直思考思维导图开始，逐步增加内容的广度与深度，并应用色彩、图像。每完成一张思维导图可与同侪分享，并检讨自己与他人的优缺点，以建立正确绘制、使用思维导图法的技巧。

教学理念

为使教学者更能掌握教学质量，达成教学目标，在此拟从教学理念的观点进一步阐述教师与学习者、教学内容，以及学生与学习内容的关系。

一、教师与学习者的关系

美国资深教育学家普拉特（Daniel D. Pratt）博士根据学习者需要教师给予指导与支持的多寡，提出四种教学情境的关系。思维导图法的学习者来自四面八方，年龄层面、职业与专业背景也会有差异，再加上可能是初次接触思维导图法，不是很清楚正确的使用方法，因此教师要扮演权威的主题专家角色，但仍然得关注个别学习者的特殊心理需求。在普拉特模式中落在高指导与高支持的象限，亦即学习者需要教师充分指导与支持。

二、教师与教学内容的关系

为达到教学目的，教师本身除了熟悉教学内容的知识与技能外，还必须是内容的实践者。教师需把思维导图法落实到自己的生活、工作中，并从中获得益处。因为要感动别人，必须先感动自己；要影响别人，先影响自己。我自己就是把思维导图法充分应用到工作与学习领域，让事业经营在稳健中发展，让终身学习成为我人生的一大享乐。

三、学生与学习内容的关系

从学习理论来看，学习是一种过程（不是最终产物），着重在学习时的实际状况。倡导有意义学习理论的美国教育心理学家奥苏柏尔（David Paul Ausubel）指出，新学习的知识若能在个人的认知结构与既有概念产生连结，学习才有意义。2000年诺贝尔生医奖得主斯奎尔与坎德尔在《透视记忆》（*Memory:From Mind to Molecules*）中也表示，影响学习记忆的因素包括了重要性、与现有知识挂钩并组织在一起，以及重复的次数。

至于什么样的教学内容能吸引学生投入学习？我认为除了与生活经验连结之外，还要注意到避免超出学习者的学习能力范围，所学内容能够即学即用。因此提出了AIDA原则：

A（Attention,Attractive）：教材内容与文案编辑，必须能吸引学习者的注意力。

I（Interest）：学习内容要生动活泼有趣，避免生硬枯燥。

D（Desire）：学习内容能引发学习者的学习渴望，持续地学习下去。

A（Action）：教材内容提供进一步的学习信息，能激发学习者将所学付诸行动。

思维导图法课程的内容规划设计要尽量以贴切学生的实际生活为原则，案例说明也必须根据在场学生的背景、需求，挑选合适的素材。

教学目标

思维导图法教学方案的设计必须考虑并整合大脑认知与记忆的原理、图解思考工具的使用原则，以及思维导图法的操作定义。在此前提下，教学方案的目标必须包含最基本的两项：

1.熟悉并正确地绘制思维导图，不论是手绘或使用计算机软件。

2.能应用到实务领域，不要空谈理论或只是教学习者画思维导图，不懂得应用。

思维导图教学步骤1

思维导图教学步骤2

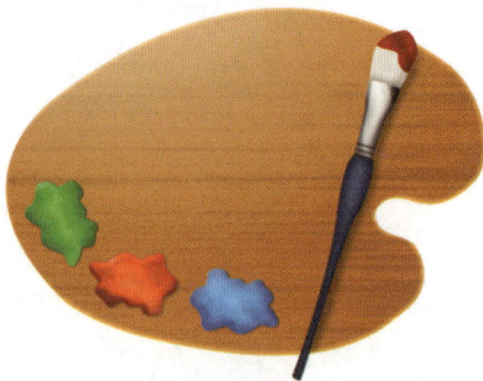

思维导图教学步骤3

教学设计

经验学习是思维导图法有效的学习模式，因此在教学上除了采用传统的讲解之外，尽量以互动演练以及随时搭配与学习内容有关的案例为主。实作演练也要由浅入深，以搭鹰架的方式让学生逐步熟悉思维导图法操作。

然而针对不同教学主题、对象、时间长短，在教学设计上也会有差异。在此概要地以"认识思维导图法水平思考"的单元为例，说明帮助学生搭鹰架的思维导图法的学习步骤：

1.先以一个完整的思维导图让学生了解正确思维导图的模样。解说绘制中心主题必须是彩色图像，大小宽高约5公分，要与题目产生关联；第一阶的主干线条要由粗而细，颜色选择与文字内容要能产生联想；文字要写在线条上，颜色与线条颜色一致（126页上图）。

2.在画好中心主题图像与浅灰色主干线条图的思维导图上，让学员自己选择合适的颜色，沿着浅灰色线条由内往外画出由粗而细的线条，并在线条上写出想法（126页中图）。

3.只有中心主题，让学生自己练习画线条、写文字（126页下图）。

4.最后，只给题目，让学生自己根据题目画出合适的中心主题图像，选择合适的颜色画主干线条，写出想法。完成之后请学生相互分享，并相互指出优点与可以改善之处。老师再根据学生的成果与分享内容，优则嘉勉，并给予改进的意见。

第5节 思维导图法评量

在教育体系里，评量是为了增加学生的学习信心、强化学习动力、肯定学习成就。新思维学习（New Dimensions of Learning）机构创办人拉齐尔（David

G. Lazear）在《多元智能取向的评量》（*Multiple Intelligence Approaches to Assessment*）中指出，要描绘学生的学习完整图像，必须采用多元的评量方式，建构评量标准时也必须对学生在不同发展层次和面对不同学科领域需要精熟的内容与历程建立共识，一旦有了共识，就把评量融入课程中。拉齐尔进一步建议，一个真实的评量应该是"基于心智发展为基础的评量"，意即评量应该把大脑和心智的相关研究结果应用到评量程序中。

有关思维导图法评量，最早是博赞在《思维导图圣经》中引用澳洲科廷科技大学（Curtin University of Technology）教育学院哈肯（Leith Hogan）博士的评量表。

A）思维导图内容：	
广度（涵盖的范围）	5
深度（延伸的细节）	5
B）思维导图中有自己的想法	4
C）思维导图法技巧的运用：	
色彩	2
符号	2
箭头线条	2
总分	20

哈肯提出的思维导图法评量架构

从哈肯的评量表中可以发现，A项与B项属于思考方式层面，C项属于评量思维导图绘图技巧。从分数比例分配上也可看出，哈肯对于思维导图法的评量比较重视思考方式。

台湾第一个思维导图法评量表出现在陈盈达的硕士论文中，评量基准包括主题焦点的呈现、整体结构的呈现、线条的运用、颜色特性的运用，与联想技巧的运用五大类，其中包括二十小项，由评量者以五点量表方式评分。

评量基准	评量规准	5	4	3	2	1
一、主题焦点的呈现	1.能清楚表达出一个中心主题	☐	☐	☐	☐	☐
	2.能善用图文并茂的规则	☐	☐	☐	☐	☐
	3.主题使用三种颜色以上	☐	☐	☐	☐	☐
	4.主题等比例运用在纸张正中间	☐	☐	☐	☐	☐
二、整体结构的呈现	5.纸张的运用恰当	☐	☐	☐	☐	☐
	6.层次分析清楚，标题顺序标项明确	☐	☐	☐	☐	☐
	7.善用组织图与分类法	☐	☐	☐	☐	☐
	8.以正楷书写，每一支干只用一个关键词	☐	☐	☐	☐	☐
三、线条的运用	9.线条、支干的长度与搭配的文字、图像等长	☐	☐	☐	☐	☐
	10.线条粗细比例使用恰当	☐	☐	☐	☐	☐
	11.关键词与图皆置于线条上	☐	☐	☐	☐	☐
	12.线条自然流畅	☐	☐	☐	☐	☐
四、颜色特性的运用	13.分支使用三种颜色以上	☐	☐	☐	☐	☐
	14.运用颜色突显重点的技巧	☐	☐	☐	☐	☐
	15.运用颜色表现个人风格	☐	☐	☐	☐	☐
五、联想技巧的运用	16.图像的运用技巧	☐	☐	☐	☐	☐
	17.思路自由而不混乱	☐	☐	☐	☐	☐
	18.关键词的选用是否恰当	☐	☐	☐	☐	☐
	19.善用关联性的技巧	☐	☐	☐	☐	☐
	20.创造力的展现	☐	☐	☐	☐	☐
	总分合计					

陈盈达的思维导图法评量架构

主题焦点的呈现、整体结构的呈现、线条的运用与颜色特性的运用是属于评量绘制思维导图的技巧，联想技巧的运用中"图像的运用技巧"也属于技巧评量；联想技巧的运用的其他四小项则属评量思考的层面。陈盈达的量表是根据思维导图法相关文献中对规则的描述汇整出来，再经由两位专家审查以建立信效度。相对于哈肯着重于思考层面，陈盈达的量表比较着重绘制技巧。迄后台湾思维导图法论文不乏引用或修改自陈盈达的评量表，可窥见台湾思维导图法的应用发展偏向把思维导图法作为笔记工具，着重如何正确绘制而忽略了心智的思考模式。

基于上述原因，我在2007年提出一份较完整的思维导图法技巧评量表。近年来根据自己实际应用思维导图法的经验，以及批改审阅无数的思维导图作业后略作修改。此一评量表虽较完整，但仍有改善进步的空间，尤其针对不同的主题、不同类型的文章，不同的性别、年龄、文化背景等，在评量"构思"类目下也应有所区分，才能让评量结果更完善。往后有机会将进一步修正补充。

思维导图绘制技巧评量			非常差 ←			评分			→ 非常好			本题不适用
绘图	图像	【01】图像能用彩色（三色以上）	1	2	3	4	5	6	7	8	9	10	
		【02】图像能够贴切要表达的想法并能触发五官的感受											
		【03】A4纸张的中心图像宽高大约5公分，其他尺寸纸张按照比例缩放											
	空间	【04】整张思维导图能够保留适当的空间，避免拥挤，均衡运用整张纸											
	文字	【05】中文文字清晰、整洁、端正，英文字以印刷体书写											
		【06】文字写在线条上方											
		【07】文字书写方向由左到右											
	色彩	【08】色彩丰富，有助于分类管理											
	线条	【09】与中心主题图像相连的主干由粗到细											
		【10】线条彼此间连接在一起											
		【11】线条不要太僵硬，层次分明、有生命力											
		【12】线条长度大约等于其上方文字或图像的长度											
	纸张	【13】水平方向横放											
构思	图像	【14】中心主题图像在纸张中央，有利于放射思考											
		【15】图像画在重要信息的地方标示重点，吸引注意力											

构思	色彩	【16】主干与其后所有支干使用同一种颜色分类视觉，表达感受，但为显示特殊信息之关联性不在此限										
	逻辑分类 阶层顺序	【17】分类结构层次分明，同一位阶同一属性，从属关系清晰明确										
		【18】掌握水平思考与垂直思考原则										
		【19】能够正确区辨，并运用逻辑联想与自由联想										
	信息 关联性	【20】使用连接线、图像或颜色来指出不同位置信息的关联										
	文字	【21】线条上的关键词只写一个语词，笔记以简洁为原则										
		【22】关键词的选择能够切合主题含义的需求										
风格		【23】整张思维导图看起来很活泼、有趣、好玩										
		【24】绘制方式具有个人独特的美感										
各栏分数加总：												
总分：												
平均：		总分（ ）÷（24-不适用题数）=										

132

第**11**章
论文研究与研究建议

推动思维导图法实务必须透过理论的建立与经验研究的探索。一个领域的研究发展，甚至未来的走向、论文的主题、研究方法、研究发现都能提供后续研究及实务发展需要的数据与参考，是建立该领域知识体的依据。换句话说，撰写论文与报告往往能引发新思潮，启动新意念与新观点，是研究者及实务工作人员训练思维、表达思想的方法，也是呈现成果的工具。 本章中将以摘要陈述台湾思维导图法论文研究，并对未来的研究提出建议。

第1节　思维导图法论文研究

思维导图法日渐普及，相关论文研究亦蓬勃发展。我所写的《台湾思维导图法学位论文研究之分析》即探讨从2001年台湾第一篇思维导图法论文至2011年12月31日为止，共计102篇论文，研究结果显示：

1.以正规教育的学校为主要研究场域，研究对象主要是一般学生，身心障碍学生次之，社会人士则相对较少。上述研究场域及对象未能因应高龄社会及终身学习的需求。

2.研究领域以语文为主、自然与科技次之、第三是社会科；研究主题是以提升学生的不同能力为主，学业成就次之，第三是教师的教学，第四是学习的动机与态度；然而这些研究都未探讨性别、年龄、文化等因素的影响。

3.引用的理论以思维导图法绘制原则为主、图解思考次之、第三是大脑领域。缺乏知识体理论建构的know why及know how知识。

4.论文研究以正向成果居多，但仍有13篇论文有负向的发现，其中12篇与如何绘制思维导图有关。

第2节　未来研究的建议

我的研究针对思维导图法知识体建构、研究趋向、研究方法与思维导图法的评量提出下列建议，供未来有兴趣从事思维导图法的研究者参考。

建构知识体

思维导图法大多当工具使用，偏向know what的知识，未来应强化实务应用的经验反思，去建构know why的知识，以及应用在不同领域、性别、年龄层、文化等相关性的know how知识。例如：讯息处理、多元智能、学习风格、知识管理、性别差异、幼儿启蒙、活跃老化与文化教育等议题。

研究趋向

思维导图法在实务应用层面已经蓬勃发展，以探讨思维导图法成效的准实验研究与研拟编制教学方案的行动研究为主要研究方法。然而这些研究选择的对象都是小区域、小班级，未来可朝规模较大的跨区域、大群体为对象。

在研究场域方面，目前是以正规教育的中小学为主要研究场域，少数为非正规教育的社教机构。在重视终身学习的社会氛围中，未来研究对象的年龄可以逐渐以成人、高龄者为主；身份则可选择职场人士、小区民众或退休族群；研究场域应朝向终身学习社会的职场、社教机构为主。

在研究领域方面，目前台湾思维导图法的研究领域大多是融入到学校教育的各个学科，而成人学习非学科取向，而是以生命任务、解决生活问题及经验为取径。随着高龄社会来临，未来研究的领域应拓展并关注上述的成人与高龄者的学习，研究主题亦可朝向与心智发展相关的讯息处理、多元智能、学习风格、活跃老化、幼儿启蒙，或是与社会文化有关的性别差异、文化教育、生活美学，或是与职场有关的工作应用、知识管理、研发创作等多元议题。

研究方法

目前以量化的准实验研究为主，质性研究的篇幅不多。若是未来研究主题拟朝向性别、文化、教学方案等与主观意识相关的议题，则需要质性的研究方法来搜集资料。因此建议往后研究者可采用质性的研究方法，探讨研究对象对思维导图法应用在不同领域、议题的感受、意见，以及搜集专家对思维导图法的看法与建议。

评量方法

现阶段是以评量绘制技巧为主，思考历程与结构模式为辅，也未考虑不同身份、年龄、性别、领域主题等因素。因此，未来发展的评量指针应提高思考模式的比例；评量表一方面可以拓展评量指标与使用思维导图者的身份、年龄、性别、领域主题之关联性，并检验其信效度，另一方面应朝向协助学习者拓展其心智能力迈进。

第12章
阅读理解与笔记摘要法

你是否有这样的惨痛经验？花了很多时间阅读书籍、听演讲，但是没过多久就全部忘光光！实践大学李庆芳教授建议学生每次阅读一篇文章之后以"三个关键词"和"一句话"来总结全文的概念。李教授指出，时常练习关键词法能够培养敏锐度，使关键词的掌握更精准；用一句话来总结文章将令你产生新的体会与反省，开拓看事物的视野；最后再将这些关键词铺陈在一张思维导图上。如此一来，内容不仅变成一种"影像"深植在脑袋中，也可以迅速以五分钟方式看图说故事，协助记忆与复习。此外，当我们检视思维导图与关键词时，还可以推敲其中的逻辑关系是否正确。

富商李嘉诚先生曾说："有效的学习，先记录，再记忆。"全日本最受欢迎的小学老师亲野智可等强调，"做笔记"是一切学习的基础，笔记可以引发孩子的好奇心，让孩子爱上学习。台大吕宗昕教授也指出，读书的时候应做个人笔记，随时记录自己阅读过的重点，留下自己的读后心得，这是累积个人知识、整理思考脉络的最佳方法。

笔记的内容有两种，一种是在上课或阅读的时候直接抄录老师讲述或文章中的重点，另一种是课后或阅读后，将重点理解、消化吸收而重新整理的笔记；笔记有记录、思考与练习三项功能。电磁学之父法拉第习惯将读过的书经大脑消化吸收后，再以自己的表达方式记录在笔记中。这种笔记方法可以让我们充分融会贯通书本的内容，也能迅速掌握书中的重点。

因此，笔记不是"工整"就好，还要"有系统地书写"。基本上"笔记书写"就是一种脑力活动的结果，但若只是单纯"抄"笔记，很难刺激大脑思考与学习。所以必须一面思考一面书写，才能够锻炼思考力；笔记有了系统性，"复习"也更加容易。一旦用对了方法，不管是纸本手写还是计算机输入，做笔记不仅能刺激大脑，还能让大脑保持灵活年轻，让创意源源不绝，导致人际关系良好，工作效率提升。

为了整理出有帮助的学习笔记，培养阅读能力是一项先决条件。对文章结构的认知，又影响我们的阅读能力。阅读能力好的人，会利用文章结构理解，找出文章中的主要论点，并能够从巨观结构中归纳整理文章里的细节，摘录重要的关键词；透过表示文章类型基模的"上层结构"来帮助记忆与回忆文章内容。

本书已详述思维导图法的CHM分类与阶层法，能透过逻辑、系统化的分层结构来帮助学生摘要、撷取知识，增进对文章内容的理解，以提升分析、批判、统整的能力，进而记忆内容重点。然而许多初中思维导图法的学生，往往不知如何决定第一阶主干上的大分类以及主干之后支干的次分类，尤其面对语文中不同的文体时，如果都采用同一种分类方式，恐怕会失去意义。因此将在本书第13章第2节中进一步阐述语文写作的方法。本章先说明运用思维导图法整理笔记时，阅读理解与知识萃取的原则以及笔记技巧。

第1节　阅读与萃取知识

美国教育心理学家格拉泽（Robert Glaser）指出，阅读历程有三个阶段，分别是"解码"、"理解"与"控制"；盖聂等人在《学校学习的认知心理学》一书中指出，从讯息处理的观点可将阅读理解的历程分为"解码"、"文义理解"、"推论理解"及"理解监控"四部分。为了增进阅读理解的能力，增加字汇知识以及提升语句的整合能力是关键要素，而阅读理解的历程则包括了提取讯息、推论分析、比较评估、诠释整合。

美国佛罗里达州立大学教育心理学教授德里斯科尔（Marcy P. Driscoll）在 *Psychology of Learning for Instruction* 一书中指出，讯息的处理并不是单一方向、线性的，而是有以下两种模式：

1.阅读时透过先备知识，或皮亚杰所称之"基模"为基础，来建构意义的"由上而下"模式。

2.以数据本身为基础，从判断语词的意义，用文法概念来了解句子，最后从句子之间的关系来达到阅读理解的"由下而上"的模式。

若从阅读的模式来解释，美国科罗拉多大学心理学教授柯印兹（Walter Kintsch）提出由下而上为基础的建构整合模式：主要是透过文章的文字、内容与架构来理解；基模理论则是强调由上而下模式，依据读者自己的既有认知架构来理解文章的意义；切斯特与卡本特（Just & Carpenter）的阅读模式是以双向互动模式为基础：阅读时从看到文字到完成句子的过程中，会激发各种与文字相关的表征，并从长期记忆中搜寻相关的造字规则、声韵、文章结构、知识领域系统，是一种由上而下、由下而上不停交互运作的过程。

萃取知识就是要从现有的文章、数据、信息，甚至知识库中，将语言文字重新整合，萃取出对我们有意义、有价值的东西去学习、思考，进而创造出新知识。知识萃取是"数据采矿"的一环，必须经过缜密的逻辑思考过程，一般常用的方法有：分类分析、群集分析、关联分析。

本节将说明思维导图法在萃取知识时"关键词的词性、字数与结构的排列组合"以及"决定文章重点的原则"。

关键词的词性、字数与结构的排列组合

从语意学的探讨中我们已经得知，从语意知识的角度来看思维导图法的关键词（语词）运用原则是：

一、词性选择以"名词"与"动词"为主，"形容词"、"副词"等为辅。因为名词、动词不仅是构成意思表达的基本元素，更是强烈可视化的语词，能强

化我们对内容的理解与记忆。

二、每一线条上，语词的数量尽量以"一个"关键词（语词）为原则，必要时在同一个线条上才使用两个以上的关键词。这种"一个线条"写"一个关键词"的优点，能帮助我们产生更多思考活口，并且更有系统地整理数据。

写作构思时，下面左边的思维导图优于右边的思维导图，因为以"一个"关键词为原则时，每一个关键词都会成为一个新的思考起点。例如：从"蛋糕"可以联想出更多种口味。

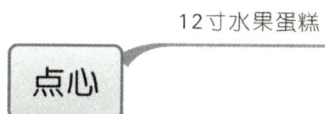

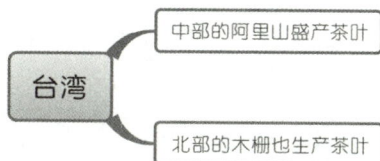

采用一个关键词（语词）的思维导图　　　　　　　采用一个句子的思维导图

整理笔记时，有一段内容是"台湾中部的阿里山盛产茶叶，北部的木栅也生产茶叶"。下列左边的思维导图也是优于右边的思维导图。

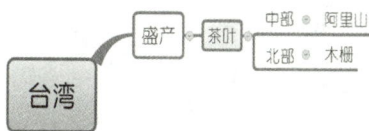

采用一个关键词（语词）的思维导图　　　　　　　采用一个句子的思维导图

未来若是文章中还继续提到中部、北部的哪些地方出产茶叶，或是台湾除了盛产茶叶还有哪些其他农产品，这些数据很容易系统地整理到思维导图笔记中。

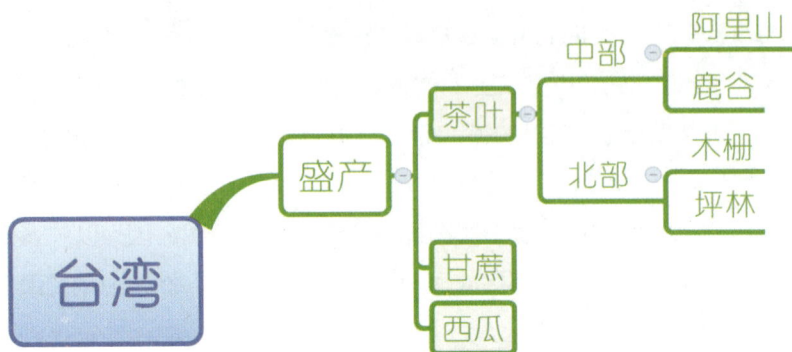

采用一个关键词（语词）的思维导图

从语法知识的角度，思维导图法展开的树状结构组织图必须考虑：

一、从"概括准确性"与"描绘准确性"来建构合乎语法的语词排列，并注意到不同句法的结构排列是否会造成：

（一）不同的语词意义。

（二）一词多义所造成的歧义。

二、句子转换的派生过程，词性的变换。

三、内涵与外延时的逻辑顺序与分类阶层的组织结构。

决定文章重点的原则

学生读书时最常碰到的一个困扰就是不知道该如何"划重点"，也就是萃取出有价值的知识：选择"关键词"（或称关键词）。常见的情况不是乱画，就是干脆整个句子甚至整段文章都画，结果是无法真正理解文章的含义，对往后的复习也毫无帮助。

该如何正确选择并画出合适的关键词呢？逻辑思考首部曲的5W1H原则很容易上手，本书所提出的KMST知识地图学习法中曾经提到几个原则，可以作为

"划重点"的参考依据：

一、作者提示的学习纲要。
二、老师指定的学习主题或方向。
三、考古题、测验卷的题目内容。
四、自己关心的议题或想学习的内容。

台湾师范大学教育心理与辅导研究所魏静雯的论文研究指出，学生能否正确掌握重要关键词的评量公式如下，分数越高表示能力越好：

$$\text{分数} \quad = \quad \frac{\text{列出重要关键词总数}}{\text{文章中重要关键词总数}} \quad - \quad \frac{\text{列出非关键词总数}}{\text{文章中非关键词总数}}$$

接下来的问题就是如何从文章结构中撷取重要的关键词。所谓文章结构是指文章内容中概念之间的逻辑、从属关系。文章结构对阅读理解具有重要功能，可以帮助学习者理解。库克与梅耶（L. K. Cook & R. E. Mayer）的文章结构分类方式被广泛应用，以下是库克与梅耶的五种分类，以及各类文章结构中撷取文章重点时，哪些字词提示了重要讯息所在。

一、描述或列举：文章内容是在说明、描述与主题相关的讯息与属性，所以关键词就是与主题相关的属性信息，例如人、事、时、地、物或5W1H便是内容重点。文章中提示重点讯息的用词有："例如"、"意即"、"特色是"、"也就是说"。

二、序列：文章内容是依次序或时间所列出的讯息呈现，关键词是顺序性的讯息或与历史日期相关的讯息。文章中的提示重点讯息的用词有："首先"、"经过"、"之后"、"最后"、"之前"。

三、因果：文章内容主要在说明原因或因果，关键词就是描述原因与结果。文章中的提示重点讯息的用词有："因此"、"因为"、"之所以"、"为了"、"如果那么"、"导致"。

四、解决问题：文章内容主要在说明造成问题的原因与解决的方式。关键词包括了问题、原因与解决方式。文章中的提示重点讯息的用词有："问题"、"因为"、"由于"、"解决方式"。

五、比较：文章内容主要在描述差异与做出比较，关键词则是比较或相对的相关概念。文章中的提示重点讯息的用词有："相对于"、"然而"、"不像"、"相似于"。

根据文章结构中的重点提示讯息能够帮助学习者找到文章重点，以提升笔记摘要的能力。然而面对排山倒海涌现的爆炸信息，要如何有效地进一步萃取知识？有"职场图解王"称号的久恒启一在《这样图解就对了》一书中指出，以图解方式将所见所闻、所思所想组织起来，让图解成为萃取知识的现代炼金术。接下来将以思维导图这项图解思考工具，说明萃取知识时的笔记方法。

第2节 短文的笔记技巧

不论内容多寡，整理成思维导图笔记时都会面临同样的问题：如何根据文章结构做有效分类。再次强调，在整理思维导图笔记之前，必须先熟悉思维导图法的分类与阶层法（CHM）。 本节中以常用的逻辑思考首部曲，亦即描述或列举的"5W1H"、时间序列的"开始（原因）、经过、结果"分类原则，以及根据内容自行分类命名等来说明案例。

以5W1H分类

一、划重点
首先快速阅读一下文章。

认识石门水库

石门水库兴建的地点位于大汉溪中游，地处桃园县大溪镇南部，主要建造缘由是因为大汉溪上游陡峻，无法涵蓄水源，延及下游各地区常遭水旱之苦。政府自1956年动工兴建石门水库，并于1964年完工，历时八载，投入人力超过七千人，建设经费约达新台币三十二亿元。石门水库的规模总长度为十六点五公里，面积八平方公里，有效蓄水量约两亿七百万立方米，为一多目标水利工程。完工后的功能包括了灌溉、发电、给水、防洪、观光等。自营运以来，最主要的贡献在于改良农业生产与防止水旱灾，同时也带动了工业发展。

接着用5W1H思考，以荧光笔标示出主要分类的关键词。下列案例中以各种不同荧光笔的颜色标示，是为了方便表示划重点时的逻辑顺序，平常划重点时不需如此，除非你也刻意要使用颜色来表示不同的逻辑阶层。

认识石门水库

石门水库兴建的地点位于大汉溪中游，地处桃园县大溪镇南部，主要建造缘由是因为大汉溪上游陡峻，无法涵蓄水源，延及下游各地区常遭水旱之苦；于是政府自1956年动工兴建石门水库，并于1964年完工，历时八载，投入人力超过七千人，建设经费约达新台币三十二亿元。石门水库的规模总长度为十六点五公里，面积八平方公里，有效蓄水量约两亿七百万立方米，为一多目标水利工程。完工后的功能包括了灌溉、发电、给水、防洪、观光等。自营运以来，最主要的贡献在于改良农业生产与防止水旱灾，同时也带动了工业发展。

然后逐一在每个主要分类的段落内容中，依照逻辑结构标示出中类、小类的重点关键词。在这个范例中，"兴建"的下一阶类别有"地点"、"缘由"、"人力"、"经费"，另外还有一类是"日期"，但文章中并无"日期"这个关键词，可是从"1956年"、"1964年"可以得知有"日期"类信息。因此划重点时暂时划"1956"、"1964"，但心中要默念"日期"或在文章旁边写出"日期"，以便在整理成思维导图笔记时更符合逻辑结构性。

日期

认识石门水库

　　石门水库兴建的地点位于大汉溪中游，地处桃园县大溪镇南部，其主要建造缘由是因为大汉溪上游陡峻，无法涵蓄水源，延及下游各地区常遭水旱之苦；于是政府自1956年动工兴建石门水库，并于1964年完工，历时八载，投入的人力超过七千人，建设经费约达新台币三十二亿元。石门水库的规模总长度为十六点五公里，面积八平方公里，有效蓄水量约两亿七百万立方米，为一多目标水利工程。完工后的功能包括了灌溉、发电、给水、防洪、观光等。自营运以来，最主要的贡献在于改良农业生产与防止水旱灾，同时也带动了工业发展。

认识石门水库

　　石门水库兴建的地点位于大汉溪中游，地处桃园县大溪镇南部，其主要建造缘由是因为大汉溪上游陡峻，无法涵蓄水源，延及下游各地区常遭水旱之苦；于是政府自1956年动工兴建石门水库，并于1964年完工，历时八载，投入的人力超过七千人，建设经费约达新台币三十二亿元。石门水库的规模总长度为十六点五公里，面积八平方公里，有效蓄水量约两亿七百万立方米，为一多目标水利工程。完工后的功能包括了灌溉、发电、给水、防洪、观光等。自营运以来，最主要的贡献在于改良农业生产与防止水旱灾，同时也带动了工业发展。

认识石门水库

石门水库兴建的地点位于大汉溪中游，地处桃园县大溪镇南部，其主要建造缘由是因为大汉溪上游陡峻，无法涵蓄水源，延及下游各地区常遭水旱之苦；于是政府自1956年动工兴建石门水库，并于1964年完工，历时八载，投入的人力超过七千人，建设经费约达新台币三十二亿元。石门水库的规模总长度为十六点五公里，面积八平方公里，有效蓄水量约两亿七百万立方米，为一多目标水利工程。完工后的功能包括了灌溉、发电、给水、防洪、观光等。自营运以来，最主要的贡献在于改良农业生产与防止水旱灾，同时也带动了工业发展。

二、绘制思维导图笔记

不论是计算机软件制作或手绘，首先都是选择一个代表文章题目，且能留下强烈印象的"中心主题"彩色图。手绘的话可以参考课文插图，或上网找寻主题相关的图片，模仿它画在A4白纸的中央。这篇文章的标题是"石门水库"，于是我们选择下列这个图像为中心主题。

文章笔记思维导图的中心主题

在发展树状结构的过程中，只要同一阶是"类别"的概念就要先全部列出。因此我们先画出所有的主干，每个线条颜色必须对你而言能代表该类别的含义。手绘时，线条要与中心图像连接在一起，并且由粗而细，从中心往外画出去，颜色尽量避免太淡的色调，然后在线条上以相同颜色写出第一阶的主题或类别名称。使用计算机软件制作时，为了投影简报的效果起见，要避免使用彩色文字以防不容易阅读，因此文字一律用黑色，仅以线条色彩来代表信息的意义或个人感受。

　　然后逐步陆续完成各个主干之后的支干，这时支干的线条只要画成一般粗细即可，往上的方向画凸形，往下则凹形，文字一律写在线条上。如果不同信息之间有相关的话，要加上单箭头或双箭头的关联线条。

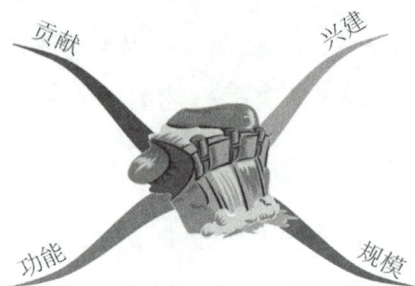

加入文章中类别项目的思维导图

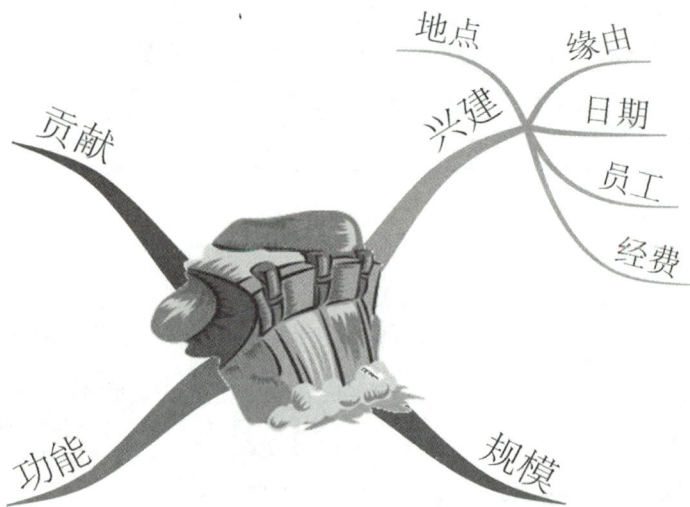

加入文章当中大类之后的中类名称

146

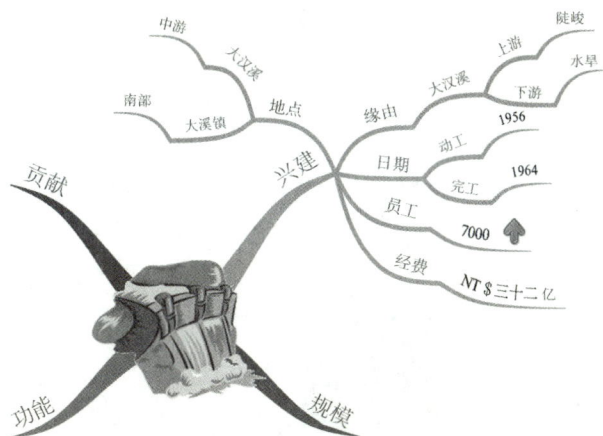

加入更多文章当中的重点内容

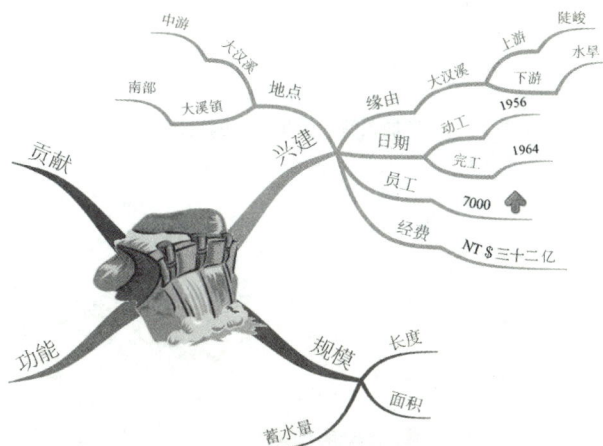

加入第二大类之后的中类

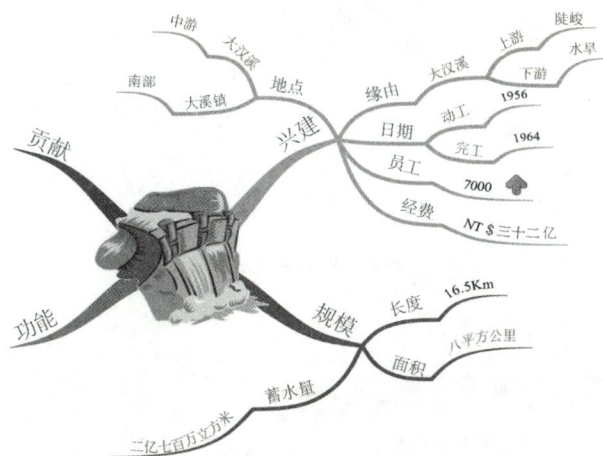

加入第二类别各个中类之后的叙述

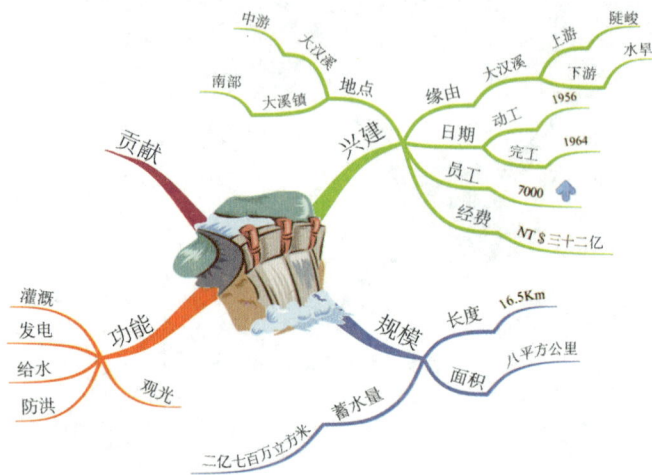

加入第三大类之后的描述

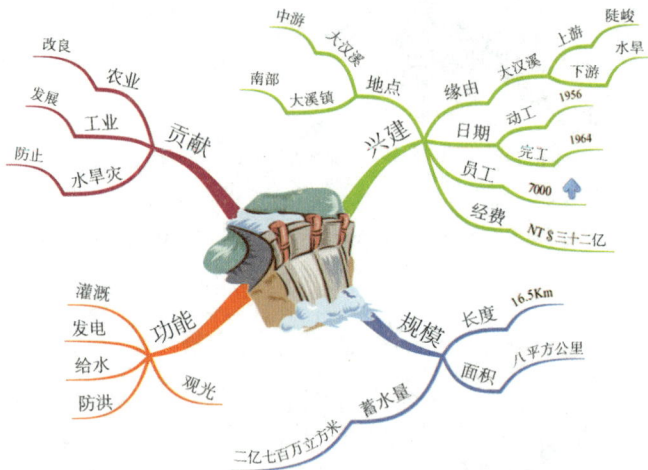

加入第四大类之后的描述

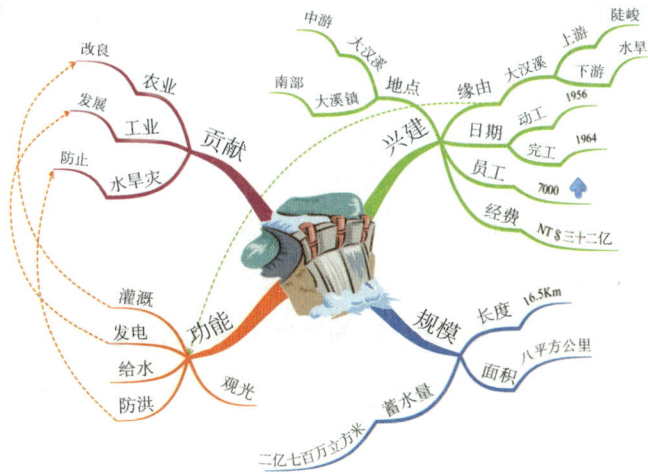

以连接线指出不同信息之间的关系

最后，在特别重要的地方加上能对内容产生联想的彩色插图，以增强视觉上的注意力与内容的记忆效果。

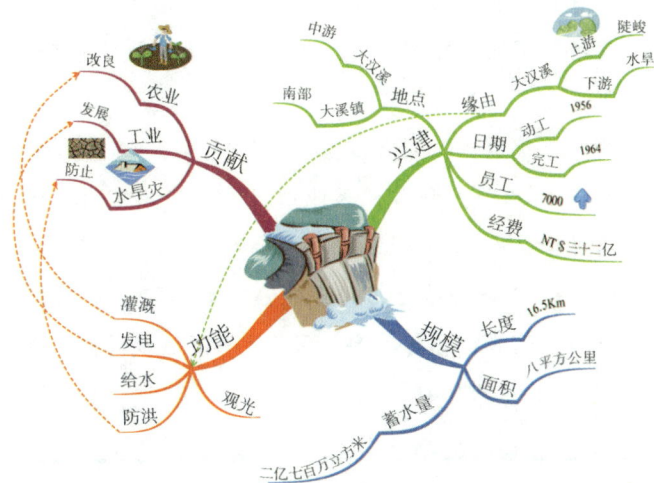

在重要的地方加入插图，在视觉上指出、提醒重点所在，在意义上强化对内容的联想、记忆

以"开始（原因）、经过、结果"分类

以思维导图来整理文章的重点时，第一阶分类可以是"5W1H"，然后第二阶是"开始、经过、结果"；也可以是第一阶分类是"开始、经过、结果"，第二阶可以是"5W1H"。该如何选择呢？

阅读书籍除了获取知识之外，还包括了内心感受与人生启发等。如果重视知识分类，以"5W1H"为第一阶可以清楚掌握逻辑关系；若强调时间的流动，则以"开始、经过、结果"来做第一阶的分类，可以清楚看到脉络发展。例如记叙文主要以叙述为表达方式，包括了四大要素：人物、事件（起因、经过、结果）、时间、地点，透过生动活泼、描述形象的语言传达给读者。为了体会作者要传达的感受，以动态历程为主要分类的方式较佳，用牡丹社事件的笔记为例。

牡丹社事件

1871年（清同治十年），清廷藩属琉球的渔民遇海难，漂流到台湾南部，遭原住民杀害。日本借机扩大事端，声称琉球人为日本人民，与清廷进行交涉，清廷却称生番是"化外之民"，未予以重视。1874年（同治十三年），日本派兵犯台，与牡丹社原住民发生冲突。

由于日军水土不服，病死者众多，士气低落，英、美等国又担心日本侵台之举会影响其商业利益，因此向日本政府施压，日本乃决定撤兵，并与清廷议和。

清廷被迫支付抚恤金给受难渔民家属，收购日本在台所兴建的道路、房舍等，并承认其侵台行动为"保民义举"，间接承认了琉球是日本属地。

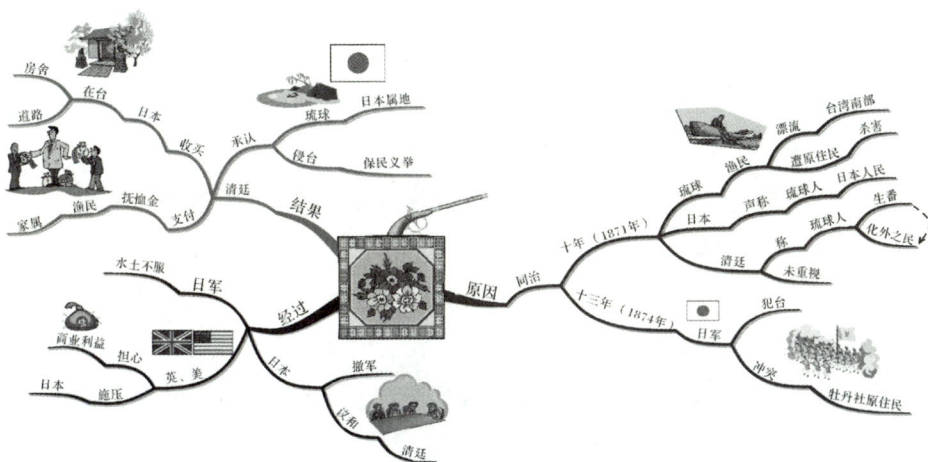

以"开始（原因）、经过、结果"来做文章分类的思维导图笔记

根据文章内容以及自己的需求分类

2012年3月，我发现自己的皮肤经常出现荨麻疹，因此前往就医，医生建议从减少肠胃道坏菌着手，以增强自身的免疫能力。门诊的时候医生给我一张饮食注意事项，并讲了一大堆不能吃什么、可以吃什么，听完之后脑袋一片空白，看了他给的书面数据也是懵懵懂懂，各位读者可自行阅读看看，你能理解多少。

减少肠胃道坏菌的饮食

原则为避免含糖（包括天然糖）与合麦类的食物！包括饮料、甜点、果汁、水果（不甜的水果如西红柿除外）、糖渍零嘴、蜂蜜、巧克力、面粉制品（面包、吐司、汉堡、蛋糕、蛋饼、松饼、糕饼、馒头、包子、饼干、PIZZA、面皮、面条等）、勾芡、太白粉炸物、麦片（五谷米也合麦片）、燕麦片、糯米制品等皆应避免；精制淀粉包括白米饭、米粉、冬粉、粿仔，及高淀粉的玉米、绿豆、红豆皆应少吃；黄豆制品如豆浆、豆腐应避免，但黄豆发酵的酱油、纳豆、味噌则可；牛奶可（但必须非常新鲜），量不要多（若是症状严重的患者，喝牛奶可能会加重胀气或腹泻，应暂时避免）；避免安素、补体素，或其他含高量碳水化合物的人造补品。

可食用的食物包括大量非淀粉类的蔬菜、新鲜蔬菜汁、海带、鱼（避免含汞量高的大型海鱼，如鲔鱼、鲨鱼、大青鱼、旗鱼等）、肉（鸡、鸭、猪、牛、羊等，肥肉可）、海鲜（避免含汞量高的龙虾、鱼翅）、蛋、坚果、新鲜全脂牛奶、吉士、健康油脂，等等。非精制的淀粉如糙米，及根茎类的蔬菜（如马铃薯、番薯、南瓜、山药等）可少量吃，但不可多吃。咖啡或茶可以喝，但不可加糖，若加入热牛奶（拿铁）要很快喝完，否则会出现胀气，甚至会有急性腹泻（在饮食控制初期症状严重者不建议加牛奶）。

若非吃饭不可，每天不可超过糙米1/3碗，切记淀粉或糖比例越高，餐后越快出现强烈饥饿感，这是因为身体对淀粉或糖的成瘾戒断导致，睡前绝不可吃淀粉类食物，否则有可能半夜饿醒。饿的时候千万不可再吃淀粉或含糖食物。

这样的饮食必须维持至少一个月，才能开始尝试少量增加食物内容，但含精制糖或精制碳水化合物的食物仍应继续完全避免。

蔬菜 — 叶菜(非淀粉、蔬菜汁)、番茄、海带

黄豆 — 发酵(酱油、纳豆、味噌)

植物 — 坚果

油脂 — 沾淋(橄榄油、苦茶油、椰子油、棕榈油)、煎炒

饮料 — 茶、咖啡

正常

鱼

肉 — 家禽(鸡、鸭)、家畜(猪、牛、羊)

动物 — 蛋

乳类 — 牛奶(全脂、新鲜)、起司

少量

根茎蔬菜 — 马铃薯、番薯、南瓜、山药

非精致淀粉 — 糙米

✅ 减少肠胃道坏菌饮食 ❌

避免

补品 — 人造(安素、补体素)、含有(糖、麦类)

黄豆制品 — 豆浆、豆腐

海鲜 — 含汞(鲔鱼、鲨鱼、大青鱼、旗鱼、龙虾)、鱼翅

天然 — 果汁、水果、蜂蜜、麦片、燕麦片、糯米、饮料、甜点、糖渍零嘴、巧克力

加工 — 包装、肉翅、面粉制品、勾芡、太白粉炸物

少吃

淀粉 — 精致(米饭、米粉、冬粉、粿仔)、高(玉米、绿豆、红豆)

避免

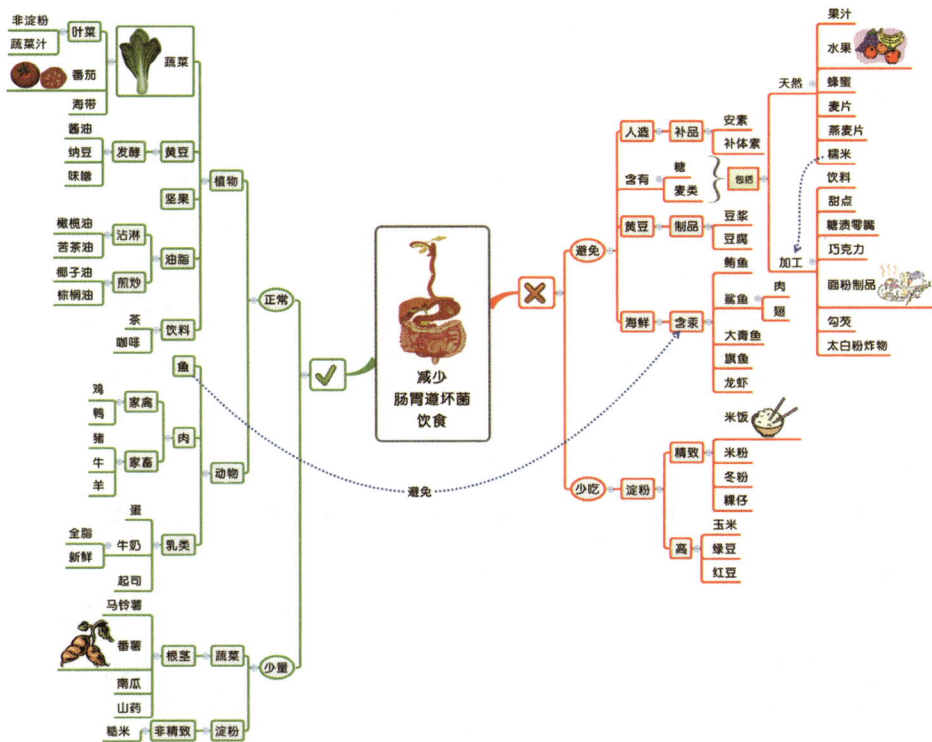

根据文章内容以及自己的要求来做分类的思维导图

为了遵照医生的建议控制饮食，于是我把内容重点整理成思维导图，以方便三餐参考之用。

首先根据"危险"跟"安全"分成两大类，并以"✕"与"√"两个符号代表，这样就很清楚思维导图右边的都不能吃，并以红色线条类似交通号志的红绿灯代表"危险"；左边的都可以吃，且以绿色线条代表"安全"。接着是第二阶，在"危险"这个大类别下分成"避免"以及"少吃"两个中类；"安全"则分成"正常"与"少量"。然后把文章五个段落中，分别属于"危险—避免"、"危险—少吃"、"安全—正常"与"安全—少量"的重要内容，以关键词根据其逻辑结构整理成树状结构的思维导图。最后，在特别在意或重要信息的地方加

上与内容相关的插图，例如："水果"、"面粉制品"、"米饭"、"蔬菜"、"番茄"与"番薯"。在这张树状结构的思维导图上，另外有三个重要的技巧。

一、以线条样式来表示多个关键词的整体性：思维导图是以一个语词写在一个线条上为原则，例如："人造"、"补品"，但这两个语词必须同时一起阅读。因此在线条样式上以圆角方形来突显其整体性，其他如"黄豆"、"制品"；"海鲜"、"含汞"；"精致"、"淀粉"；"高"、"淀粉"等都是一样的做法。

二、增加分类的阶层让信息更有结构：以文章第一段为例，"避免含糖（包括天然糖）与含麦类的食物。包括饮料、甜点、果汁、燕麦片、糯米制品等皆应避免"。文章列出了十几项避免食用的食物，为了更容易辨别，我将这些食物分成"天然"与"加工"两类，虽然文章中没有出现这两个关键词，但多了这一阶层能让信息更有分类阶层化的概念，更有助于理解内容。

三、关联线条指出不同类别之间的相关信息：文章提到可以吃鱼，但要避免含汞量高的鱼。因此在思维导图中"安全—正常—动物—鱼"的地方，从"鱼"拉一条关联线到"危险—避免—海鲜"之后"含汞"的地方，并在线条上注明"避免"。

第3节　长篇文章或一本书的笔记技巧

整理长篇文章或一整本书的思维导图笔记，务必要运用到KMST知识地图学习法的原则与步骤，以及透过速读快速浏览掌握整本书的概貌，并订定出学习目的，确认所需的内容多寡与重点所在。接下来整理成思维导图笔记的方式有两种，第一种是从书本的整体结构大方向着手，也就是先有个大架构的"心智总图"，然后逐渐衍生出各个章、节，有层次细分下去的"迷你思维导图"，我们称之为"由上而下"模式；第二种是根据自己学习上的需要，先在书中各章节的字里行间以一个小主题、小概念整理成一张迷你思维导图，然后再依照迷你思维导图的主题内容逐渐归纳成统整式的心智总图。下图是为《创意是这样画出来的》这本书的封面所绘制的内容架构思维导图。

整本书籍架构思维导图

由上而下模式

由上而下的Top Down模式是先整理大类，然后中类，接着小类到细节的笔记方法。如果用思维导图软件来整理，可以让我们不假思索地依照书本内容的结构快速展开，思维导图中内容的逻辑顺序若有需要调整，也非常容易方便。现在就以叶至诚老师所著《教育社会学》这本书的思维导图范例做说明。

中心主题就是书名《教育社会学》加上作者的姓名，以区辨相同书名可能会有不同的作者；先从整本书的大方向开始，包括"作者"简历、从序文当中掌握的两大重点"社会学的定义"、阅读这本书的"重要性"，以及各个章节的"探讨内容"。由于第四类各章节的"探讨内容"重点数据较多，因此以另外一张思维导图来呈现，并从"教育社会学探讨内容"这个主干超链接下一阶层"以书中十四章章名为主干"的思维导图，这也是用软件整理思维导图学习笔记的优点。

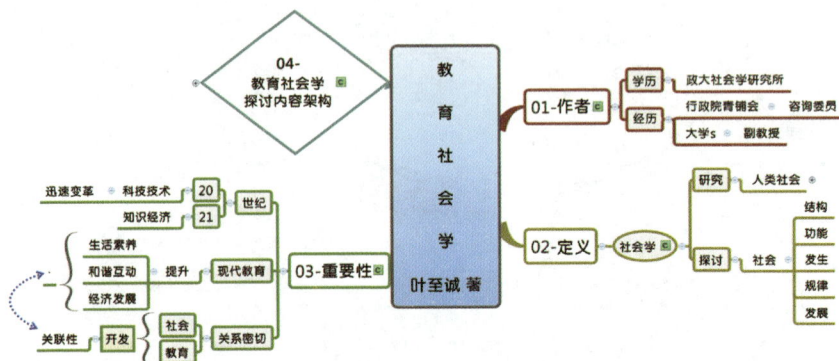

整本书的大方向

接下来这一张思维导图是从上一张衍生下来，主要是以书中十四个章节名称为主干，除了在每一个主干上标示出该章节位于书中第几页之外，同样再超链接到每一章详细重点，或符合自己需求的思维导图笔记。

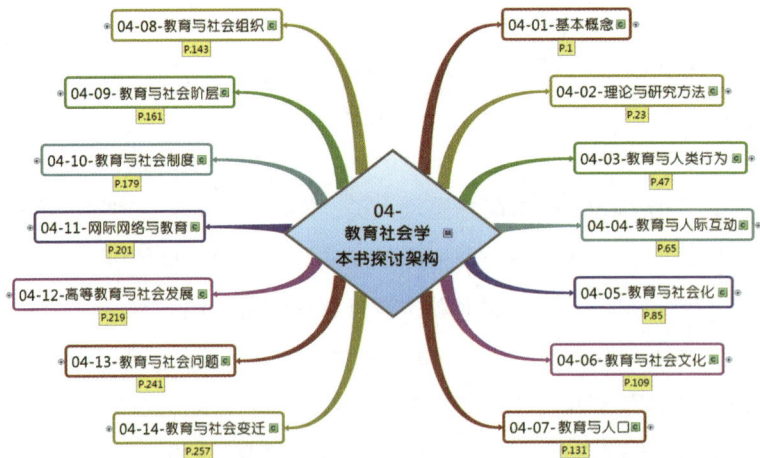

以书中章节名称为主干

下列两张思维导图就是分别从第1章与第2章衍生下来，往后如果发现有不太清楚的地方，需要方便翻开书本查询，所以在思维导图的主干上标示页码。

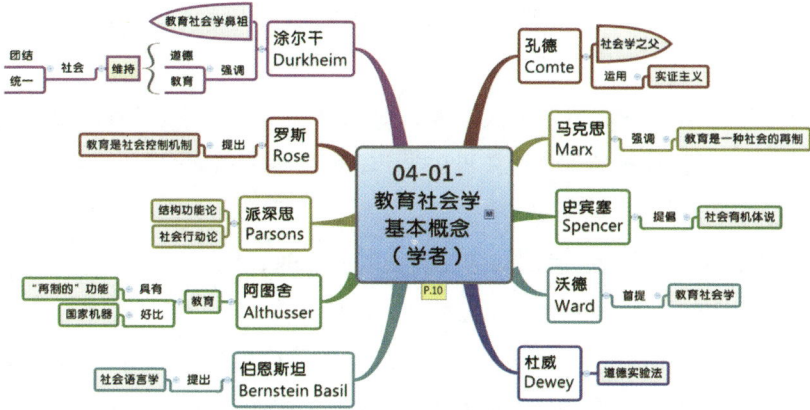

以第 1 章为主题的思维导图

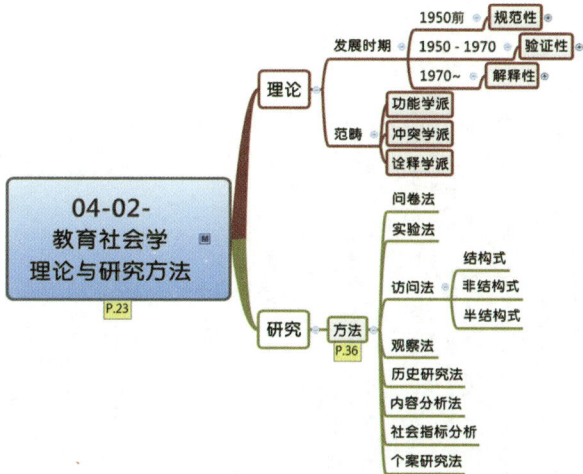

以第 2 章为主题的思维导图

由下而上模式

先在书中各章节的字里行间，以一个小主题、小概念整理成一张迷你思维导图，然后依照迷你思维导图的主题内容，逐渐归纳成统整式的心智总图。这种模式特别适合下列场合应用：

1.文章段落架构的逻辑分类很清楚、很完整，不需要特别伤脑筋去思考思维导图笔记的主干，只要整理自己需要的重点即可，每一个小重点可自成一个迷你思维导图。

2.利用零碎时间阅读，发现有自己需要的重点时。

3.学校上课时，边听课边整理课本中的重点。

迷你思维导图可以采用手绘方式，也可以用计算机软件，完全依照实际情况而定。例如学校上课、喝咖啡看杂志时，可以在书中文章段落上直接以四色笔或铅笔（以便画错可以擦掉重写）整理一张迷你思维导图。

但是接下来要把迷你思维导图汇整成统整式的心智总图，还是运用计算机软件会比较有效率。

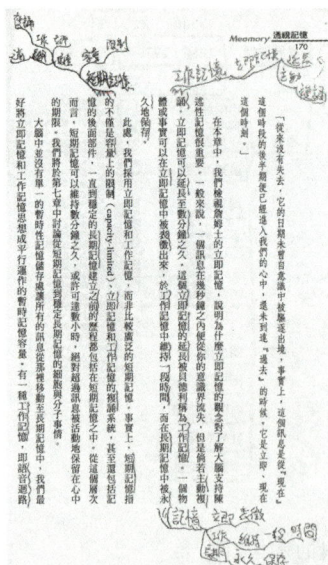

在书中随手整理的思维导图笔记

接下来就以《世界的水陆分布》一文来解说由下而上模式。不论哪一种方式，我们都必须很快地把文章看过一次。

世界的水陆分布

　　世界指地球表面的所有地方，又分为海洋与陆地两大部分，其中海洋的分布面积比例占百分之七十一，陆地仅占百分之二十九。

　　世界水陆分布不平均，海洋大部分在南半球，陆地大多分布在北半球。若将世界分为陆地较多的陆半球和海洋较多的水半球，以法国为中心的陆半球陆地占全球地面积的七分之六；以新西兰为中心的水半球，陆地只占七分之一。

　　大洋是世界上辽阔的水域，世界的大洋计有太平洋、大西洋和印度洋三大洋，各大洋间水面互连。太平洋是世界最大的洋，约占世界面积的三分之一。

　　大陆是世界上面积广大的陆地，大陆及其附属岛屿，总称为洲。世界可划分为亚洲、欧洲、非洲、北美洲、南美洲、大洋洲和南极洲七大洲。亚洲是世界最大洲，与欧洲合称欧亚大陆。北美洲与南美洲，合称美洲。

　　两极地方大致指南、北极圈以内之地。南极地方以大陆为主，称南极洲；北极地方以海洋为主，称为北极海。

根据文章内容，每一个小小的概念都可以整理成一个迷你思维导图。

然后根据若干个迷你思维导图，汇整成一个结构较完整的思维导图。这时你会发现，原本迷你思维导图的结构顺序需要调整。

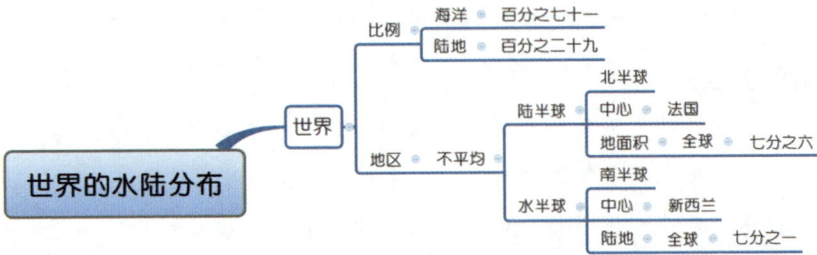

世界的水陆分布
- 世界
  - 比例
    - 海洋 · 百分之七十一
    - 陆地 · 百分之二十九
  - 地区 · 不平均
    - 陆半球
      - 北半球
      - 中心 · 法国
      - 地面积 · 全球 · 七分之六
    - 水半球
      - 南半球
      - 中心 · 新西兰
      - 陆地 · 全球 · 七分之一

以此类推，最后逐渐归纳整理出统整的心智总图。

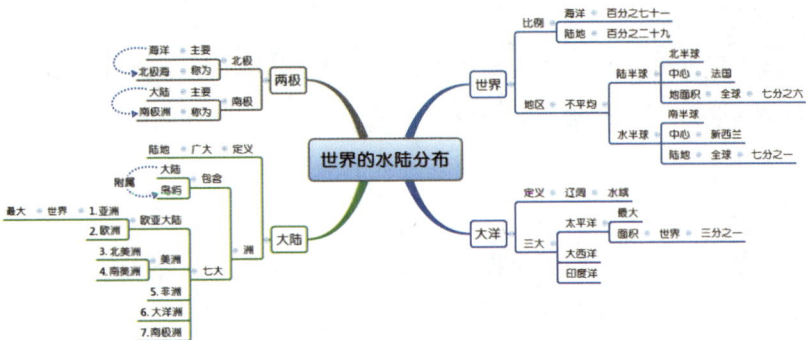

世界的水陆分布
- 两极
  - 北极
    - 海洋 · 主要
    - 北极海 · 称为
  - 南极
    - 大陆 · 主要
    - 南极洲 · 称为
- 大陆
  - 定义
    - 陆地 · 广大
  - 包含
    - 附属 · 大陆 · 岛屿
  - 七大洲
    - 最大 · 世界 · 1. 亚洲
    - 欧亚大陆 · 2. 欧洲
    - 美洲 · 3. 北美洲
    - 4. 南美洲
    - 5. 非洲
    - 6. 大洋洲
    - 7. 南极洲
- 世界
  - 比例
    - 海洋 · 百分之七十一
    - 陆地 · 百分之二十九
  - 地区 · 不平均
    - 陆半球
      - 北半球
      - 中心 · 法国
      - 地面积 · 全球 · 七分之六
    - 水半球
      - 南半球
      - 中心 · 新西兰
      - 陆地 · 全球 · 七分之一
- 大洋
  - 定义 · 辽阔 · 水域
  - 三大
    - 太平洋 · 最大 · 面积 · 世界 · 三分之一
    - 大西洋
    - 印度洋

接下来就请各位试着从下列这篇文章，先从由上而下模式决定几个大类段落标题（主干）与中类次主题（支干），再以由下而上模式把文章中圈选出来的重点汇整成结构清晰的思维导图笔记。请先尝试自己动手练习，再参考161页的范例。

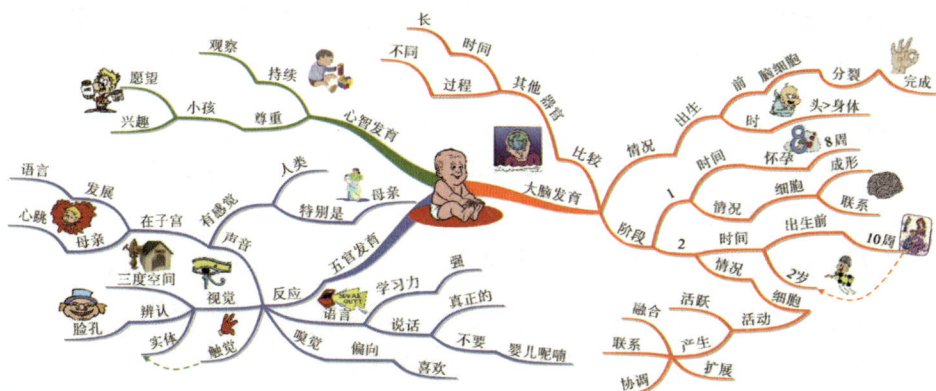

文章笔记范例：婴儿的大脑

认识婴儿的大脑

　　近年来由于科技进步，对大脑的了解也越来越多。大脑究竟是如何从胚胎开始发育的？什么方式对大脑发育更有帮助？相信这些都是新手父母关心的话题，本文将为大家揭开谜底。

　　一、大脑的发育

　　跟其他器官比较起来，大脑的发育不但时间较长，过程也不相同。从细胞分裂的情况来看，脑细胞在出生前基本上已经分裂完成，其他器官则仍在持续分裂，因此婴儿出生的时候，从正常人的比例看来，头大于身体。

　　基本上大脑发育可分为两个阶段，第一阶段的时间开始于母亲怀孕的第八周，这时候脑细胞开始成形，并彼此产生联系。第二阶段则是从出生前十周到出生后两年之间，这时候脑细胞的活动非常活跃，不断地融合、联系、协调与扩散。

二、大脑与五官的发育

根据心理学的研究发现，由于胎儿在子宫能听见母亲心跳的声音，因此婴儿对人们发出的声音特别有感觉，特别是自己的母亲发出的声音。在视觉方面，婴儿一出生就具有三度空间感。借着眼珠转动看见不同的影像，并期望出现在眼前的物体是真实的，婴儿会想伸出手去感觉触碰到这个物体。在各种图像中，人类的脸孔最能吸引婴儿的注意。据研究显示，人类出生时，大脑里就存有面貌的"模板"，让婴儿能够辨识出给予食物、温暖的人。在嗅觉方面，婴儿会把头偏向喜欢味道的方向。婴儿学习语言的能力很强，因此跟婴儿讲话的时候，不要用婴儿呢喃的口吻，而是直接跟他讲我们日常使用的真正话语。

三、心智发展

不论胎儿或新生儿的发育过程如何，关于婴儿心智能力的知识不断地在进步。不管父母用何种方式帮助子女发展心智，要特别注意下列两点：1.持续观察他们日常的行为表现。2.尊重孩子的愿望和兴趣，不管他想朝哪方面发展。身为21世纪的父母，今天我们不要再给孩子太大的压力，也不要想去控制孩子的未来发展。只要子女在自己喜欢的领域里有很好的成就，为人父母都应该感到欣慰。

第4节　主题式数据搜集的笔记技巧

若以主题式数据搜集整理思维导图笔记，可能由于数据庞大，结构随时会随着搜集到的资料变更，因此最好以绘制思维导图的计算机软件（例如：Xmind,MindManager等）来整理比较有效率。

在尚未开始搜集数据之前，根据主题以及先欲探讨的问题、类别、方向，以思维导图展开成若干个主干或必要的支干。

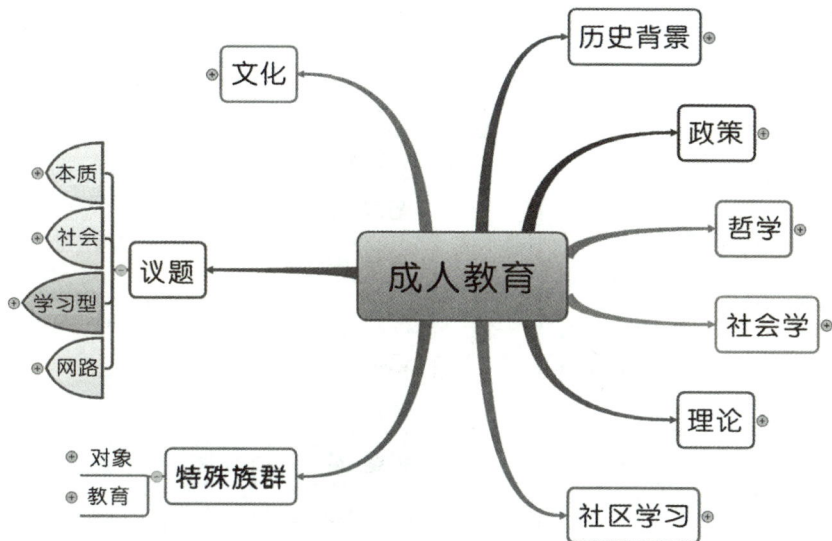

接着，凡是阅读到有用的数据时，以整理短篇文章的方式，将重点内容接在相关主干、支干之后，并在线条的"备注"栏里注明文章的出处，或将文章的完整内容贴在备注中，以供日后查询参考。

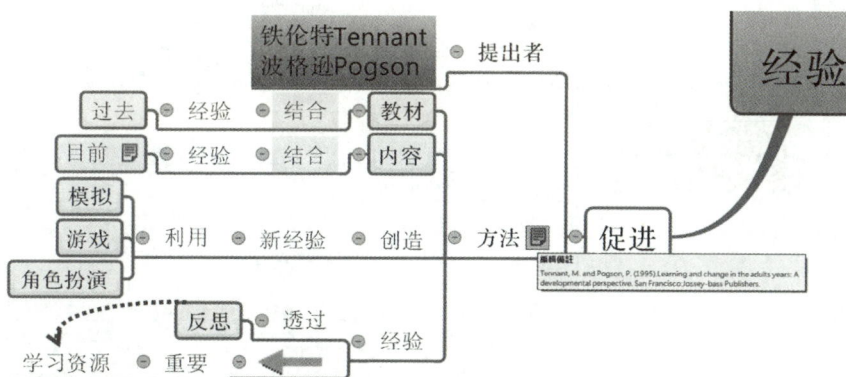

如果不同文章的内容彼此相关联，可以采用超链接的方式，连结到相关的思维导图档案或思维导图中的某一主题，或者是超链接到PDF、Word或PowerPoint档案，或以"关联线"指出彼此的关系，以方便做好知识管理。

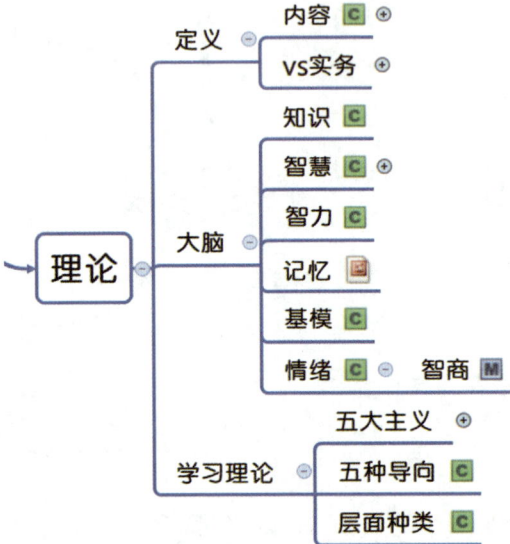

加入超链接接到另外一张思维导图，方便知识管理

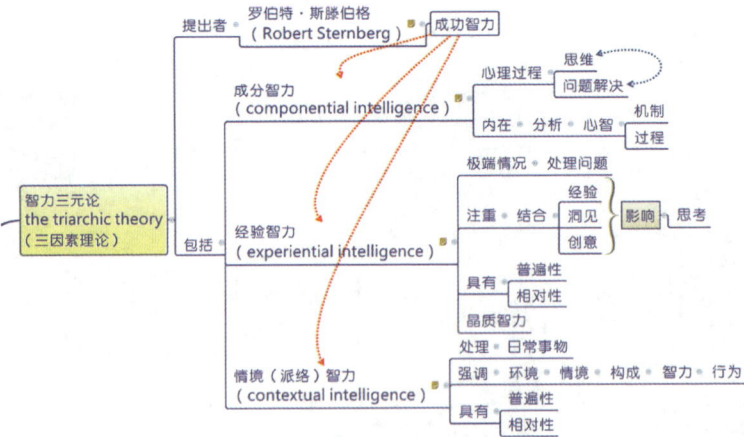

加入关联线指出彼此的关系

第5节　听演讲的笔记整理技巧

听演讲时做笔记，难度比阅读文章时做笔记高了一些，主要原因有二：首先是一般演讲者每分钟讲话的速度约在120字左右，若有使用投影片，画面停留的时间也不是我们能掌控的，此时必须在极短的时间内抓到重点。其次是演讲时比较容易出现跳跃式的内容，不似书面文章那么有逻辑结构。因此，我们不可能巨细靡遗地记录所有内容，只要掌握有意义或重要的关键词（一般而言是名词与动词）即可。这时候思维导图的笔记方式就可以派上用场，尤其是目前已经有许多思维导图的免费软件可使用，对学习者而言是非常好的辅助工具。

听演讲的笔记技巧

不论采用手绘或计算机软件，思维导图在上课、听演讲的笔记技巧如下：

一、提早抵达会场或教室，先根据会议、演讲的议题及大纲、课程名称把中心主题画好，并且从议题、大纲中把必要的主干、支干整理出来。

二、听演讲时，根据内容重点尽可能使用简短的关键词（语词），避免写下整个句子，将关键词整理到适当的主干或支干之后，并注意关键词的逻辑分类与顺序。

三、如果你觉得当场整理的思维导图笔记有点乱，可以在事后重新编排内容结构，使之更组织化、更整洁。

四、也可以将重要的论点、相关主题的关键词从原来的思维导图笔记中挑选出来，单独成为另一个主题的思维导图。这有助于复习内容，并且能掌握信息之间的从属关系。

应用计算机软件

运用思维导图计算机软件时，应善用软件可随时调整内容结构的优势，在听演讲整理思维导图笔记时除了依照上述原则之外，再加入两个操作技巧：

一、暂时不要管关键词的逻辑结构，听到或看到内容重点，以一个关键词（语词）的原则迅速输入。等演讲节奏稍微轻松时，再来调整结构顺序并补充内容。

二、以一个小议题、小概念整理成一个迷你思维导图，趁下课后时间较充裕，再依照课程大纲、特定主题或自己的需求重整成一张或若干张整合式的心智总图，并在不同张思维导图之间内容关联处做超链接，以便更系统地统整知识。

给初中者的建议

初中者若觉得无法立即上手，以下是几种练习方法：

一、如果现场允许录音，当出现"好累"、"听不懂"、"太多重点同时出现"的情况时，注意一下录音的定时器，写下当时的时间，事后可以根据上述时间编号重复聆听，并在思维导图中加入必要的信息。

二、从挑战性较低，并且事前可以取得内容数据的演讲开始，教学节目、新闻报道是不错的选择。先从书本或网络上阅读一下待会儿要看的节目内容，有个初步概念之后，再来练习比较不会手忙脚乱。

三、从网络上选择适当的教学影片，每当出现值得记录的关键词时就按暂停键，凭着印象将关键词整理到思维导图中。等技巧越来越纯熟后，再慢慢等多几个关键词出现时才按暂停键。影片进行一小段落之后，重新看一次这段的内容，但这次不要按暂停键，让影片一气呵成播放完毕，而且尽量不要看画面，凭听觉来整理成思维导图笔记（168页图）。

至于听讲时，哪些内容是需要记录的重点？一般而言，除了人、事、时、地、物（5W1H），与时间顺序有关的信息，因果关系的原因与结果、问题的成因、影响、解决方法等原则之外，不可忽略与议题相关的名词、动词，同时要特别注意演讲者重复的地方、声调较激昂的时候、放慢速度略微停顿时、重复的叙述、转折语（例如：但是、无论如何）之后的内容，都是会有重点出现的时候，要特别注意聆听，并找出关键词记下来。

第6节　总复习的笔记整理技巧

考试试卷的题目只有几题，但为了这几题所阅读的书籍多达数十页、数百页，甚至好几千页。要如何从茫茫书海中整理出考前总复习的笔记呢？台大教授吕宗昕指出，总复习时需要一本个人的考前笔记本，去芜存菁只记录自己所有不太熟悉及容易忘记的内容。这本笔记本将会是你考前的救命仙丹！

运用思维导图法整理考前总复习笔记的方法如下：

一、研读完一个章节后，把该章节的重点与自己觉得不容易记忆的地方，整理成重点学习的思维导图。

二、写完模拟考卷或月考、期末考之后，把考题的重点以及答错的题目分不同科目，分类整理成考古题思维导图。

三、后续复习时除了阅读先前整理的思维导图外，还要将资料再度浓缩，以另外一张思维导图将原本多张思维导图的内容更精简扼要地记录下来，汇整成为关键报告思维导图，并利用第14章介绍的记忆技巧，把"关键报告思维导图"牢牢记住，直到能清晰浮现脑海为止。

四、考试之前，针对过去整理的思维导图笔记中依照学科撷取自己最容易搞混以及一直记不住的部分最后一次复习，把每个科目都整理成一张考前冲刺的大补帖思维导图。在考前一两天以及进入试场前30分钟，迅速复习一下这张大补帖，就能信心满满地迎接挑战。

我自幼成绩就不是很理想，高中时期还因成绩太差而辍学，但是后来学习了思维导图法，运用思维导图笔记技巧不仅顺利通过了国家考试，还考上实践大学硕士班、台湾师范大学硕士班与博士班。一个放牛班的孩子都能考上"国立"大学博士班，成功的关键在于读书方法。相信这个方法不仅对我个人有用，许多接受思维导图法训练的学生也因此通过研究所及各种国家考试，对各位读者也一定有所帮助。

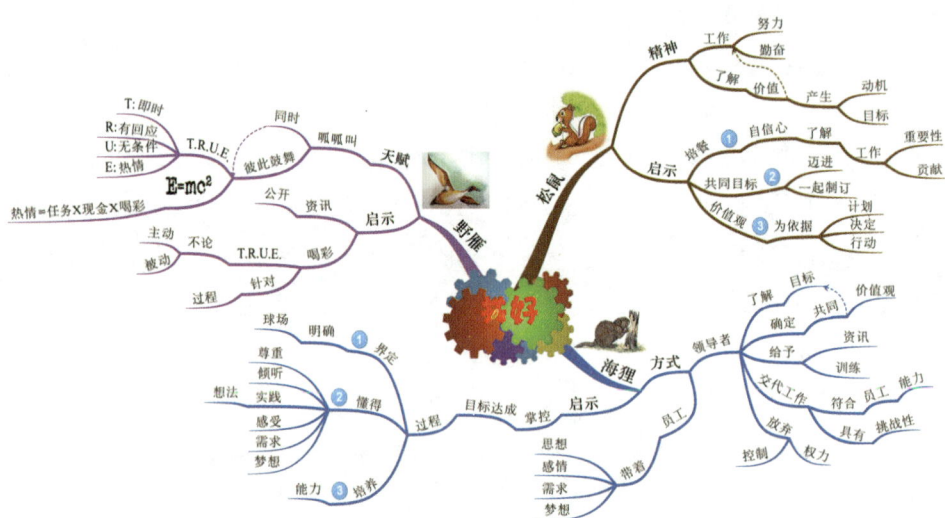

从教学节目影片练习口语笔记的思维导图。题目：建立共好团队

第 **13** 章
教学与写作的应用

　　让孩子快乐学习、主动学习又能获得优异的学习成就，是每一个家长与老师的愿望。培养终身学习的能力，是知识经济社会体系下自我实现、社会融入，与创新成长的关键。欧盟在2002年将"学习如何学习"列为终身学习的八大关键能力之一，其内涵意指个人或团体在组织、规划学习的倾向与能力，例如：时间管理、学习计划、问题分析与解决，获取、评估与吸收新知，以及运用所学的知识、技能于工作或生活场域中的能力。

　　思维导图法与"学习如何学习"的关联性是如何？台南市东区复兴初中林茂生校长表示，思维导图法结合思维导图软件的教学适合各个学科，优点是让学生容易理解教学内容，不死记课文、公式，透过思维导图的分析、建构、启发等概念，帮助学生分析文章、诗词，学生反应出奇热烈。思维导图教学已成为校园内最受学生喜爱的课程。

　　从我国博硕士思维导图法的论文研究对象可发现，将思维导图法应用于教学与学习场域的现象已越来越普遍。相关实证研究结果显示，思维导图法有助于提升学生学科的学习成效，在写作上能帮助学生组织想法、研拟大纲、促进创意的发想，能大为提升写作能力与写作兴趣，也能有效增进学生的创造力及创造性问题的解决能力。运用思维导图法对学习历程最大的贡献，就是能帮助学生快速掌握"重点"、想法变得有"创意"，思维更有"结构"，过程更"好玩"。研究显示，学生对于思维导图法大多抱持肯定的态度。

　　《资优教育简讯》第41期（2007）的专题报导也指出，教师采用思维导图法教学，不仅可以帮助学生发挥潜能，更能刺激创造性思维。思维导图法是帮助资优生发挥创造力的最佳途径之一，值得教师在教学上运用。廖伟雄针对小学资优生的一项论文研究结果也发现，思维导图法可以促进学生的创造思考，同时增进记忆的效果。

由此可略窥思维导图法确实在教学与学习领域中是实践学习"如何学习"、学习"如何思考"的好方法。本章就思维导图法在教学与学习上提供实际运作的指南，供教育场域的老师及学生参考。

第1节　教学备课

规划教学计划与课程内容

林美玲在《创新教学策略之研究》中指出，面对学生多元弹性的学习需求，身为教师，拟定教学计划、凝聚有效的教学力量，并引导学生达成教育目标是责无旁贷的。因此，在强调以学生为主体的教育目标下，发展创新的教学与学习策略有其必要性与重要性。

教学活动的设计会因不同阶段的课程而略有差异。中小学的教学计划项目有主题名称、相关领域、教学年级、总节数、教材来源、教学群、主要活动、课程目标、活动单元名称、单元学习目标、教学活动、能力指标、节数与评量方式；大学、研究所则大致包含了课程名称、必选修、学分数、授课教师、教学目标、教材大纲、实施方式、评量方式、主要读本与参考书目、教学进度。

然而面对创新的教学，发展教学与学习策略已无法仅拿过去的方案修改，而是要以崭新的思维、视角来思考。需要讨论、修改的项目甚至重新规划课程时，思维导图法可提供思考、讨论教学计划（171页上图）与课程内容规划（171页下图）的架构。这两个范例思维导图的架构并非标准答案，而是一个参考方向，实际应用时可依据课程属性做必要调整。

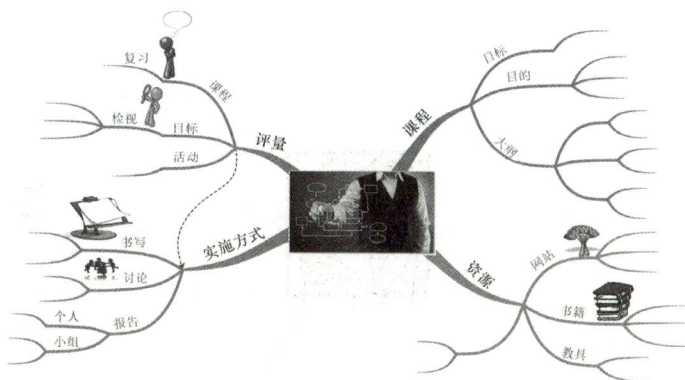

教学计划

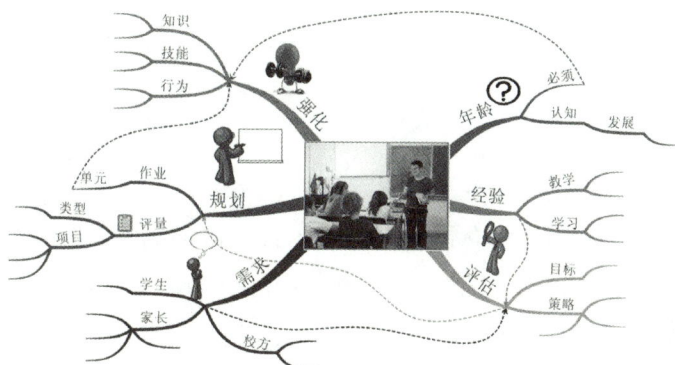

课程内容规划

教学评量

评量系指经由收集资料及测量而获得质化及量化的资料，以利深入分析，并针对分析结果判断价值。评量不只是针对学生的学习成就，也考核教师的教学，以及课程的设计与实施的适切性。

维尔斯玛与乔斯（Wiersma & Jurs）指出，评量的类型有"效标参照评量"、"常模参照评量"、"安置性评量"、"形成性评量"、"总结性评量"与"表现性评量"。为了让评量实用、可行、适当与正确，我们可以运用思维导图，以必要的评量类型为思考讨论的方向。下图范例是以几种评量类型来思考课程，以决定该课程应采用哪些较为恰当。

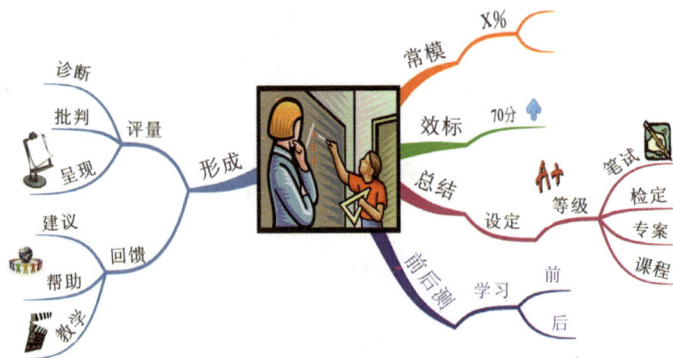

教学评量

规划讲义

一份好的讲义有助于学生达成学习目标，编辑讲义就如同规划执行一个项目，必须运用5W1H与掌握SMART原则。SMART原则指的是讲义的编辑目标内容要具体、明确；其效果可测量、可衡量；目的是可以达成；内容要务实；最后是内容与工时要有时效性。因此，我们可以透过思维导图，以"目的"、"内容"、"日期"、"资源"与"检查"五大方向来展开讲义的规划构思。

规划讲义

规划活动

教育学者杜威一生中最重要的两个教育思想是连续性以及在实践中学习（或称从做中学），在实践中学习是让理论与实务结合的关键。因此操作、体验式的学习活动在不同阶段课程中有其必要。下图是小学自然与生活科技课程中规划科学实验教学活动的范例。

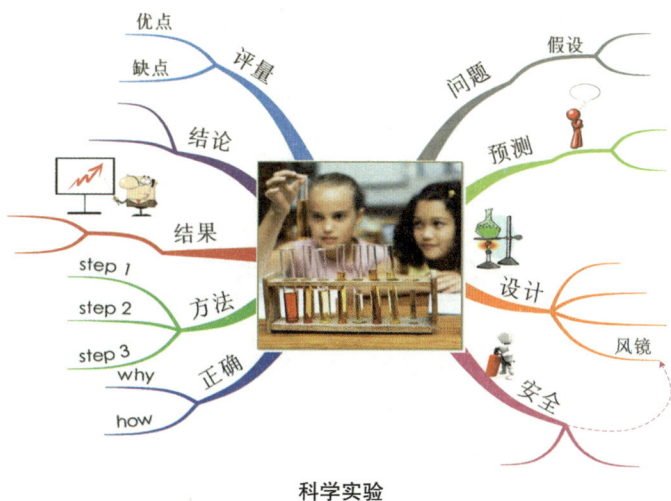

科学实验

第2节　语文写作

唯有增进学生精准的思考能力、指导学生有效的思考策略、培养学生主动思考的态度，以及建立学生独立思考的习惯，才能达到"运用语文独立思考、解决问题"的教育目标。思考的进行是以语言文字为主，思考活动是连结概念并发展其间关系，以求理解事物，发现并解决问题，同时进行更高阶的评鉴与创造活动。然而概念是抽象的，语言文字都是在时间先后的序列中使用概念，往往无法同时呈现诸多概念，并展现概念之间的关系。但如果语文教学能配合图像组织，便可弥补这个缺失。

今天全球各地已经有不少教师将思维导图法应用在各个学科教学。2007年12月28日举办的"语文教学运用思维导图工作坊"即在台湾师范大学国文系王开府教授等人的领导与推动下，有系统地编辑出教学方案《语文思维导图教学指引》，供有志于运用思维导图法在语文教学的老师参考使用。

早期的写作教学较重视结果，也就是只看写作之后的文章成品；现在则以写作过程为导向，重视思考的历程。依据认知心理学的观点，写作主题若与学生的生活经验有关，写作动机便会增强，架构建立与内容书写就变得更容易。卡内基梅隆（Carnegie Mellon）大学修辞学教授佛拉尔（Linda Flower）在《写作的认知过程理论》（*A Cognitive Process Theory of Writing*）中指出，写作历程是以弹性、非线性的方式进行，主张写作历程要包含三阶段：

一、计划：包含设定写作目标，从既有的记忆中提出相关信息，组织内容的大纲，安排段落与文句。

二、转译：在产生写作计划之后，再根据计划架构写出内容，并将想要表达的看法转译出来。

三、回顾：检查文章是否有错误，修改文中不满意之处，重新检视句子的安排与章法结构等细节。

根据中学生基本能力测验推动工作委员会公布的写作测验评分规准，即包含了"立意取材"、"结构组织"、"遣词造句"与"错别字、格式与标点符号"四大项。台湾许多运用思维导图法作为写作构思的论文研究也指出，思维导图法对写作时的"立意取材"、"结构组织"、"遣词造句"有显著的功效。

接下来将说明思维导图法在文章仿作、写作与创作的应用。

作文仿作

"临摹"是学习书法、画图的主要途径，是运用和创作的基础功夫，初中者必先从临摹名家作品入门，依样画葫芦。培养作文能力也是从仿写着手，是结合读写最基本的形式。选出优秀的范文佳作，让学生模仿该篇文章中的形式结构或内容佳句，学习如何起承转合、立意取材、组织结构、段落修辞、表现手法或句子形式等，在模仿过程中锻炼自己的文笔，习得经营文字的乐趣。因此，"仿写"就是文章写作的临摹，是根据某篇诗文为范例，分析其特色，写出类似或具有新意的文章。因此，透过仿写练习可以领悟创作文章的诀窍，并提升作文的能力。

仿写的类型大致可以归纳成"形式仿写"、"内容仿写"与"综合仿写"。形式仿写又可细分为语言、结构、体裁和表现手法的仿写，其中结构仿写是指模仿范例文章的组织构造和整体布局安排，包括了人物、事件处理，起承转合之设计，层次与段落之配置，文脉贯串等的模仿。

思维导图法可以有效应用在结构仿写的训练，方法与步骤是先根据范例文章中的内容，以思维导图建立包含原文内容的结构，然后只留下结构，换个新主题，根据原结构将内容以关键词的方式填写入思维导图，再依照思维导图的结构与内容，新写出一篇仿写文章。

运用思维导图仿写，可以让学生在脑海中建立许多优秀文章的不同结构。未来面对考试也好，自己有兴趣写作也好，看到题目时可在脑海中思考一下，找出较适合的结构，然后发挥想象力与配合平时对修辞的素养，便可在最短时间写出精彩文章。

与宋元思书

南朝　梁吴均

风烟俱净，天山共色。从流飘荡，任意东西。自富阳至桐庐，一百许里，奇山异水，天下独绝。水皆缥碧，千丈见底；游鱼细石，直视无碍。急湍甚箭，猛浪若奔。

夹岸高山，皆生寒树，负势竞上，互相轩邈，争高直指，千百成峰。泉水激石，泠泠作响。好鸟相鸣，嘤嘤成韵。蝉则千转不穷，猿则百叫无绝。鸢飞戾天者，望峰息心；经纶世务者，窥谷忘返。横柯上蔽，在昼犹昏；疏条交映，有时见日。

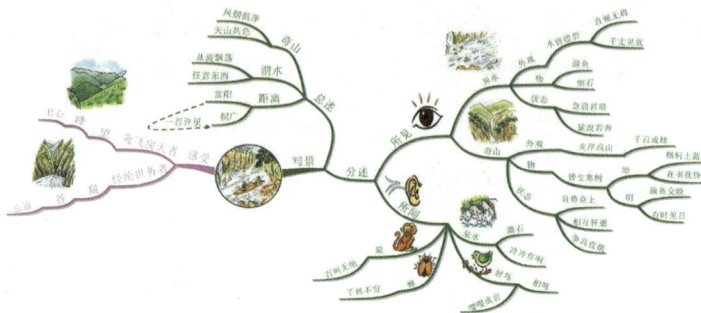

建立包括原文《与宋元思书》内容的结构

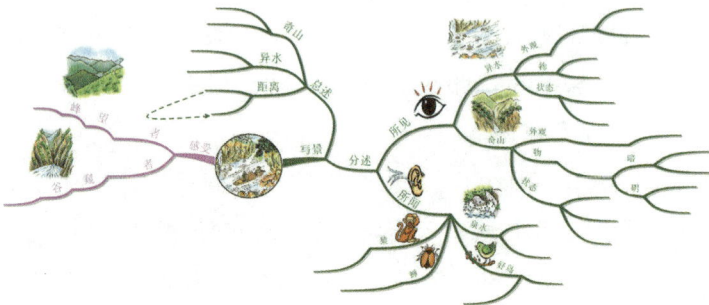

只留下范例文章《与宋元思书》的结构

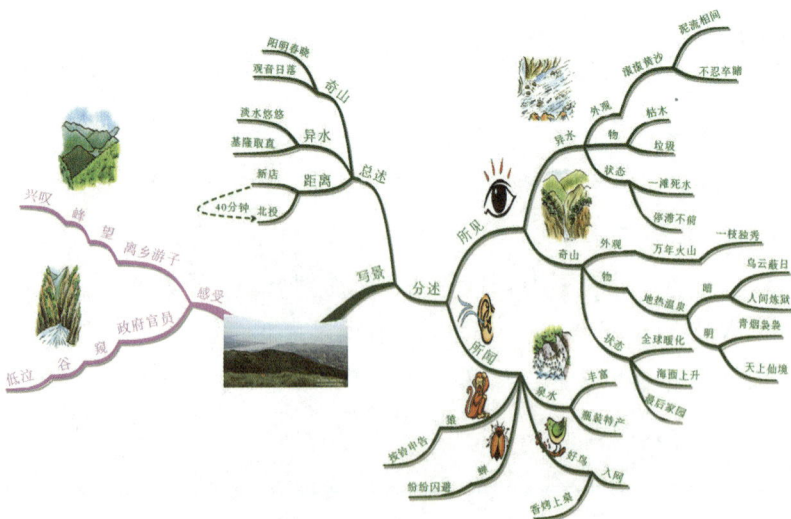

更换新主题，根据原结构将内容以关联词的方式，填写入思维导图

根据范例文章《与宋元思书》的结构仿写，主题为《给台北市长的一封信》。

> 阳明春晓，观音日落。悠悠淡水，基隆取直。自新店至北投，四十分钟，奇山异水，稀世少见。滚滚黄沙，泥流相间；枯木垃圾，不忍卒睹。一潭死水，迟滞不前。
>
> 万年火山，地热温泉，全球暖化，海面上升，最后家园，一枝独秀。泉水丰富，装瓶特卖。好鸟入网，香烤上桌。蝉则纷纷闪避，猿则按铃申告。异乡游子，望峰兴叹；政府官员，窥谷低泣。乌云蔽日，人间炼狱；青烟袅袅，天上仙境。

板桥高中梁容菁老师在接受为期十天的"孙易新思维导图法青少年教学师资培训班"之后，立即应用师资班所学的文章仿作技巧，教导给学生。下图是梁容菁老师解构2009年指考最高分佳作《惑》的原文，并分析其运用到写作、修辞的技巧，接着在思维导图留下原文的结构与写作说明，并以《坚持》为题示范写作，再让学生以不同的题目，例如"美丽"、"奋斗"练习写作。

梁荣菁老师讲解《惑》之原文，分析文中运用到写作、修辞的技巧

2009年指考最高分佳作《惑》的原文

堤畔的玉柳是为了同谁道别而将自己站成一个多情的春天？悬崖上的红心杜鹃是为了同谁联系而招展着花的旗语？清朗的明月是奉了谁的手谕而长倾其万斛流光？往来熙攘的蜂蝶是为了谁而奔忙？永不歇拍的流水的哗然长歌，又是为了哪位知音而咏唱？

俯仰于天地间，令我们疑惑又无法不为之倾倒迷醉的事物委实太多，丰厚得难以盛载、难以沥净、难以厘清。

从古希腊哲人清啸而出的第一个疑问："我从哪里来？"到现代诗人激昂呐喊的："我们该往哪里去？"人类似乎一直在如湍流般回旋的疑惑中沉浮打转：吴尔芙的奥兰多在两性易换间，把时间拉成一条金缕，镶砌着无数的问号；屈子的天问在绵远悠长的湘江泽畔，划开静默的穹苍——我是谁？天地间含蕴的雅事从何而来，又欲适何方？

孔子四十而不惑，已是两千多年前的绝响。

在纷扰的环境中，平凡的我们若欲不受迷惑，维持心中明灯高悬不辍，似乎已不可能？但即使刻鹄不成，我认为，只要我们仍对真理抱持向往，愿意同蒙田、叔本华般，恪守自己的原则，便能接近孔子所云："我欲仁，斯仁至矣"的境界！

即使我们仍不明白：堤岸玉柳无数是为了挥别游子抑或挥别夕曛；如水月华是为了映照千里溶溶的楚江抑或明澄的人心……我们仍然可以从初抽的新绿中探求人生的哲理，从望远镜幽渺的光晕中刻绘行星的轨迹。

是的，我们无法"无惑"，但我们可以因这些疑惑而对世界怀有更多的想象、对天地怀有更深的崇敬，如同奥兰多、屈灵均和叔本华一样。

坚持

梁容菁

小草，因为坚持，可以冲破石砾自由呼吸；水滴，因为坚持，可以穿透崖壁继续前行；驽马，因为坚持，可以突破限制远致千里；鲑鱼，因为坚持，可以溯流千里，使后代得以延续；梅花，因为坚持，可以在众芳摇落时，仍鲜妍独立。

长林古壑、蝉鸣鸟语，若你侧耳细听，你会发现：整个宇宙，似乎随处都在低低轻吟，轻吟着关乎坚持的故事与奥秘。

撷取天地精华而有灵的人类，啜饮着自然界的甘霖，在不经意的一言一动中，也闪现出坚持的生命况味。于是哥伦布因为坚持，终而发现新天地；司马迁因为坚持，完成不朽巨作《史记》；迈克尔·乔丹因为坚持，成为美国职篮一页传奇；林书豪因为坚持，创造出属于他的"林来疯"奇迹。

坚持的光采如此绚烂，不能坚持的人们就成了他人或叹惋或唾骂的对象，"卷土重来未可知"就是为楚霸王项羽深深的叹惜；"生儿不象贤"同情刘备的同时，也对不能坚持到底、持守父业的刘禅进行严厉的批评。

然而，坚持真是唯一真理吗？

巍峨的巨木，总是遭受到第一道闪电的劈击；刚强的岩石，总是得承受海浪最大的冲力；逆流归乡的鲑鱼，在旅途中得折损大量同伴、甚而折损自己。文天祥因为坚持不降，所以断送生命、断送才华发挥的可能；王安石因为坚持新政，导致内斗不断、小人趁机崛起；邱淑容因为坚持跑到底，所以失去双腿，失去重新起跑的机会。

坚持，它可能变成刚愎，让事情失去转圜的余地。

原来，自然从不偏于一端，它总是在最适切的时机表现出最合宜的态度，它有坚持，但从不忘柔软，如冲破石砾的小草、穿透崖壁的水

179

滴，它们永远拥有最柔软的身段。所以，我们仍需坚持，不仅为了符合自然，也为了响应来自内心的呼喊。只是，在这之中，需加入适度的柔滑润泽剂，如梅花虽在寒风中傲然屹立，但仍会等待适合的气候；如驽马即使愿意十驾，也应适度的休息。

　　是的，坚持需要柔软的调和，但在无可回避遁逃时，我们仍要"坚持"，坚持活出自身生命的意义，如文天祥的庶几无愧、如邱淑容的无悔无憾。

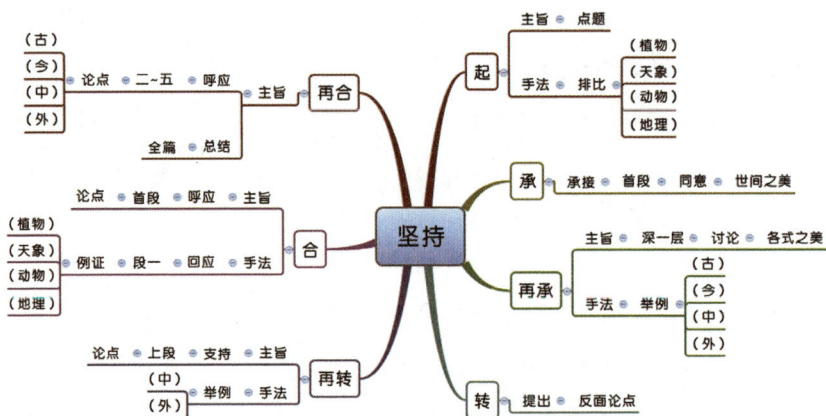

留下《惑》原文的结构与写作说明，改以《坚持》为题

作文写作

　　透过思维导图法解构优美文章的仿作练习，可以从中培养文章"结构组织"与"遣词造字"的能力。在"立意取材"方面，中学生基本能力测验推动工作委员会写作测验阅卷核心委员洪美雀在《基测写作测验评分规准暨相关说明》中明

白指出，取材必须更加真实、丰富、独特、创新；有心得、有感想、能思考、能反省；描写深入，从具体到抽象、从现在到未来、从自己到别人；以更开阔的视野转换角度或改变立场来思考；发为具体行动或提出可行的方法等，才能得到好成绩。为使学生更加清楚写作的要求，下列思维导图说明了作文评分标准四个向度的原则与特征。

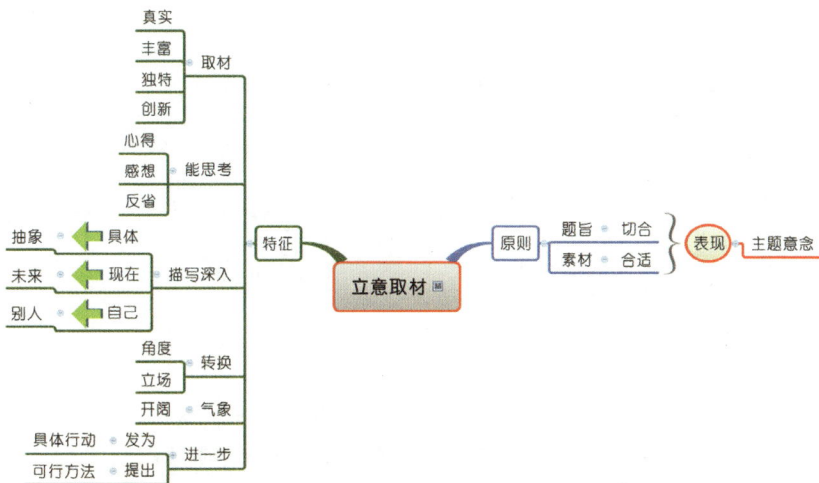

作文评分规准四个向度中"立意取材"的原理与特征

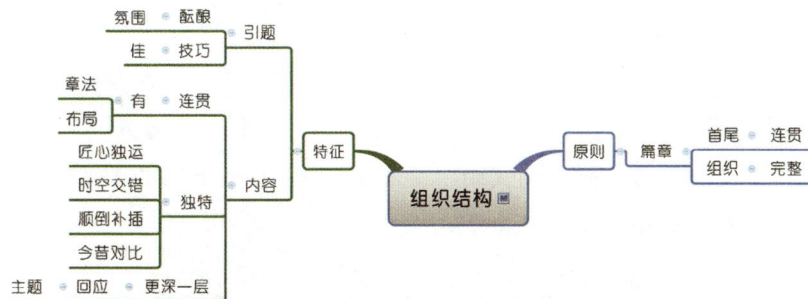

作文评分规准四个向度中"组织结构"的原则与特征

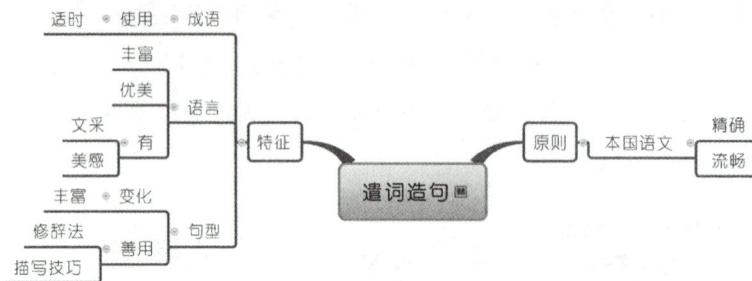

作文评分规准四个向度中"遣词造句"的原则与特征

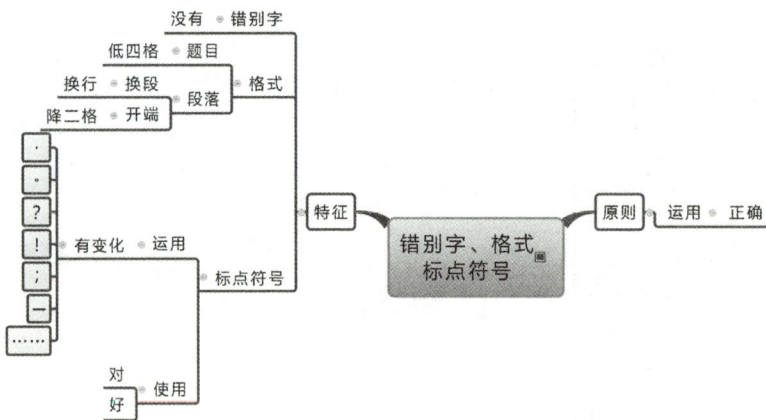

作文评分标准四个向度中"错别字、格式、标点符号"的原则与特征

从"立意取材"与"组织结构"的图中说明可发现，写作时若能进一步根据题目，运用思维导图法广度与深度的逻辑联想与自由联想来呈现联想的内容结构，不仅有助于"结构组织"，更能丰富"立意取材"的素材。避免写作时，想到哪里就写到哪里，太过随性的写作不叫做创意，这除了会造成前后不一贯的情况发生之外，也容易离题。谢美瑜在《思维导图法在初中语文读写教学上的应用》论文的研究结果也证实了思维导图法：

1.是一种系统化的知识管理，建构学习鹰架。

2.能帮助深入思考，增进理解、帮助记忆。

3.便于摘录重点，并可随时修正调整。

4.能够激发创意。

然而在不同文体结构的文章中，段落分类也会不同。初中运用思维导图法构思写作的学生，往往对于如何决定第一阶主干的大分类以及之后的次分类不知所措。师大王开府教授在《语文思维导图教学指引》（2008）中指出，针对不同文体，思维导图的结构"模块"如下：

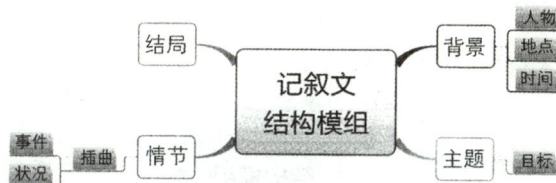

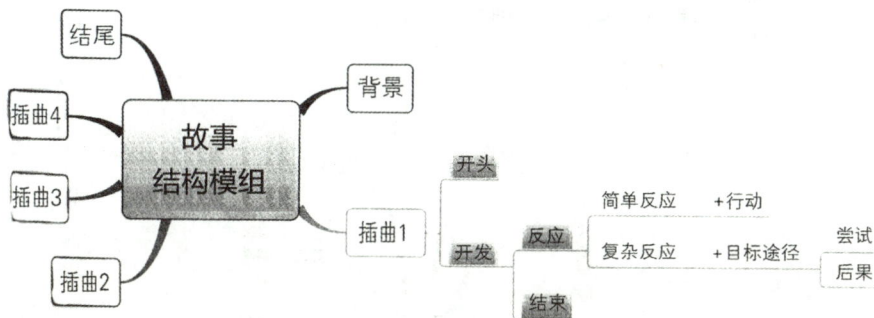

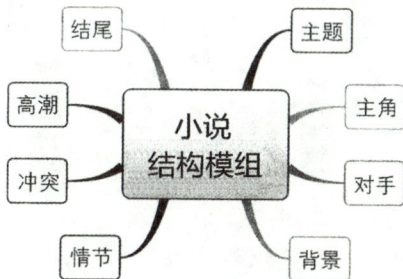

记叙文结构模组
- 结局
- 情节 — 插曲 — 事件 / 状况
- 背景 — 人物 / 地点 / 时间
- 主题 — 目标

故事结构模组
- 结尾
- 插曲4
- 插曲3
- 插曲2
- 背景
- 插曲1 — 开头 / 开发 — 反应 — 简单反应 +行动 / 复杂反应 +目标途径 — 尝试 / 后果 — 结束

小说结构模组
- 结尾
- 高潮
- 冲突
- 情节
- 主题
- 主角
- 对手
- 背景

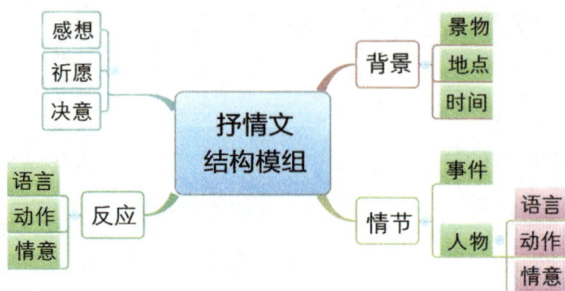

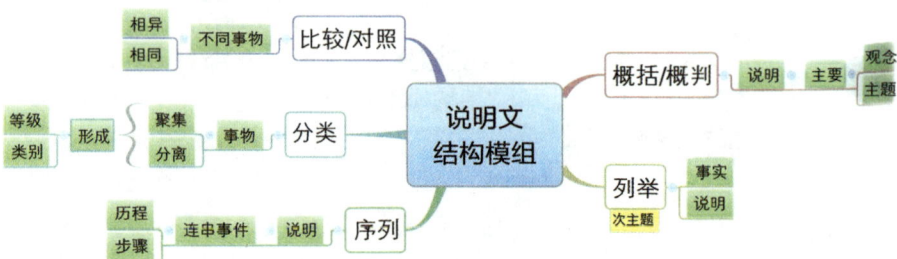

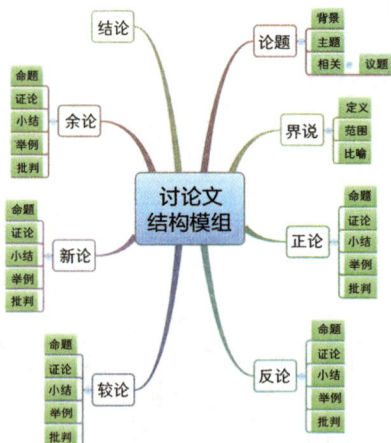

熟悉上述不同文体的分类结构，接着运用思维导图法来构思写作大纲，写作者很清楚知道自己即将写作文章的架构，这可培养厘清想法和整理资料的能力。经过不断练习，养成运用思维导图构思的模式，往后面对任何类型的写作，甚至是考试的场合，不见得一定要画一张思维导图的草稿，脑海自然而然就能根据题目浮现写作架构，让文章内容不仅切合题旨、素材，结构也会更加完整，段落清晰分明，内容新颖且前后连贯。因此，吕美香在《运用心智绘图提升小学高年级学童写作质量与写作态度之行动研究》论文的结论中建议，以思维导图取代文字大纲的写作教学方式是值得尝试的。

文章创作

文学作品是有生命的艺术，从创作的角度来看，文章本身应具有"美感"的外在形式，适切表达作者的内在情感与思想，并具有强烈的说服力，进而引发读者产生共鸣。因此，一篇好文章应具备真情、思想、风格、主题、简洁与细致等几项特质。为了让文章具备"美感"，从构思主题开始到情节、事件、角色安排，都少不了想象力的发挥；为达简洁、细致的特质，缜密的思考结构是必备要素。

思维导图法透过图像、色彩的运用，强调创意发想过程中尽情发挥想象力，并透过树状结构，有系统地展开文章创作的概念元素。例如：下图以一个调色盘为中心主题，代表着"创作"的含义，接着展开"题目"、"事件"、"剧情"、"地点"、与"人物"五大发想方向。

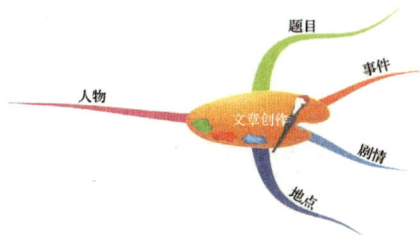

文章创作的思考大方向

接着从"题目"展开第二阶的"类型"、"灵感"与"名称";从"题目"的"灵感"与"类型"中的概念,可发想出各种天马行空的"事件";从众多"事件"中,选择适当的元素作为"剧情"的第二阶"开场"、"过程"与"结局"的架构;"人物"则是有"主角"、"配角"与"对手",他们的下位阶可以是这些人物的"背景"、"个性"、"任务"与"关系";"地点"这个主题之下,可以根据题目、事件或剧情的内容,展开有关联的地点,例如:"台湾"、"香港"与"上海"等。

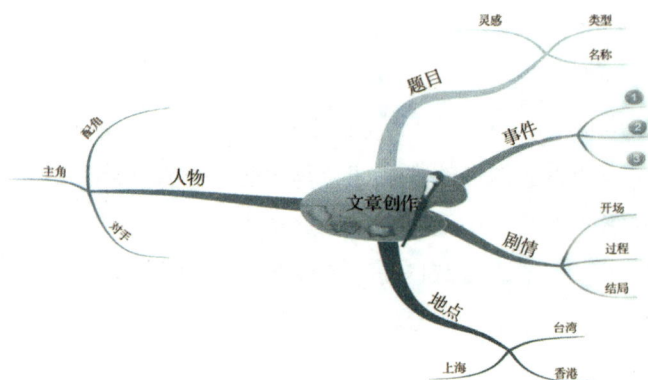

文章创作时,从大方向延伸到第二节的中方向

从每一个第二阶概念都可以衍生第三、四、五……阶的创意点子,例如:"题目"、"类型"可以是"励志";"灵感"可以来自"名人"、"林书豪"。最后发想完毕之后,再根据思维导图所联想出来的内容,当做立意取材与组织结构大纲的参考依据。

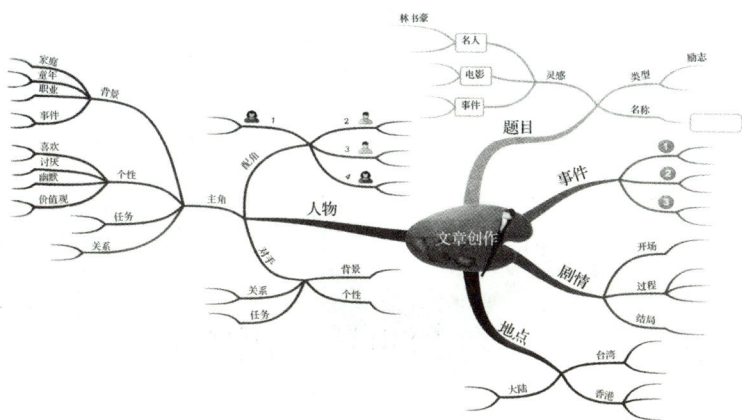

继续衍生文章创作的点子

第3节　写作计划与读书心得报告

写作计划

　　撰写报告是大学生、研究生必备的能力，一份好的报告必须从作者自身本体的内在关怀着手，并关注外在环境的关系，探究欲达成的实践目的，检视既有的文献资料来支持研究的论点，并采用适当的研究方法来执行。因此，从小培养写作能力有其重要性与必要性。

　　下页的思维导图是以小论文或期中、期末的报告为例。先从绪论中列出写作的目标，也就是撰写动机，并做出重点式的简短摘要；接着讨论与主题相关的各个议题，每个讨论议题都列出引言、论点，并做出重点小结；最后的结论以摘要列出讨论后的重点内容，并陈述获得的结论，最后提出个人见解为总结。

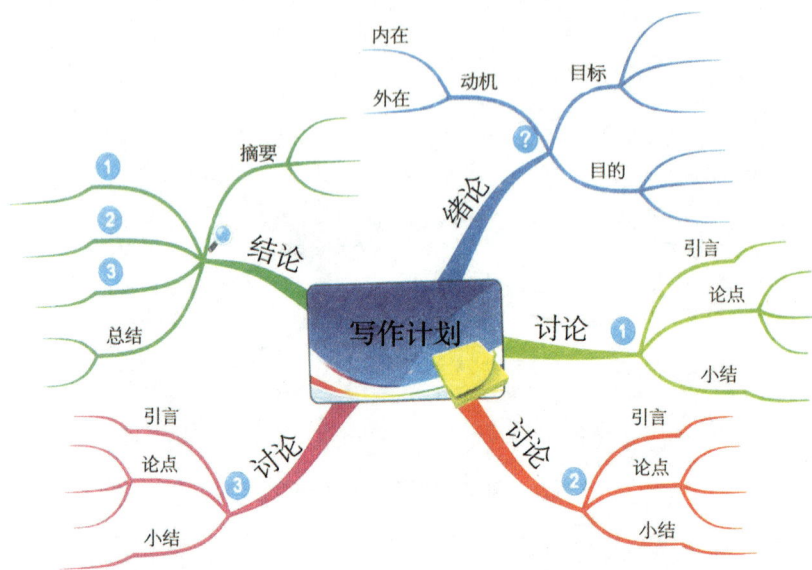

写作计划

读书心得报告

撰写读书报告不是东抄一句，西抄一句，而是掌握书中要义，再以自己的意思表达，重新组织文章的重点，并提出批判与反思的见解。因此，读书报告必须包含两大条件：有内容、有心得。

常见读书心得报告的类型有：

一、感发型：以个人的直觉写出对该书的印象与感受。

二、论述型：分析评论该书的内容旨趣、结构、重点、特色；个人的感发、体会书中的精神、论述，评论内容，并省思其内容可归纳成哪些重点、改变了个人哪些观点与体现哪些意义，并提出疑问与期许。同时可进一步探索与该书类似的书籍、影片或戏剧，或整理出书本中的一些佳句语录。

撰写读书心得的报告可运用KMST学习法模式，将书本内容的大意，扼要且有系统地整理、加以评论，并搜集、参阅与该书相关的资料，最后做出个人的省思。下图是论述型的读书心得报告思维导图，以此结构作为写作的思考方向，不仅可写出具有水平的报告，更可培养批判、反思的独立思考与后设认知的能力。

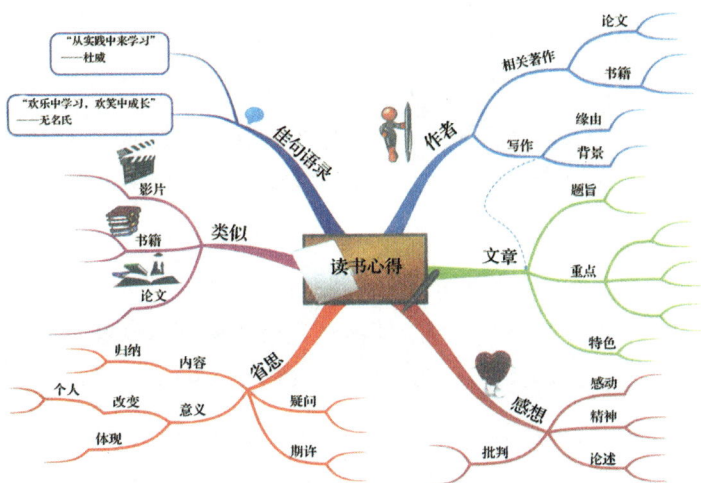

论述型的读书心得报告

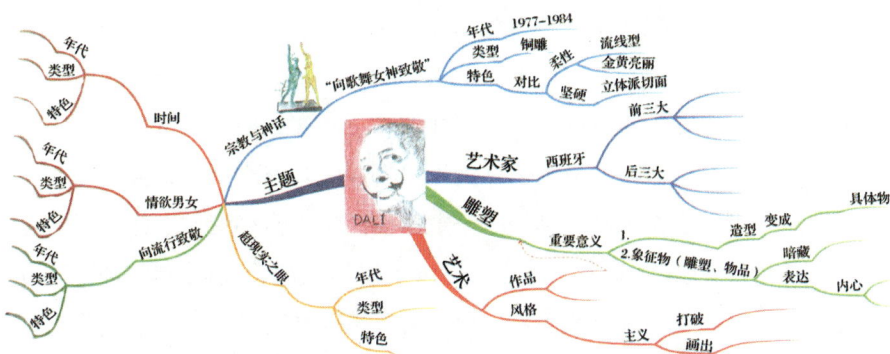

"2012疯狂达利超现实主义大师特展"校外教学思维导图学习单

第4节　校外教学与学习

　　广义的校外教学是指走出校园以外进行的教学活动，包括参访、体验学习和旅游；狭义的校外教学是指教师为了有效达成特定的教学目标，透过教学活动设计，引导学生在校外直接探索体验学习，以深入了解特定主题。

　　然而实际现况是，学童大多疲于在教学参观后书写教师或参观场所设计的学习单。梁美贵在她做的行动研究中指出，在校外教学运用思维导图法，学生皆能达到好的学习成效，并且觉得学习活泼、轻松、有趣。

　　俄国教育心理学家维果斯基的鹰架理论也说明了，老师若能给予有系统的引导或关键性指导，学生较容易超越原来的认知层次。思维导图就像一张"知识导览地图"，让学生在校外教学前，就能有系统地了解即将学习的主题，在学习过程中能依照老师的规划掌握学习方向，透过判别、选择、组织的方式将知识建构起来，能有效理解学习内容。因此，思维导图法能呈现思考与理解结果，完全符合建构主义者强调的"有意义的学习"。

　　189页下图是带领小学学童做"2012疯狂达利超现实主义大师特展"校外教学的思维导图学习单。教师根据该次学习的目标，列出系统化的结构，并预留空白线条，让学生在参观过程中自行寻找答案。同时，在需要学生自己探索主题式知识时，先给予范例让学生模仿。例如：特展中有五个主题，教师先在"宗教与神话"这个主题上做示范，其他四个主题则由学生自行写作。这张思维导图我画了达利的脸部为中心主题，对记忆是蛮不错的做法，可以让我们一开始就对这张思维导图要代表的主题有深刻印象，尤其是他的翘胡子，更能联想到达利的疯狂。接着就各个主题画出代表作品的图，也能达到强化印象的效果。

　　参观展览完毕后，立即由每一位同学轮流分享他的思维导图学习笔记。一方面可以马上确认记录的内容是否正确，再则可复习刚刚参观时学到的新知。

　　在带领学生参观画展之前，可先透过思维导图掌握作者的背景与作品元素，让没有接受过美术专业训练的学生，也能享受欣赏美术作品，甚至在参观后，也能模仿画家使用到的元素，自行创作类似作品。虽然水平还有努力的空间，学生却能从过程中培养美学素养。

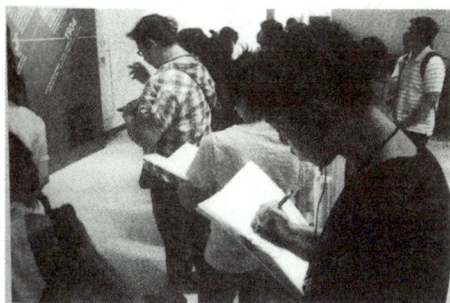

校外教学：记录导师的讲解重点

校外教学：做参观内容报告并复习重点

校外教学：整理参观的内容重点

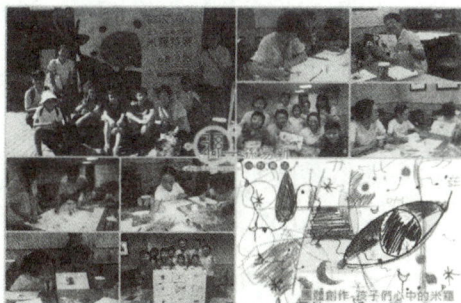

模仿米罗画作中使用的元素，团体创作的过程与作品

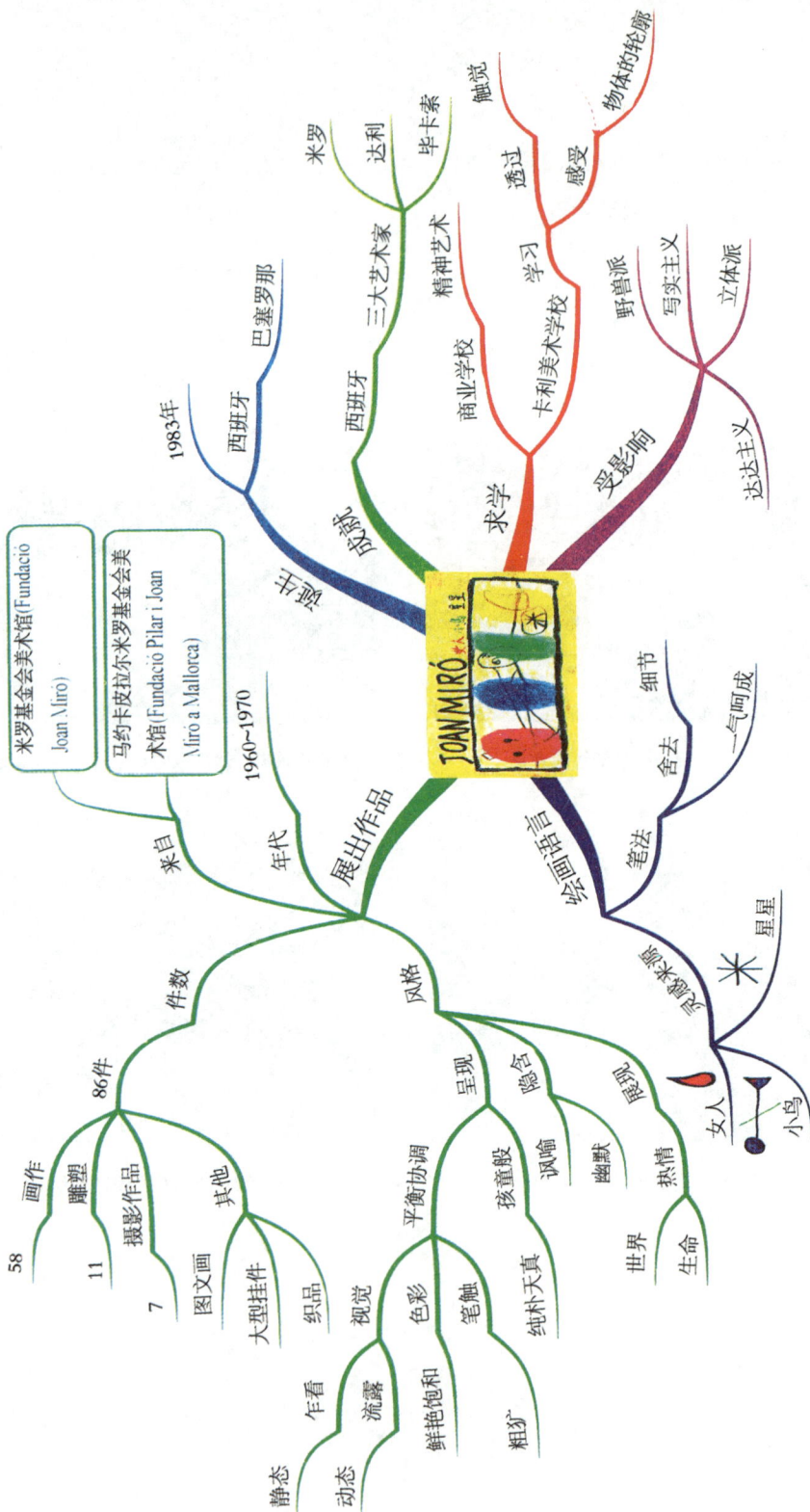

校外教学参观前预习思维导图 "2013米罗特展"

触觉
感受
透过

物体的轮廓

毕卡索
达利
米罗

三大艺术家

巴塞罗那

西班牙

西班牙

故乡

1983年

出生

米罗基金美术馆(Fundació Joan Miró)

马约卡皮拉尔米罗基金美术馆(Fundació Pilar i Joan Miró a Mallorca)

来自

年代

1960~1970

展出作品

件数

86件

画作
58

雕塑
11

摄影作品
7

其他

图文画
织品

大型挂件

视觉

平衡协调

色彩
鲜艳饱和

笔触
粗犷

乍看
流露

静态
动态

纯朴天真

孩童塗鸦

讽喻
幽默

世界
生命

热情

呈现

隐含

展现

风格

绘画语言

笔法
舍去
一气呵成

细节

女人

小鸟

米
星星

精神艺术

卡利美术学校

商业学校

求学

学习

受影响

野兽派

写实主义

立体派

达达主义

JOAN MIRÓ

米罗艺术

第14章
超强记忆力

如何记得多、记得久呢？这与学习时是否善用听、看、说、做，以及正面积极的情绪等增强记忆的因素有关。博赞指出，唯有融入五官感觉、以正面积极的态度提升学习兴趣、采用联想方式，才能有效强化记忆效果。

美国田纳西州的海格伍德（Scott Hagwood）在36岁时发现自己罹患甲状腺癌，为了对抗放射线治疗对大脑细胞、记忆力的损伤，他决定采取行动抢救自己的记忆力，其中关键就是采用博赞《运用完美记忆》（*Use Your Perfect Memory*）一书中建议的记忆技巧。后来海格伍德不但没因为放射线治疗造成的大脑损伤产生后遗症，记忆力反而比以前更好，连续参加四届美国记忆力竞赛均获得冠军。

由于我从小喜欢做白日梦、爱幻想。1994年参加考试院举办的证照考试时，就是以情境画面的方式来记忆枯燥课本内容与法律条文。例如：考试看到题目时，只需从脑海中回想可以用"影片"中哪个片段来回答。我用的这个方法，已经帮助许许多多的学生通过公务人员的国家考试以及研究所的入学考试。本章中将以实际案例配合理论讲解，让大家掌握超强的记忆力技巧。

本章将以实务操作的记忆术取向，先介绍提升记忆力的基本条件，然后介绍空间位置记忆的挂钩法与情节记忆的联想法，接着解说对学习有相当帮助的思维导图记忆法。最后再说明数字记忆的技巧，并带领大家玩几个有趣的记忆游戏。

第1节　提升记忆力的基本条件

点亮记忆力一点灵

曾经有一位家长带着她自认为记忆力很差，目前就读小学的孩子来找我，希望我能帮忙训练她家孩子的记忆力，以挽救几乎无可药救的成绩。我询问一下她的孩子平常喜欢从事什么休闲活动，答案与大部分的孩子相同，就是玩计算机游戏。于是我就跟她的孩子聊起游戏内容，这时她的小孩以兴奋的口吻告诉我游戏中每个人物的角色名称、特性，战斗力、防御力的数值，宝物的名称、价格等，我听了之后只能用"佩服"来形容。于是我回头问他母亲，这样的小孩叫做记忆力不好吗？但是这位家长还是很疑惑地问，为什么学校的功课却背不起来呢？因为影响学习记忆的最大关键之一在于"兴趣"，有兴趣的事情才能提升专注力，专注力能集中，就不容易分心，记忆效果才会好。因此，提升记忆力的第一个基本条件就是培养对学习科目的兴趣。换句话说，就是要不断思考为何要学习这个东西？找出它对我的意义何在？学了之后对自己的利益、好处是什么？

影响记忆力的三颗心

你觉得自己的"记忆能力"如何？在说明提升记忆力的基本条件前，请很直觉地先回答下列这个自我评量：

◎觉得自己目前"记忆能力"如何？请标示◆

◎希望自己未来"记忆能力"如何？请标示Ｖ

◎觉得亲朋好友"记忆能力"如何？请标示★

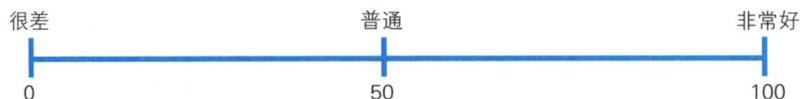

你觉得自己的记忆能力比别人好吗？如果是的话，恭喜你！因为你的记忆能力是否真的比别人好并不重要，重点是你对自己有信心，"自信心"是提升记忆力的第一个基本条件。

接着，你希望自己未来的记忆能力是否比现在还要进步？如果有的话，再度恭喜你！因为，"企图心"是提升记忆力的第二个基本条件。最后，你希望自己未来的记忆能力是给几分呢？如果你的要求是100分，你将成为记忆达人。因为，你是否真的能够达到100分也不重要，关键是你愿意追求完美，朝此目标努力不懈。所以，提升记忆力的第三个基本条件就是"坚持心"。

提升记忆力五要素

提升记忆力是大多数人共同的期望，难道我们的记忆力真的那么差吗？不妨先来做个小测验。请先按照编号顺序阅读下列30项物品名称，再翻到下一页凭印象写出答案。

01	茶杯	16	汽车
02	西瓜	17	小狗
03	计算机	18	钢笔
04	猴子	19	照片
05	火箭	20	饼干
06	钢笔	21	飞机
07	梳子	22	火柴
08	面包	23	磁铁
09	恐龙	24	皮鞋
10	眼镜	25	钢笔
11	Book	26	袜子
12	钢笔	27	钞票

13	巫婆	28	领带
14	报纸	29	电灯
15	地图	30	太阳

根据阅读前一页的印象，请按照顺序把答案填写在适当的空格。

01		16	
02		17	
03		18	
04		19	
05		20	
06		21	
07		22	
08		23	
09		24	
10		25	
11		26	
12		27	
13		28	
14		29	
15		30	

不管你能写出几项，写好之后翻回前一页去对一下答案，看看你答对了哪几个项目。

根据我多年的教学经验发现，测验出来的结果符合第3章探讨的相关记忆理论的研究结果，也就是下列五大原则：

一、初期效应：刚开始几个项目记忆效果最好，例如记住了："茶杯"、

"西瓜"、"计算机"、"猴子"、"火箭"等。

二、近期效应：最后几个项目记得会比中间部分好，但还是比不上初始几项。例如记住了："太阳"、"电灯"、"领带"等。

三、关联原则：内容与自己的兴趣、经验、时事等能够联想在一起的记忆效果也不错。例如记住了："皮鞋"与"袜子"（项目之间有关联）、"计算机"（与每天的工作有关联）、"钞票"（与兴趣需求有关联）等。

四、特殊原则：比较不一样的项目也能强化记忆效果。例如记住了："Book"，因为只有这一项是英文字，记住了"恐龙"，因为已经不存在这个世界了。

五、重复原则：孔夫子在《学而篇》第一句话就明白指出"学而时习之"，这充分说明了"重复"或"复习"对记忆的帮助。因此，我相信你一定能记住"钢笔"这个项目，对吗！

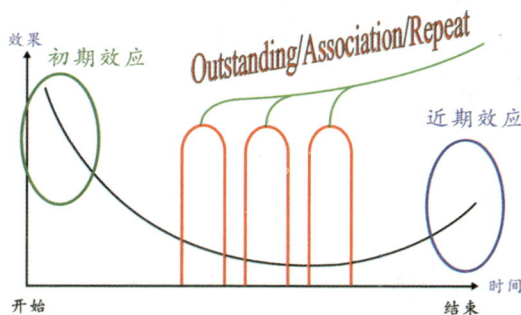

提升记忆力的五大要素

训练记忆力的七种生活习惯

1452年诞生于意大利一个小村庄的达·芬奇，一辈子没有上过学校读书，但其一生却有着非凡的成就，不仅在大家所熟知的艺术领域，也在工程、数学、机械与解剖学方面有傲人的表现。这当然与他的学习能力、记忆力有关。被誉为大脑先生的博赞自称其所创立的思维导图法受达·芬奇的影响甚深；国际知名潜

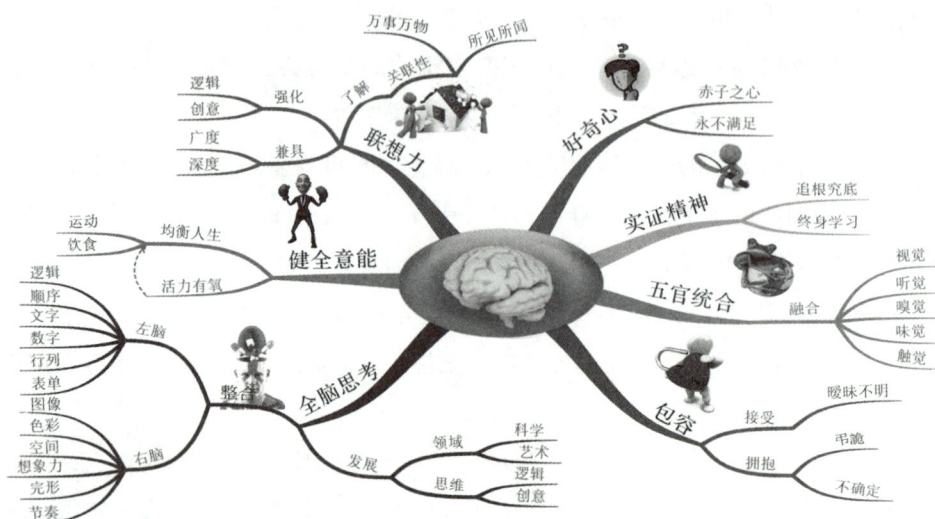

提升记忆力的七种生活习惯：像达·芬奇一样思考

能开发大师葛柏为了准备1994年春天在意大利佛罗伦萨总裁协会演讲"如何像达·芬奇一样地思考"，于是展开一趟达·芬奇的朝圣之旅，研究大师的作品，并探讨了许多相关文献之后，他归纳出造就"天才中的天才"的七大生活习惯，分别是：（一）孩童般的赤子之心，永不满足的好奇心；（二）对任何事情追根究底，到临终之前都还在研究、学习的实证精神；（三）锻炼五官感觉的能力，追求栩栩如生的经验；（四）愿意接受暧昧不明，拥抱吊诡与不确定的包容心；（五）均衡地融入整合左右脑心智能力，在科学与艺术、逻辑与创意之间平衡发展；（六）经由均衡饮食与运动，让生活有氧，培养出优雅的风范、灵巧的双手、健美的体格，与落落大方的态度；（七）了解万事万物与所见所闻的关联，强化逻辑与创意的思维，并培养兼具广度与深度的视野。

以上提出的"一点灵、三颗心、五要素、七习惯"是提升记忆力的几个基本条件，我们结合广告常运用的S.H.E.三大原则：（一）S：性的隐喻或性的幻想（sexual）；（二）H：幽默（humor）；（三）E：夸张（Exaggeration），归纳出"九阳神功"记忆法则，兹说明如下：

一、重复：要不断复习重点。

198

二、正面积极：思考所学的东西对自己的好处，如何运用到生活当中。

三、五官统合：如身临其境般看到、闻到、听到、尝到、摸到需要记忆的内容。

四、头尾效应：每一次读书时，把特别需要记忆的重点放在开头与结尾的有效记忆区段，而且每次读书的时间不宜过长，约30分钟左右就要有规律地休息片刻，以创造出更多初期效应与近期效应。

五、关联性：把要记忆的内容串成一个有关联的故事、与国内外重大事件结合，或是与自己的兴趣、工作、休闲等联想在一起。

六、夸张：夸张的事物往往会提升注意力，记忆效果也会增强。

七、特殊性：对于不寻常的事情会引发警觉性，印象也跟着强化。

八、性的暗示：每个人都喜欢俊男或美女，甚至会有性幻想，带有性暗示的信息往往吸引我们的目光，这也就是为什么车展、计算机展都会找一群漂亮辣妹来帮忙促销。

九、幽默：每个人都喜欢听幽默的笑话，幽默是化解尴尬、冲突的润滑剂，可以让我们放轻松，提升学习效果。

只要能掌握本节归纳出来的"九阳神功记忆法则"，并在生活中贯彻实施，记忆达人就非你莫属了。

第2节　空间记忆：挂钩法

挂钩法是利用某一个空间里的物品当做记忆挂钩，来记忆大量的数据。常见的方法有罗马房间法、汽车空间法、身体挂钩法等。世界第一位在脑力奥林匹克记忆力竞赛中夺得冠军的欧布莱恩（Dominic O'Brien）就是运用这项技巧。本节将说明罗马房间法与身体挂钩法的使用原则与技巧。

罗马房间法

一种缘起于古罗马的视觉图像记忆术，透过将所要记忆的事物分别与某一个场所事先编好顺序的各个位置链接、联想在一起，往后就可利用这些位置作为回忆线索，把这些事物回忆出来。这个方法也称为"场所记忆法"或"位置记忆法"。

据公元前一世纪罗马哲学家西塞罗的文献中所记载，罗马房间法最早出现在公元前500年左右，由希腊诗人西莫尼德斯（Simonides）发明。有一天西莫尼德斯在宴会中吟诗赞颂他的主人斯科帕斯（Scopas），就在宴会结束西莫尼德斯离开之后，宴会厅的屋顶突然坍塌，压死许多宾客。所有尸体被压得血肉模糊，连家人都无法辨认。但是西莫尼德斯记得每一位来宾坐的"位置"，因而顺利协助家属指认尸体。事后西莫尼德斯认为若能透过想象力，把要学习记忆的内容与某个特殊"位置"链接在一起，将使记忆变得更加容易，进而发明了罗马房间法。

从此之后，古罗马元老院的长老为了准备演讲或参与辩论，必须记忆大量数据、数据与法典的时候，纷纷运用这一套能够精确记忆大量数据的记忆技巧。当时罗马人就发现，家里的家具比较不会随意移动，如果以它们作为记忆的媒介，把需要记忆的事物与这些家具联想在一起，记忆效果非常好。

于是，罗马人将屋子从大门到房间的每一个角落，选定出特定家具，编上顺序号码当做记忆挂钩，与要记忆的事物扣在一起。罗马房间法是一种运用到空间概念、逻辑顺序，以及五官感觉来强化记忆效果的技巧。

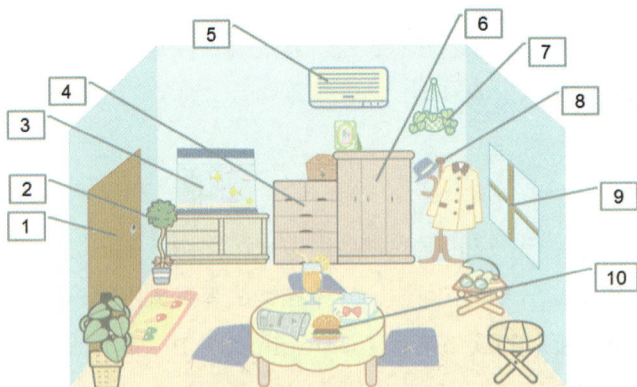

罗马房间法的记忆挂钩

这种技巧同时运用到左右脑心智能力。除了右脑的想象力、色彩画面之外，挂钩的设计必须井然有序、精确无误，则是属于大脑皮质层左侧的功能。

设定罗马房间法记忆挂钩的原则是：

一、选择自己熟悉的环境或房间。

二、沿着自己习惯的方向、动线，给房间中原有物品编上顺序编号，作为记忆的挂钩。

三、选择不会随便移动，且能在脑海清晰浮现的家具物品作为挂钩。

四、选择自己喜欢的家具物品为挂钩。

五、不同的房间也要采用相同的方向来设定挂钩编号。

六、避免采用相同的物品做挂钩。

七、刚开始练习时，每个房间的挂钩数量不要太多，等熟悉此一技巧时再逐渐增加数量。

然后发挥你的想象力，融入五官的感受，如同虚拟情境的方式，配合夸张一点的方式，把要记忆的事物按照顺序分别挂到挂钩上。汽车挂钩法也是同样的道理，只是限定在比较小的空间，原理技巧与罗马房间法相同。

你可以分别先从家里的客厅、厨房、餐厅、浴室、卧室每一个地方都编上十个挂钩，这样就有了五十个记忆媒介，由于每一个小房间、小区域都可以独立记忆，这样就能轻轻松松记住五十项东西。这也是一种把要记忆的大量信息分成若干小群组来个别记忆的方式，可有效突破大脑记忆数量7±2的限制。

请试着把下列十项物品挂到你已设计好的家中客厅十个挂钩上面，看看是否能顺背、倒背，与任意抽背都能正确无误说出答案。

1.鼠标　　2.梳子　3.苹果　4.手机　5.茶杯

6.棒棒糖　7.课本　8.皮鞋　9.眼镜　10.飞机

身体挂钩法的二十个记忆挂钩   把要记忆的东西挂在挂钩上

身体挂钩法

　　如果要记忆的东西数量没那么多，可以使用罗马房间法的简易版，也就是身体挂钩法。这方法同样是运用到空间概念、逻辑顺序，以及五官感觉来强化记忆，但是简易方便多了。身体挂钩法也是培养日后要记忆思维导图内容的基础功夫。

　　身体挂钩法的挂钩编号是要按照身体位置的顺序，由上到下或由下到上来编出挂钩的顺序。然后发挥想象力，融入你的五官感受，方式可以夸张一点，把要记忆的事物挂到挂钩上。 请先熟悉身体左右边各十个挂钩的位置，请家人或同事任意写出二十项物品名称，然后试着将这些物品按照顺序挂到身体的每一个挂钩上，你将会很惊讶地发现，自己的记忆力在刹那之间突飞猛进，不仅可以顺背，也可以倒背、抽背。

　　经常练习身体挂钩法的记忆技巧，可以锻炼出空间感的记忆能力。往后我们完成一张从中心向四周发散的思维导图笔记，就可以很容易地记住在中心主题的右上、右中、右下、左上、左中、左下的位置分别记录了哪些信息。以上罗马房间法与身体挂钩法，对应到思维导图当中BrainBloom所展开的各个树状结构主题，属于两大快速记忆技巧"空间记忆"与"情节记忆"中的"空间记忆"。

第3节　情节记忆：联想法

爱因斯坦曾经说过："想象力比知识更重要。"想象力是良好记忆力的先决条件。因此，要训练记忆力就得先培养想象力，接下来是几个对提升记忆力有帮助的想象力练习。

图（心）像联想练习

进化中的人类一直是视觉思考的动物。几千年前文字发明之后，人类开始依赖文字，甚至贬抑图像表达方式，这从1950、1960年代不准学生看漫画、课本鲜少有插图，到现在考试卷还是条列式的文字，就可以看出端倪。

现在的孩子幸福多了，不仅书本充满了与课文内容相关的插图，生活中各种机器设备的操作接口也都是图像。图像可以帮助记忆已经是不争的事实，现在就让我们展开一场"漫画之旅"吧！

一、随意找几个或写下几个物品、人物、动物、植物等名称，例如：铅笔、汽车、苹果、邮差、小狗、玫瑰花等。刚开始练习时只要选择一项，然后慢慢增加数量。闭上眼睛发挥想象力，让这些物品的画面在脑海里清晰浮现，接着让它变大、变小，拉近、变远、左右旋转、翻转，改变颜色，扭曲变形。

二、找一首歌词或一首诗，例如：床前明月光，疑是地上霜；举头望明月，低头思故乡。尽量在脑海想象并浮现每一句话的画面，经常不断重复类似的练习，让我们随时看到文字就能出现画面，听到歌词就出现情境。

故事联想练习

小朋友都很喜欢听故事。文字还没发明之前，没有自己文字的民族要传承知识，就是以故事的方式代代相传。讲故事、听故事是人类的本能，透过故事来联想一些事物，是一种有效的记忆方法，这方法也称之"两两相连法"。

例如，要记住发源于青藏高原的长江流经的主要地区（依序是青海省、西藏自治区、四川省、云南省、湖北省、湖南省、江西省、安徽省、江苏省与上海市），编故事首先要从主题"长江"开始，否则背了半天却不知是哪一条江、哪一条河就麻烦了。

故事可以这样开始："长江"一号情报员在"青海"牧羊归来途中，跑去"西藏"参观布达拉宫，两人一起去"四川"看变脸，一不小心跌了一跤，赶紧服用"云南"白药，这种药从"湖"的"北"边到"湖"的"南"边都有在卖，买了药之后装到"江西"景德镇购买的瓷瓶里，在瓶子上"安"置一个驰名品牌的"徽"章，拿到"江苏"南京中山陵祭拜孙中山先生，当然最后别忘了到"上海"看世界博览会。

前缀联想练习

故事联想法确实好用，但是总觉得还是太冗长了一点，能否精简一下记忆的内容呢？答案是肯定的，而且方法大家也不会陌生，就是前缀联想法。"前缀"是头字语、缩略字的意思，也就是每一个语词的第一个字。我们把要记忆的事物名称都取其第一个字，再利用意义或谐音来记忆。例如，时间管理的SMART原则，SMART是聪明机灵的意思，做好时间管理当然要聪明机灵。记住SMART之后，接下来就是知道每个字母代表的意思。S代表Specific（明确的）；M代表Measureable（可衡量的）；A代表Achievable（可达到的）；R代表Realistic&Result（实际结果的）；T代表Time（时间表）。

如果要记忆的东西有顺序性，第一个字母排起来又不具有意义的话，可以用每个第一个字母重新定义一个语词，然后编成较容易可视化的画面来记忆。例如，太阳系八大行星从距离太阳最近到最远的行星分别是：Mercury、Venus、Earth、Mars、Jupiter、Saturn、Uranus、Neptune，我们取每个单字的第一个字母"MVEMJSUN"，这九个字母不具有意义，因此重新定义为"My Very Energetic Mother Just Serve Us Nut"就变成一个有意义的句子，在脑海中也很容易出现"我那非常有活力的妈妈正在准备给我们九个比萨"的画面。根据脑海中这个画面，就可以写出"My Very Energetic Mother Just Serve Us Nut"，再从每一个单字的第一个字母"MVEMJSUN"写出八大行星的名称。

再举一个例子：英文中有所谓字母替代法，称为"格林法则"，意即同一群组的字母在英文单字中经常可以彼此替代。除了元音"a,e,i,o,u"彼此可以代换、扩张与压缩之外，格林法还有四大群组，每一群组内的字母也可以代换。四大群组分别是：

th,ch,t,d,s,g

r,l,m,n

m,w,v,u

m,f,p,v,b

如果要死背一定很痛苦，不妨采用前缀联想法，把每一个字母扩张成单字，整个群组就变成有意义的句子，就很容易记忆了。以下是我自己编的短句，你也可以发挥想象力，自己编编看，这时可以不用太在意文法的正确性，只要能记住每个群组有哪几个字母就好。

th,ch,t,d,s,g: the Chinese teacher do something good.

r,l,m,n: read loving morning news.

m,w,v,u: my watch very unique.

m,f,p,v,b: most farmer plant variety banana.

前缀联想法应用在中文也是一样的情况：把每一个语词的第一个中文字排列成可以意义化或透过谐音来帮助记忆。例如，欧盟二十七国分别是："希腊、西班牙、爱尔兰、爱沙尼亚、荷兰、斯洛伐克、斯洛文尼亚、葡萄牙、瑞典、法国、拉脱维亚、立陶宛、比利时、塞浦路斯、德国、丹麦、芬兰、保加利亚、罗马尼亚、奥地利、意大利、马耳他、英国、波兰、捷克、匈牙利、卢森堡"。撷取每个国家的第一个中文字"希西爱爱荷斯斯，葡瑞法拉立比塞德丹芬，保罗奥义马，英波捷匈卢"，再经由谐音编成有意义的短故事："西西（达文西的昵称）很爱很爱喝斯斯饮料，比赛开始Play（葡瑞），法拉利跑车比赛（塞）得到单分（丹芬），保罗先生坳（奥）朋友一（义）匹马，用音（英）波去拦截（捷）来犯的匈奴（卢）"。

运用前缀联想技巧的时候，首先要能够熟悉并记住每一个单字语词是什么，否则只知道第一个英文字母或第一个中文字，却无法说出完整正确的内容，那就白忙一场了。

以上联想法对应到思维导图中则是思绪飞扬的概念，属于两大快速记忆技巧"空间记忆"与"情节记忆"中的"情节记忆"。

第4节　思维导图记忆法

阅读完一篇文章之后，你是否有个印象，某个标题、图表或插图出现在书本某一页的左上、左中、左下、右上、右中，还是右下的位置；听过一个故事或看完一部电影，对内容是否印象深刻。很惊讶吧，这就是空间位置以及图像与故事对记忆效果的帮助，这也是前两个小节介绍的方法："空间记忆"与"情节记忆"。记忆思维导图的内容也要充分运用到图像、色彩、空间与情节联想的技巧。

接下来先就如何培养空间、图像的记忆力练习说起，接着说明记忆一张整理好的思维导图笔记的步骤。

锻炼记忆力的方法

一、拿出不同的照片（或图片），先仔细观察后闭上眼睛，试着回忆画面的内容，越完整越好。然后睁开眼睛再看一下照片，看看刚才的回忆是否正确，如有错误，瞧个仔细之后，再次闭上眼睛，重新回忆。也可以在生活情境中练习。例如，在一家餐厅用餐时，仔细观察眼前的事物，然后闭上眼睛回忆刚才看到的人物、衣着、桌椅、餐具，以及各种摆饰等。练习时要注意，脑海中除了清晰浮现每个东西的形状之外，也要能出现颜色。这个练习不仅可以训练图像、空间的记忆能力，也能培养专注力与想象力。

二、以挂钩法和联想法为训练基础。挂钩法对于养成空间记忆能力相当有帮助，思维导图中不同信息、图像，是以360度的方式围绕分布在中心主题图像四周不同的位置，运用挂钩法培养的能力，可以有效记忆这些分布在不同位置的重点内容。联想法则有助于记忆有前因后果的信息，思维导图中的信息是以树状结构以及网状脉络组成，均有其分类结构、从属关系或因果的关联性。因此，为有效记忆一张整理好的思维导图，常多多练习挂钩法与联想法是不可缺少的功夫。

记忆的实际应用

为了准备考试、商业简报，我们把内容整理成容易理解的思维导图之后，还是有记忆的必要，这时候的步骤如下：

一、从思维导图的中心主题图像记忆主题，强化整体内容的概念。

二、运用挂钩法的空间记忆技巧，记忆所有主干上的关键词，先记住大类别，以掌握思维导图内容的大方向。

三、依照顺序，从第一个主干开始，记忆其后树状结构支干的所有内容，只要是有分中类、小类的信息，都以挂钩法的空间记忆技巧配合情节式记忆，先记忆所有的类别内容，然后再以情节式记忆的联想法记忆类别之后的内容。全部记完之后，试着在不看原稿，快速地把刚才记忆的内容重新画成一张思维导图。

四、接着以上述方法，陆续完成思维导图中其他各个主干之后的支干内容。

五、以照相记忆的方式，让思维导图的内容可以清晰浮现在脑海。

六、如果发现有些地方实在不容易记忆，可能是因为信息太简略或信息过于繁杂，这时就有必要略微调整下思维导图的结构，或是在关键概念的地方加个能产生联想的图像来帮助记忆。往后只要有机会就拿出你的思维导图学习笔记，用自己的表达方式分享给学习伙伴，也可以借由经常复习，以强化对书本（或文章）重点内容的记忆效果。

第5节　数字记忆技巧

记忆社会科的历史年代、河流长度等，往往是许多学生的梦魇。没错，数字比较难记忆，因为它本身代表量的大小、时间先后，不具有帮助记忆的条件。但我们可以将数字转化成具象事物来帮助记忆，例如：形状法、谐音法与意义法。西方国家还常用一种英文字母发音法，以英文子音十种发音来代表0至9十个数字，再由子音的发音搭配元音编成一个英文单字来记忆数字。本节将介绍如何透过形状法、谐音法、意义法与英文字母发音法来记忆数字。

数字形状法

你听过幼儿园小朋友朗朗上口念着"铅笔一、鸭子二、耳朵三、帆船四、勾勾五"吗？这是一种根据阿拉伯数字的形状，联想它的形状很像什么东西。把需要记忆的数字转化成物品，然后编成一个短故事来记忆。

0到9这十个数字分别可以用形状类似的物品来代表，如213页表是个简单范例，你还可以发挥想象力，列出更多物品来联想这些数字。例如数字1可以用竹竿来联想，数字11就是一双筷子；耳朵可以联想到数字3，天上的飞鸟也很像数字3；数字5可以用钩子、轮椅来联想；数字7可以用手枪、拐杖来联想；数字9可以用气球来联想等。最重要的原则是，这些数字形状联想的东西必须跟自己的生活经验有关，才会比较好运用。

如果要记忆台湾气象局地震查询电话"2349–1168"，可以想象成"地震发生时，一只鹅（2）蒙住耳朵（3）跑到帆船（4）上面，点亮台灯（9），拿出一双筷子（1）（1）当成双手，头顶着樱桃（6），把自己假扮成雪人（8）"。

0		球
1		铅笔
2		鹅
3		耳朵
4		帆船
5		萨克斯风
6		樱桃
7		吹风机
8		雪人
9		台灯

数字形状法对照表

数字谐音法

买车子要挑车牌号码，申请电话要挑中意的号码，不外乎两个原因，第一是避免念起来不太吉利，第二就是容易记忆，尤其是第二项"帮助记忆"。的确，每个数字念起来的发音会很像某件事物，这个技巧对记忆数字有很大的帮助。大多数人在没有特别训练的情况下也会使用这个技巧，这就是数字谐音法。

0到9这十个数字的谐音运用，可以采用华语也可以是闽南语、客语、粤语，只要自己熟悉并确定即可，但是要避免用一件东西来代表不同的数字。例如"溜溜球（Yo-Yo）"谐音可以是代表"669"，但在形状法的地方，它也可以是"0"也可以是"6"，像这样容易造成混淆的东西就避免使用。

电视广告上常见到利用谐音来帮助观众快速记住厂商电话号码。例如几年前有一个电话号码是"2882-5252"，谐音很像"饿爸爸饿，我饿我饿"，还有印象吗？

数字意义法

每个人都有不同的生活经验，例如：生日、结婚纪念日、学号、座号，这些数字对自己而言都有特殊意义，已经牢牢记在脑海里。当我们必须记忆新数字时，可以去链接已经深植脑海的数字，产生意义，对记忆也相当有帮助。

数字意义法应用在记忆年代日期特别有用。例如要记忆："中华人民共和国人民志愿军在完成抗美援朝任务后，撤出朝鲜的年代"。对我而言，只要记住是在我出生那一年即可，就是1958年。美国、加拿大与墨西哥签署北美自由贸易协议正式生效是在1994年，我在那一年担任了青商会的会长。

从上述两个例子可以看出，数字意义法非常个人化、带有个人感受，也就是因为如此能产生强化记忆的效果。当然，有些数字代表的意义大家都能理解，例如：9·11是纽约遭受恐怖攻击的日子、9·21是台湾大地震的日子，以及各个重要的庆典节日。

数字	子音	数字	子音
0	s，z，轻音c	5	L
1	d，t，th	6	j，sh，dg，轻音ch，轻音g
2	n	7	k，ng，qu，重音ch，重音g
3	m	8	f，v
4	r	9	b，p

英文字母发音法对照表

英文字母发音法

西方国家常用英文子音十种发音来代表0到9十个数字，再由子音的发音搭配元音及W、H、Y编成一个英文单字来记忆。也就是说，用英文子音分别代表0到9；五个元音A、E、I、O、U及W、H、Y没有相对应的数字。

例如：Day代表数字1，Dad代表数字11，Rainbow代表数字429。如果有一串数字是"1823282214"，可以写成这样一串单字"dove（18）name（23）navy（28）nun（22）tire（14）"，然后编成小故事："鸽子的名字叫做海军，旁边有个尼姑拿着轮胎。"请注意，要背英文并念出发音"dove name navy nuntire"，不是背中文内容喔！回忆时，根据这五个英文字的发音，就可以正确写出相对应的数字。但由于使用这个技巧需要具备良好的英语能力，非英语系国家的人应用起来比较困难，普及性也受到限制。

第6节　神奇有趣的记忆游戏

在一些记忆课程的招生说明会上，曾经见到有人可以随意背出25项甚至50项物品名称或数字，而且还可以倒着背、从中间任意抽背；有个综艺节目也曾举办记忆金库密码的游戏，能够记住10组密码的最后优胜者可获得高额奖金；在没有看月历的情况下，只要提到某年某月某日，就有人可以立即回答出那一天是星期几；一副正常的扑克牌在洗排之后，只要看过一次，就可以按照顺序，正确无误地说出每一张牌的花色与数字。

很惊讶是吗？如果你熟练挂钩法与联想法，你也可以成为世界一流的记忆高手。参与脑力奥林匹克竞赛的选手，包括连续蝉联美国记忆力竞赛冠军的海格伍德，都是采用同样的方法来记忆的。

5X5方格

要如何记住下列25项物品？

	1	2	3	4	5
A	牙刷	苹果	屋顶	枕头	茶叶
B	宝剑	皮包	青蛙	领带	樱花
C	手机	卫生纸	蛋糕	西瓜	斑马
D	小狗	鸡蛋	计算机	太阳	钢琴
E	筷子	米酒	冰箱	树根	桌子

方法其实很简单：先将第一列的五项物品以身体挂钩法记忆，"牙刷"挂在腰部，"宝剑"挂在屁股，"手机"挂在大腿，"小狗"挂在小腿，"筷子"挂在脚底；然后融入五官的感觉，夸张一点地想象腰部挂着一把"牙刷"，屁股被"宝剑"刺一刀，大腿裤子口袋放一只"手机"，小腿被"小狗"咬了一口，脚底踩在长长的一双"筷子"上面。

记住第一列之后，接下来每一行采用故事联想法。例如：A行，把一只"牙刷"插入"苹果"放到"屋顶"上，打开"屋顶"里面是一个大"枕头"，"枕头"里面塞满了"茶叶"。

B行到E行，也是以故事联想来记忆。你将会发现自己的记忆力大幅提升了，这就是有方法跟没方法的差别。如果是要记忆25个数字，只是先把数字以形状法转换成物品，用同样的方法来记忆，你将会发现，原来要记住圆周率小数点之后25个位数是易如反掌。

如果要背出从左上A1到右下E5，就是回想第A行的第一项、B行的第二项、C行的第三项、D行的第四项、E行的第五项；如果要背出从左下E1到右上A5，也是同样道理，就从回想第E行的第一项开始，接着D行的第二项、C行的第三项、B行的第四项、A行的第五项。

	1	2	3	4	5
A	牙刷	苹果	屋顶	枕头	茶叶
B	宝剑	皮包	青蛙	领带	樱花
C	手机	卫生纸	蛋糕	西瓜	斑马
D	小狗	鸡蛋	计算机	太阳	钢琴
E	筷子	米酒	冰箱	树根	桌子

这个练习对记忆内容重点帮助很大。因为它运用到空间位置（第一列）的记忆，与情节内容联想（每一行）的记忆训练。

记忆金库密码

早期保险箱、金库的锁是一种机械式转盘，经由旋转不同方向到不同号码来开启安全门。后来台湾有个综艺节目把它拿来当节目噱头，让来宾玩记忆金库密码的竞赛游戏，能够记住十组密码的优胜者可获得高额奖金。后来许多记忆训练也把这个游戏放到课程中。

要记忆金库密码，也可以运用故事联想或身体挂钩两种方式。

一、故事联想法

每一个金库密码数字都会搭配一个左边或右边的方向，一般而言，机械式号码锁不会设计成连续两个号码都是同一个方向。因此，只要记住第一个号码是那个方向，接下来只要把号码透过数字形状法转化成物品，再串成一个故事来记忆十个数字。例如：

1.左2　2.右7　3.左5　4.右8　5.左1　6.右7　7.左4　8.右1　9.左6
10.右0

听到第一组号码"左2"时，赶紧记住方向，例如：左手握拳的方式。接下来都不要管方向了，开始用故事联想记忆数字就好。"唐老鸭（2）拿出枪（7）

射击轮椅（5），轮椅上坐着雪人（8）拿着一把剑（1）挥砍一大堆拐杖（7），拐杖被拿去造一艘帆船（4），船上的旗杆（1）上头挂着樱桃（6），一口吃掉吐出种子（0）。"

以上是我编的故事，其实最好的方式是自己编，以自己的生活经验或想象记忆，印象才会深刻。要回忆这时组号码时，只要记得第一个数字是哪个方向，往后都是左右互相对调，根据故事内容，把方向与数字念出来。

如果游戏规则是可以连续两个数字同一个方向，那么故事联想法就不太管用，就必须采用身体挂钩法。

二、身体挂钩法

这个方法应用在记忆金库密码上其实很简单。还记得身体挂钩从脚底到头顶的十个位置吗？脚底是第一组密码的位置，小腿是第二组……头顶是第十组。密码数字转化成物品之后，根据每一组的方向挂在身体的左边或右边即可。例如：

1.左3　2.右9　3.右5　4.左1　5.右7　6.右2　7.左6　8.右1　9.左4
10.右8

几月几号星期几？

这能力看起来很神奇，只要知道方法加上一点练习，或许电视新闻都会来采访报道你这位记忆神童。

首先把身体挂钩扩充成十二个挂钩，脚底到头顶的十个不变，增加屋顶（第十一）与天空（第十二）两个。然后拿出今年的月历，把每个月的第一个星期日是几号标示出来，把这十二个月中每个月的第一个星期日是几号，运用数字形状法转化成物品，按照月份顺序挂在身上的十二个位置。例如，2014年每个月的第一个星期日是：

1月5日（脚踩着钩子）
2月2日（小腿围绕一群鸭子）

3月2日（大腿也是围绕一群鸭子）

4月6日（屁股大便是一颗颗樱桃）

5月4日（腰抱着一艘帆船）

6月1日（肩膀上扛着竹竿）

7月6日（脖子挂着樱桃项链）

8月3日（鼻孔跑出飞鸟）

9月7日（眼睛长出一把枪）

10月5日（头顶被钩子吊着）

11月2日（鸭子飞到屋顶上）

12月7日（天空许多枪互相射击）

状况1

当日期大于该月第一个星期日的日期时，

（日期−该月第一个星期日的日期）÷7余数即为答案。

注意：若日期减该月第一个星期日的日期之后，差数小于7的话，就不需要除以7了，差数即为答案。

状况2

当日期小于该月第一个星期日的日期时，

（日期+7−该月第一个星期日的日期）差数即为答案。

记住这一年当中十二个月份的每个月的第一个星期日是几号之后，用下列简单的数学公式就可以算出星期几了。

接下来来年的每个月份第一个星期天是几号，原则上是今年的日期减1，若碰到来年是润年，2月有29天的话，从那年3月一直到后年2月的日期都要减2，3月起恢复减1。如此4年一个循环，你头脑清晰一点的话，想推算到哪一年都没问题。

	一月	二月	三月	四月	五月	六月	七月	八月	九月	十月	十一月	十二月
2014	5	2	2	6	4	1	6	3	7	5	2	7
2015	4	1	1	5	3	7	5	2	6	4	1	6
2016 闰年	3	7	6	3	1	5	3	7	4	2	6	4
2017	1	5	5	2	7	4	2	6	3	1	5	3
2018	7	4	4	1	6	3	1	5	2	7	4	2
2019	6	3	3	7	5	2	7	4	1	6	3	1
2020 闰年	5	2	1	5	3	7	5	2	6	4	1	6
2021	3	7	7	4	2	6	4	1	5	3	7	5
2022	2	6	6	3	1	5	3	7	4	2	6	4
2023	1	5	5	2	7	4	2	6	3	1	5	3

年份与每月第一个星期天的日期对照表

扑克牌记忆

一副扑克牌在洗排之后，如何只看过一次，就可以按照顺序，正确无误地说出每一张牌的花色与数字呢？

技巧其实很简单，但没有经常练习还是不容易做到。首先是把52张扑克牌分别转化成52个具体事物的英文名称，然后再配合身体挂钩法与故事联想法来记忆。

52张扑克牌是以该花色的第一个字母，例如：黑桃全部以"S"、红心以"H"、红砖以"D"、梅花以"C"为英文单字的开头，再配合每张牌的数字，以字母发音法来编码。数字10以0来取代、13老K以本身花色名称来代表。编码时特别要注意尽量以名词为主，而且越具体越好，除非实在编不出合适的名词单字，才使用动词、形容词或副词。

	Spades黑桃	Hearts红心	Diamonds红砖	Clubs梅花
A	seat 座位	hut 茅舍	daddy 老爸	cot 婴儿床
2	son 儿子	hen 母鸡	dune 沙丘	can 罐头
3	sumo 相扑	home 家	dam 水坝	cameo 浮雕宝石
4	serai 骆驼商队客栈	hair 头发	durra 高粱	car 汽车
5	sail 航海	hill 小山	doll 洋娃娃	cell 细胞
6	sage 圣人	haji 朝圣回教徒	dish 盘子	cosh 防身拐杖
7	saki 日本清酒	hook 挂钩	duke 公爵	cock 公鸡
8	sofa 沙发	Hive 蜂窝	dive 潜水	coffee 咖啡
9	soup 汤	hip 髋关节、臀部	dope 笨蛋	cap 帽子
10	sissy 女孩子	hose 水管	doze 瞌睡	case 盒子
J	State 美国（州）	hothead 暴躁的人	deadwood 枯木	cadet 军校
Q	satan 恶魔	Heathen 异教徒	dudeen 陶瓷烟斗	cotton 棉花
K	Spades 黑桃	Hearts 红心	Diamonds 红砖	Clubs 梅花

52张扑克牌的编码

熟悉这52张牌所对应的英文单字之后，接下来就是运用身体挂钩与故事联想的技巧了。在挂钩的位置与数量上，建议在身体左右边各选9个，也就是总共18个，把52张牌加上两张小丑牌（俗称鬼牌或百搭牌），每3张分成一小组，第1、第4、第7、第10、第49、第52张牌以身体挂钩方式挂在身体上设定好的18个位置。每一组的3张牌从挂在身体那一张开始编一个短故事。例如出牌顺序如下：

1. 红砖5　2.梅花4　3.梅花8　4.黑桃6　5.红砖10　6.小丑牌　7.梅花Q
8.红心5　9.黑桃8

把第1张红砖5（doll）挂在脚底，然后联想脚底踩着那个doll开着car去
喝coffee（洋娃娃开着汽车去喝咖啡）；第4张黑桃6（sage）挂在小腿，然
后联想sage抓着小腿在doze梦到joker（圣人打瞌睡梦到小丑）；第7张梅花Q
（cotton）挂在大腿，这时可以联想大腿上一大坨cotton像座hill，拿它做成
sofa（棉花像座小山，拿它做成沙发）。以此类推，就可轻松记住54张牌的顺序
内容了。别忘了要运用记忆的重点技巧，融入五官的感觉，让脑海中鲜明地浮现
故事的情境画面。

第**15**章
论文写作的应用

在文官学院的训练课程中，"问题分析与解决"单元强调培养生手变成专家，方法就是阅读、讨论与写作。阅读让思考更广博、讨论让思考更敏锐、写作让思考更周延，这也是大学教育、研究所要求学生撰写毕业专题、学位论文的目的之一。

然而论文写作真的很容易让人头疼，除了找题目、做研究、掌握研究方法之外，从发想构思到下笔书写，许多正在写学术论文的学生都会发现，尽管中文天天使用，作文从小写到大，却越写越不清楚。许多学生辛辛苦苦写了一大堆，却被指导教授删除一大半，并要求再补充一些数据，或是论文的逻辑结构连自己都说不清楚。

实践大学李庆芳教授指出，要从事研究工作，学习者必须先建构自己的知识体系，它就像是一个书柜，在我们的脑中建立一个有结构的图形概念，并以思维导图建构研究的脉络架构。往后不论是阅读文献或者与人交谈，即可将吸收的知识置入自己的思维导图知识体系。

第1节　构思研究架构

本体论、实践论、知识论与方法论，在论文的研究思考与写作过程中是息息相关且环环相扣。用"思维导图"思索建构研究的本体关怀、具体实践、知识基础与背景脉络，是一种很好的选择。思维导图法的图像式思考强化主题印象，也容易由直觉而产生更多写作的灵感。首先将论文核心的概念摆在中央作为思考的起点，并在外围列出与核心相关的问题，这样可以使研究者清楚研究主题思考的范围，进而从核心张开触手，延伸到其他领域。运用思维导图法，以一个知识点为基础，逐步运用连结的方式，增加写作思考的深度与广度。

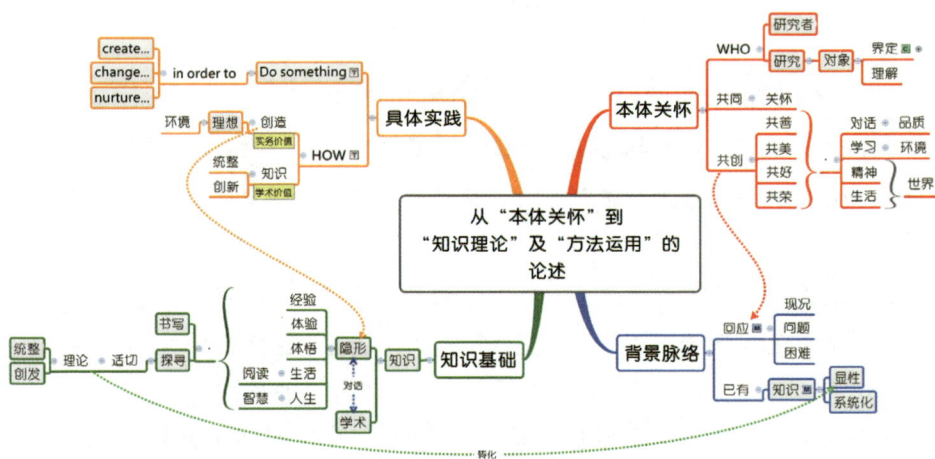

从本体关怀、具体实践、知识基础与背景脉络作为构思论文的起点

从上面的思维导图中，研究者很清楚地从一个页面中掌握了"本体关怀"、"知识理论"及"方法运用"的相关论述。每一个支干上的概念都可以再度发展出一个新的思维导图，以它为中心扩展出更多、更有创意且有结构的想法。例如，从"本体关怀"中的"研究对象"的"界定"，发展出右面上图，两者之间做出双向超链接，点选"界定"这个支干的"C"符号，可链接到"研究对象界定"这张思维导图的中心主题；点选中心主题的"T"符号又可超链接回到"界定"这个支干。

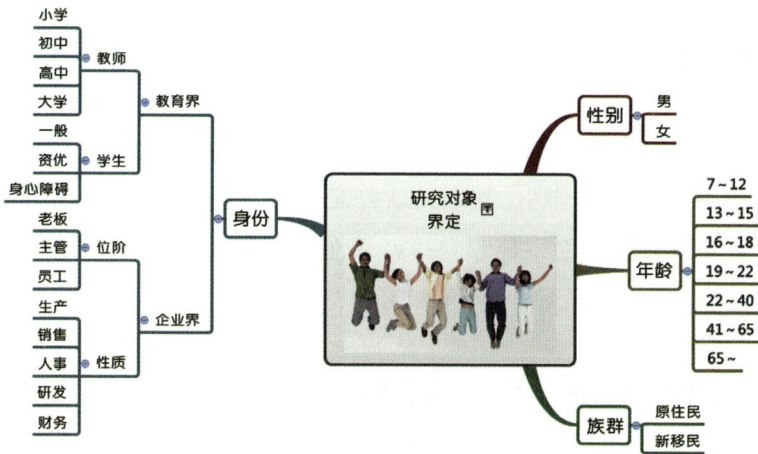

界定研究对象

从220页的思维导图，逐步以类似上图的方式，发展完成"本体关怀"、"具体实践"、"知识基础"与"背景脉络"所有必须考虑的内容，接下来就可清晰梳理研究的概念与脉络，发展出论文章节架构的思维导图。

从上页思维导图中的"背景脉络"——"响应"——"现况、问题与困难"超链接到下图的主干"研究"；上页图中"已有"的"知识"则超链接到图下的主干"文献探讨"；上页图中"Do something in order to…"则超链接到下图的支干"研究"和"目的"。以此类推，逐步将论文各个章节内容建构起来，特别是提出研究计划时，必须完成的第一、二、三章。

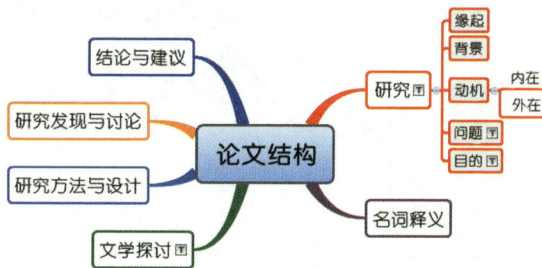

论文章结构的思维导图

第2节　文献资料的整理

论文写作时应用思维导图法整理文献数据，技巧与第十二章第四节提到的"主题式的数据搜集整理笔记技巧"相似。我们先根据研究主题衍生出来的动机与目的去探讨相关知识，来支持研究的进行与发展。

举例来说，思维导图的中心主题是论文的"第二章文献探讨"；主干则是第二章所要探讨的各个主题，也就是这章当中的各"节"；主干之后的第一阶支干是各节的次主题或标题；接着再根据次主题或标题去阅读相关文献，并把有意义、有价值的重点内容，整理到思维导图相关的支干下。

论文第二章"文献探讨"架构

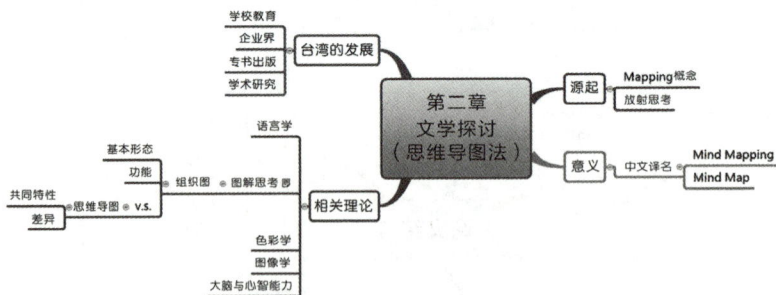

加入次主题或标题的思维导图架构

以思维导图先把"文献探讨"的基本结构与内容重点，以关键词方式整理出来，可以让研究者或指导教授清楚地看出思路是否清晰，逻辑结构是否合理、顺畅，内容是否完整。若有必要增补或删减内容，也会很容易。若有已知的文献出处，可在支干备注栏上先行加注。架构清楚了，接着再以整理文章笔记的思维导图技巧，以关键词的方式有系统、有结构地探讨，整理出不同学者的意见。最后依据思维导图的树状结构，书写成文书格式，每个小主题书写完毕后，再从该小树状结构是探讨了哪些学者的文献，按照论文要求的"文献引用"格式加注，并将出处来源以论文规定的格式（例如：APA格式）书写到"参考文献"中。

以思维导图先整理文献再书写有其优点，书写出来的内容不会像是剪贴簿。因为思维导图不但能统整同一主题不同学者的相同看法，也能对照出不同的意见，研究者本身也能在进一步消化吸收文献中的精华之后，以自己的方式统整表达，以继续后续研究。

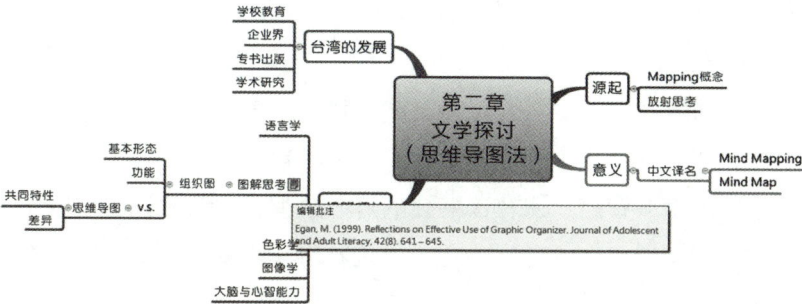

在支干的批注框加上已知的文献资料

第**16**章
读书会的应用

　　台湾师范大学社会教育学系林振春教授套用金庸的武侠小说指出，学习有三大方法，分别是：独孤求败、吸星大法与紫霞神功。独孤求败的学习方式如同升学主义之下的莘莘学子，上课专心听讲，下课专心背教科书，班上同学都是竞争对手，一心一意追求胜利，如果有人能打败他，他便向这个人学习，直到有一天让他超越得胜便扬长而去，挑战另一个高峰。吸星大法是同伴之间互动学习，因为每一个人都有独特的经验、背景、观点与价值观，透过彼此交流，可以扩展视野和观看事情的广度。紫霞神功是在无人或无书的情况下学习，也就是"无字天书"的学习模式。

　　读书会活动就是一部学习的无字天书，我们从参与读书会当中，不仅可以学习到书本中的知识，也可以学习到读书会伙伴的经验，更可以从读书会带领人身上领悟出更多智慧，还有读书会的筹办过程，也都有许多可以学习的地方。本章将先阐明读书会的意义与功能，接着进一步说明思维导图法在读书会的运作模式。

第1节　读书会的意义与功能

　　不遗余力推广小区学习与读书会的林振春教授与阳升教育基金会执行长詹明娟在《悦读读书会》一书中详尽解说读书会的意义与功能，兹简述如下：

读书会的时代意义

1.一种新社会的学习形态：以个人的学习兴趣为出发点，在没有任何人的强迫下选择自己喜欢的时间、地点、书籍、朋友来学习。

2.一种新时代的学习需求：身处在知识爆炸与知识半衰期缩短的时代，终身学习的重要性不言而喻，读书会不像学校教育受到教条约束，可以随着时代的变化，弹性地调整学习内容与方式。

3.一种新世纪的学习方法：一群学习需求相近的伙伴，自动自发地组织读书会，经由成员之间的互动与分享来增进智慧，学习方法有别于传统。

读书会的目的

读书会的成立与存在有其目的，不过成立的动机有千百种，目的也不会只有学习成长一项。读书会的带领者可以将目的区分为：文章品赏、知识统整、工作实务精进、自我成长、加强思考能力、以书会友、专业学习，与带动营造书香社会。

读书会的特性与功能

读书会是一种贴近时代的学习潮流，是适应现代人学习需求的学习策略。因此读书会的特性与功能有：

一、一种新的学习组织

彼得圣吉提出的五项修炼不仅适合组织学习，也适用于读书会的经营：建立团体的共同愿景；不断超越自我；改变心智模式；建立团队学习；进行系统思考。

二、一种新的学习策略

读书会不是传统学校班级方式的学习团体，因此可以采用有别于传统的学习策略，例如：

（一）从尝试错误中学习：教育家杜威曾经说过，从实作中学习是最有效的学习方式。从实作中领悟，修正所学。

（二）师徒制的学习：从模仿中学习。

（三）经验式的学习：向读书会的带领人、同侪学习经验，自己也在参与中累积经验。

三、一种新的生活方式

读书会是一种融入日常生活的学习方式，具有下列三种特色：

（一）生活就是学习，学习也是一种生活。

（二）是一种"学习如何学习"的生活哲学。

（三）讲求民主开放、平等互惠、自主自动的精神。

读书会是因应新时代需求的一种生活方式，其目的也因人、事、地而有差异。在学习过程中可谓是自主学习的最佳写照，它也是一种有效的学习策略。思维导图法可以运用在读书会的书籍阅读、整理内容重点、记录、规划、分析、教学准备与书籍导读。下一节将进一步说明如何在读书会运用思维导图法。

第2节　在读书会运用思维导图法

"五、六、七、八"四项心智学习

林振春、詹明娟指出，思维导图法在读书会的应用有"五个层次的问话与思考"、"六顶思考帽的应用"、"七个W来解读文章"、"八大智能的多元智慧"，简称为"五、六、七、八"四项心智学习。

一、五个层次的问话与思考：从文章当中看到什么？听到什么？联想到什么？感受到什么？检视到什么？收获及整理到什么？可应用到哪里？

二、六顶思考帽的应用：以德博诺提出的六种思考面来检视重点及相关数据（白帽）；阅读的感受与揣测作者意图（红帽）；针对内容正向思考，肯定论点的适用性、意义与价值（黄帽）；质疑文章内容的谬误或矛盾（黑帽）；诠释文章题材，探讨延伸的阅读（绿帽）；整合所见所闻，撷取并整合不同帽子所引发的想法，做出总结与决策（蓝帽）。

三、七个W来解读文章：

（一）WHY：作者撰写本书的目的何在？我为何要阅读这本书？

（二）WHAT：本书的目录内容有哪些？整体结构与主要议题是什么？哪些是我需要理解、记忆的？

（三）WHO：情节中的主要人物、角色、特质与关联性？此书适合哪些人阅读？

（四）WHEN：书中的时空背景、年代、历史，什么时候我可以运用书中所学？

（五）WHERE：文化、环境因素及空间造就了哪些情节发展？书中提到哪些重要的地理位置？

（六）HOW：作者是如何展现笔法？如何描述因果关系与呈现逻辑？我要如何应用书中所学？

（七）WHICH：找出书中的关键要点，分析其观念的可行性，并评估自己阅读的成效与应用领域。

四、八大智能的多元智慧：以八大智能的语言、逻辑数理、空间视觉、音乐、人际关系、自我反省、肢体动觉与博学为检核项目，找出书本中对自己有意义的部分。

KMST读书会学习法

一本书的阅读与分享要如何进行，才能进一步达到读书会的目的？本书所提出的KMST学习法值得参考。进行方式如下：

一、还未阅读书本内容之前，在读书会带领人的引导下，先思考书的名称、章节目录，并彼此分享，针对该主题，你已经了解的有多少？如果你是作者，会写出哪些重点？将你的想法以重点摘要的思维导图方式列出来，每个人轮流报告时，指派专人负责将大家所说的内容汇整成一张"背景知识"的团体思维导图。

二、快速浏览一下整本书，特别留意内容的结构与标题、图表等。如果看到有不懂的地方、重要的信息，先不要停下来思索，只要在这个页面贴张书签，提醒自己这里有需要回头细读的内容即可。继续快速把内容看完。

三、思考一下作者想要表达的重点是什么？我们为什么要读这本书？从这本书当中可以学到些什么？以思维导图列出你的学习目标，并与其他读书会成员分享你的思维导图。这时也要指派专人负责将大家提出的学习目标汇整成一张"学习目标"的团体思维导图。与第一阶段所完成的"背景知识"的个人与团体思维导图做比较，看看哪些是还未阅读书本内容之前就已经知道的知识。这步骤属于7W当中的WHY与WHAT，以及六顶思考帽的红帽与白帽。

四、再次快速浏览一下整本书，这时把重心放在出现符合学习目标的章节段落上。

五、在仔细阅读文章时，符合学习目标的内容或第二步骤中贴书签艰涩难懂的章节、段落，以逻辑结构的方式用荧光笔或色笔标示出关键词。

六、以思维导图软件将标示出的关键词内容整理转化成结构清晰、易懂易记的思维导图学习笔记。第四、五、六步骤属于7W中的WHAT，以及六顶思考帽的白帽。

七、以团体对话方式模拟邀请作者参与座谈，进行沟通讨论，检视思维导图的内容是否满足原先预期的学习目标，在这本书当中有遗漏哪些内容？或是从其他哪些书籍可以获得解答？如有必要，做出局部调整与增修。这步骤属于六顶思考帽的绿帽。

八、以整理好的思维导图学习笔记，用自己的表达方式将书中的重点内容与自己将如何应用所学分享给读书会的学习伙伴。这时也要指派专人负责将大家所提出的重点内容与实务应用分别汇整成两张"内容重点"与"实务应用"的团体思维导图。

根据"内容重点"与"实务应用"的团体思维导图，读书会成员自由发表意见，包括对内容的批判、文章的价值、给作者与读书会伙伴的建议、自己的心得与启示，等等。在这个步骤可以灵活套用"五、六、七、八"四项心智学习的各个检核构面来做深度思考。

第17章
创新思考与管理

　　创新来自于创意，创意来自于创造力，创造力包括了流畅力、变通力、精进力、独创力与敏觉力，运用创造力产生新的、不一样的、有价值与可被接受的创意想法，接着经由企划力与执行力，将创意落实成创新。

　　身处竞争激烈的知识经济时代，核心资本与竞争力已从早期的土地、机器、人力转为脑力，尤其是充满创意的金头脑。哈佛大学教授克里斯汀生与戴尔、葛雷格森、弗斯特（Clayton M. Christensen, Jeff Dyer, Hal Gregersen & Mel Foster）在《五个技巧，简单学创新》（*The Innovator's DNA：Mastering the Five Skills of Disruptive Innovators*）一书中指出，培养创造力、产生创意来落实创新的五大技巧之一即是联想。思维导图法是一种强调发挥想象力进行联想的思考模式，我做的论文研究也显示出，融入思维导图法的创造力培训方案能有效提升语文创造力中的流畅力、变通力与独创力，以及图形创造力的精进力。

　　以下将说明思维导图法在脑力激荡、工作企划、创意标语、会议计划、营销企划、时间管理、生涯规划、创意自传、履历表、检核表、备忘录及创意贺卡的应用技巧。

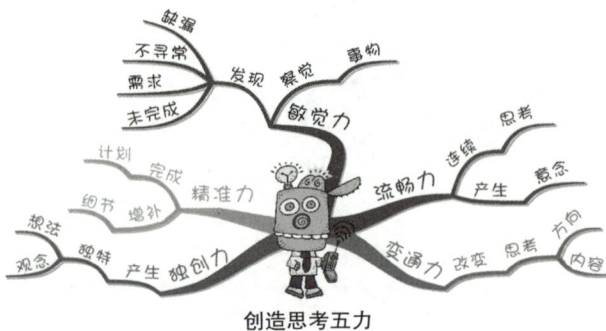

创造思考五力

第1节　"世界咖啡馆"脑力激荡

世界咖啡馆的含义

世界咖啡馆（World Café）是由未来学学会（The Institute for the Future）研究专员布朗（Juanita Brown），与德州大学EMBA副教授艾萨克斯（David Isaacs）共同发起的策略性会谈模式，也是《第五项修练》作者管理大师圣吉（Peter M. Senge）推崇的新学习法，是一种适用于创新历程、知识创造、策略规划、深度会谈、转型变革的脑力激荡法。

世界咖啡馆有七大运作原则，分别是：

1.为背景情境脉络定调：先厘清会谈的目的，为对话范围定好界线。

2.营造宜人好客的环境空间：营造一个舒适、有安全感的环境，让参与会谈的成员能处在放松心情、相互尊重的情境下。

3.探索真正重要的议题：大家共同把专注力集中在几个关心的议题上，以便集思广益。

4.鼓励大家踊跃贡献自己的意见：每一位参与的成员都能全心投入讨论，活化"个我"和"群我"之间的关系。

5.不同观点之间的交流与连结：除了聚焦在核心议题之外，也要加强各个观点之间的连结关系，发挥充满生命力的系统动力。

6.仔细聆听他人的观点与更深层的问题：集中所有的注意力，共同孕育、细心培养，以不同方式分享并表达个别的想法，以凝聚深层的共识，找出观点思想的连贯性。

7.分享并记录大家的心得：呈现集体智慧和真知灼见，并付诸行动。

除了七大原则之外，世界咖啡馆也强调在进行过程中要活泼有趣、不疾不徐地尽情涂鸦、画画，除了桌长之外，其他成员还可以在不同组之间做意见交流。

思维导图法在世界咖啡馆的角色与功能

由于我们的大脑倾向放射性、跳跃式思考，在世界咖啡馆的脑力激荡中，思维导图法的树状结构与网状脉络能让我们在轻松愉快的气氛下，随意在不同主题、概念之间贡献想法，最后产出的结果又不失逻辑结构。在讨论过程中，将想法透过涂鸦的图像、色彩来表达对概念想法的感受，对营造友善气氛与激发创意有正面影响力。

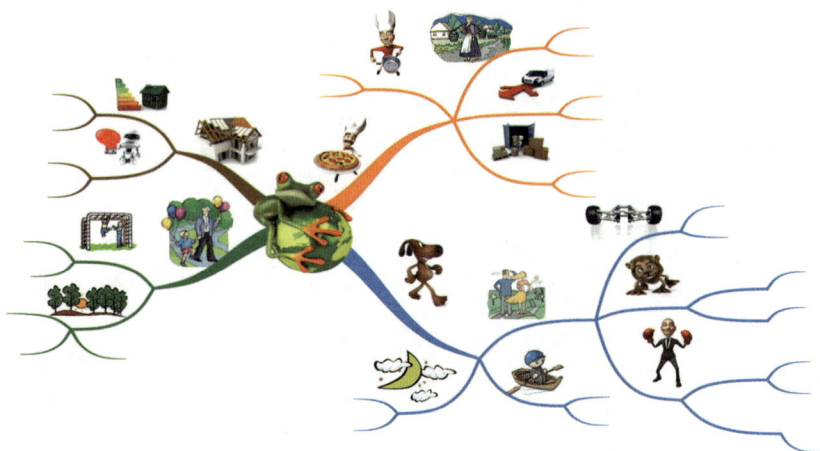

世界咖啡馆 World Cafe 脑力激荡的思维导图

以下是融入思维导图法的世界咖啡馆会谈的步骤与原则：

1.在白色海报纸的中央，根据会谈的主题与目的画出一个彩色图像。

2.从界定好的几个对话范围主题中，依据每一个主题含义较贴切的颜色，画出若干条由粗而细的彩色主干线条，并在线条上以同样的颜色写出主题名称。

3.内容结构是要采用逻辑联想还是自由联想，则由主题目的来决定。

4.为求放松心情，阶层结构可以不用刻意讲究严谨的逻辑分类。

5.成员开始发表意见的时候，帮忙把意见想法填到思维导图适当的位置。可以是自己，也可以是由另外一位成员来做。

6.线条上的文字尽量以一个语词为原则。

7.除了文字之外，尽量在自己认为较关键的想法上（不论是自己的或他人说的），加上与内容产生联想的彩色图像。

每一回合会谈结束，各组成员分别到其他不同组别时，桌长用思维导图法做简报，为新成员说明该组刚才讨论到哪些大主题，每一个大主题之下又有哪些中主题、小主题，以及详细内容。思维导图可以让新加入的伙伴很快地了解刚刚这组讨论的内容，以便接下来有效率地贡献自己的意见与想法。

世界咖啡馆融入思维导图法的会谈意见交流模式，不断更换组别座位，这些都能减低成员固执己见的情况发生。换句话说，这是一种用对话找答案、用思维导图统整想法与激发创意的集体创造力思考方式。最后产生出问题意识，以自己的关怀或组织部门的任务寻找出创意的构想。

以思维导图法进行世界咖啡馆所产生的创意构想

第2节　7R创新企划

5W2H的思考模式可被许多不同领域采用，例如：写作文可以根据题目以5W2H来建构大纲，采访新闻事件可以用来搜集重要信息，工作计划当然也可以用5W2H来构思。但是为何许多以5W2H所写出来的企划案，常被老板痛骂一顿、被客户退件？理由不外乎"不符合需求"、"不是我们想要的"、"毫无创意"等。

那么该如何做才能满足老板、客户的需求，才会有创意呢？毕嘉台的论文研究指出，同样采用5W2H指引思考方向，但融入了埃森哲（Accenture）极致流程训练计划的创办人夏碧洛（Stephen M. Shapiro）提出的7R思考法，结合图解思考工具思维导图法或曼陀罗（九宫格），对提升创新企划所必备的创造力会有显著成效。

所谓的7R，是由七种潜在变化组成的架构，包括重新思考（Rethink）、重新组合（Reconfigure）、重新定序（Resequence）、重新定位（Relocate）、重新定量（Reduce）、重新指派（Reassign）、重新做法（Retool）七个步骤，这七个步骤的含义分别对应到5W2H的Why，What，When，Where，How many（much），Who，How。但7R特别强调的关键概念在于"重新（Re）"，也就是从Why，What到How的每一个步骤都要先发散出各种可能性，再收敛出具有可行性的项目。

夏碧洛指出，在我们常用的思考技术中有一项叫做"形态分析"，它是先从7R中挑选部分或全部项目，并针对每个有可能解决问题的"Re"提出各种建议意见，然后再随机掺杂或搭配不同的7R组合。

5W2H是逻辑思考的首部曲，也是项目管理在定义工作范畴的思考面向，顺序是先从目的（Why）开始，再根据目的来列出工作内容（What），然后根据目的、内容来决定时间（When）、地点（Where）、人员（Who）、经费（How much）与执行方式（How）。

5W2H的7R思考模式能让我们跳脱习惯领域的限制，在重新思考、检视每一个项目时产生全新的创意。例如：我们想重新利用小学的闲置教室，于是开始重新思考教室可以做什么用途，在诸多用途当中收敛选出"图书馆"与"音乐厅"，接着从闲置教室作为"图书馆"与"音乐厅"需要哪些设备再重新组合，然后重新思考它的定位、重新规划开放时间、重新思考经费多寡、重新思考开放对象与工作人员，最后重新思考执行方式。本案例中的主题是很明确的一个地点"教室"，因此要思考教室该如何"重新定位"。如果7R主题是其他非关地点的议题，例如："尾牙活动"，那么"重新定位"就是思考尾牙场地可以有哪些选择。

夏碧洛认为，在组织中实施创新固然有些地方难以掌握，但也不像闪电一样纯粹只是碰运气。唯有先管理好流程的互动因素，才能促进与鼓励创新。思维导图法应用在7R创新企划最关键的是第一与第二步骤，也就是重新思考与重新组合这两阶段。重新思考阶段尽可能发想各种可能目的，包含既有的目的、借用其他场合的目的、创新的目的等皆可收纳进来，然后收敛出这次的目的想要采用的项目。接着根据选定的目的，重新组合符合目的的内容组合，也就是经由扩散思考，尽可能把各种内容项目列出来，然后再次收敛出符合目的需求的项目。

7R创新企划思维导图：设置教室再利用

第3节　项目管理的创新思维

　　许多项目规划人员常被项目管理不断滚动的流程与错综复杂的关系，搞得头痛不已。常常因为忽略了某个重要细节，使得项目进度落后或整个触礁；或是因为没有考虑到某些潜在风险，导致整个项目宣告失败。美国华盛顿大学的布朗（Karen A. Brown）教授与范德堡（Vanderbilt）大学的海尔（Nancy Lea Hyer）教授共同指出，这是因为许多规划人员在思考项目时会立刻跳到执行细节，这与大多数人均偏向左脑思考，以及受限于过去习惯领域使然。如果要平衡运用左右脑，布朗与海尔建议大家可以运用项目管理的利器：思维导图，因为思维导图可以激发更多创意与直觉，让项目一开始的时候就有更周延的思考和更有效的选择。

　　一提到项目管理，大多数人就会想到美国项目管理协会提出的五大流程与十大知识领域，以及PERT计划评核术（Program Evaluation Review Technique）、CPM要径管理（Critical Path Method）或甘特图（Gantt Chart），却常常以失败收场。这时候就必须在项目管理的过程中导入新思维、新工具，也就是布朗与海尔建议的思维导图法。

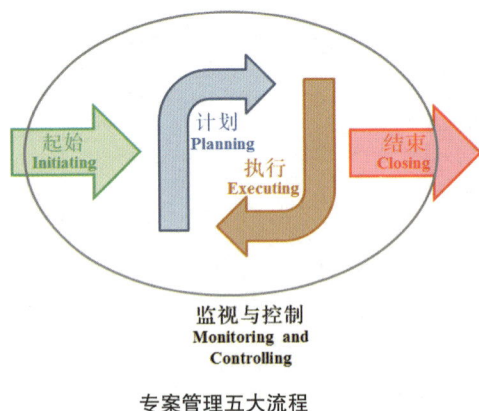

专案管理五大流程　　　　　　　　　　　专案管理十大知识领域

236

运用思维导图法激发隐藏的创意

一般人都很熟悉条列式的大纲思考，思维导图法也是经由关键词与树状结构、网状脉络运用到类似大纲的层次结构，还加入了色彩与图像。因此，运用思维导图法的优点是：

1.全脑思考：思维导图法不仅在结构上比传统条列式的脑力激荡模式严谨许多，而且运用色彩、图像能触发更多想象力、创造力，是一种全脑思考模式。

2.见林又见树：运用思维导图法可以让我们从一开始启动项目时，就能看清楚各个领域的大方向，厘清错综复杂的关系。

3.弹性的结构：使用思维导图软件来进行项目初始的脑力激荡，由于软件可以随时调整内容结构，因此可以更有效地达到脑力激荡的原则：只求想法的数量，暂不涉及逻辑顺序，等大部分想法都呈现出来之后，再根据CHM分类与阶层法原则，组合成合乎逻辑的结构。反观线性思考的条列大纲，一开始就得进入严谨的结构，否则天马行空容易离题，但这也限制了想象的空间。

4.灵思泉涌：思维导图法强调每一个线条上只写"一个关键词"，让脑力激荡很容易找到"搭想法便车的月台"，创造出可以增补的细节，然后再设法和其他项目链接。运用这种方式，就算平常会议中较木讷寡言的成员也可以有所贡献。

5.乐在工作：高雄师范大学成人教育研究所的余嫔教授指出，"玩兴"不只带来乐趣，也有助于打破成规、放松身心与创造表现。思维导图法鼓励参与的团队成员多多运用色彩、图像，过程就像在做游戏，可以激发参与者的热情。换句话说，思维导图法是一种有趣的脑力激荡，可以激发项目团队成员积极投入，带动团队的活力动能。

运用思维导图法定义项目

采用线性的条列大纲会很容易直接想到以前的经验模式，而忽略了还可能会有哪些不一样的选择。透过思维导图法，运用水平式的思绪绽放联想，能对定义项目内容激荡出更多选项，产生更有效率的解决方案。龙华科技大学管理学院自2008年起将思维导图法导入教学课程，每年学校举办的"创新与创业竞赛"，学生构思产品创新或创业计划的项目，都是采用思维导图法。

例如："年终尾牙"的活动，用传统条列大纲大概就是写出"吃大餐"、"歌唱表演"、"摸彩"而已。但如果采用思维导图法，根据CHM分类与阶层法的原则，当脑袋出现"吃大餐"的想法时，会补上一个"食"的上位阶，并把"吃大餐"分成"吃"与"大餐"两阶，从"吃"可联想到"素食"；脑袋出现"歌唱表演"时会加入"乐"的上位阶，也把"歌唱表演"分成"表演"与"歌唱"两阶，相信从"表演"上，你一定有很多的联想，同时把"摸彩"放在"乐"的下位阶。这时就会想到与"食"、"乐"同位阶的还会有"衣"、"住"、"行"、"育"等类别。从"衣"又可联想到当天参与尾牙的同事可以来一个"童话"、"文艺复兴"、"未来世界"的服装秀。从"育"也可以透过当天的菜色，指导同事健康饮食。

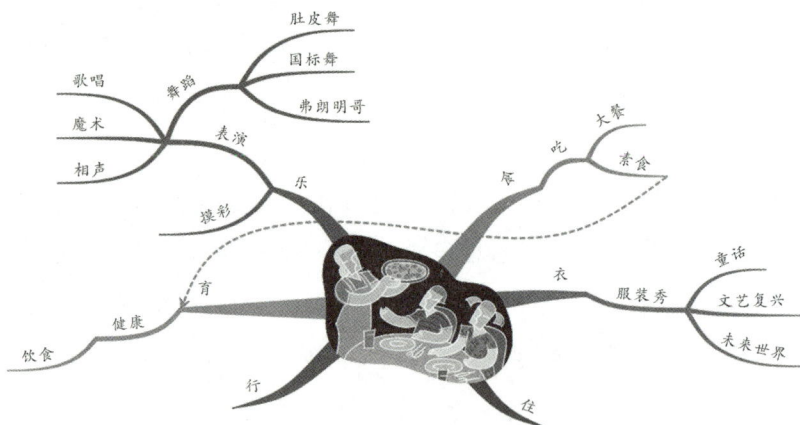

定义年终尾牙的活动专案

运用思维导图法规划项目

不少资深项目经理的困扰是觉得徒弟难教，要跟他解说清楚，不如自己做比较快，但这样又会累死自己。其中有一个重要关键因素：过去多年累积下来的经验教训，或称隐性知识，很难用三言两语表达清楚。不过龙立伟的论文研究则显示，如果能善用思维导图法的优点与特色，透过工程项目知识管理构建流程与步骤，并利用思维导图之水平思考和垂直思考等联想技巧，能有效协助工程师将个人内隐的知识与经验转换为显性知识，这将有利于项目规划管理的每一个流程，善加利用过去的经验教训作为新项目的参考依据。

布朗与海尔也指出，规划项目"任务结构分解"（Work Breakdown Structure，WBS）时非常适合使用思维导图法，因为可以让项目成员专注于项目的目标与目的，巨细靡遗地列出每一个知识领域的细节。美国克洛斯温德（Crosswind）项目管理公司出版的《国际项目管理师认证考试准备大全》，在每个单元之后都要附上一张以思维导图整理的内容重点，帮助学员厘清项目管理复杂的关系。台湾地区项目管理培训课程的讲师在上课时除了采用美国的标准教材之外，也会辅以思维导图整理的补充讲义。因为唯有清晰的思路，才能理解项目管理每一环节的含义与彼此关系，项目规划才有可能缜密。

思维导图软件应用

美国项目管理协会（PMI）将项目管理分为五大流程、十大知识领域，在每个流程中都有不同的知识领域任务必须执行。为方便项目执行人员厘清每个阶段分别该做哪些事情，我们可以用思维导图软件建立基本架构为模板，以后接手项目时，以这个档案的思维导图当做思考的起点。例如：在起始阶段有两件事必须完成，分别是"整合管理"的"发展项目章程"与"利害关系人管理"的"辨识利害关系者"。从"辨识利害关系者"又可发展出一个下位阶的思维导图，并与这个支干做超链接。其余个阶段的做法皆相同，如此便能很有结构地将项目内容层层发展下去。

然而有些小项目需要考虑的内容并不多，因此不见得需要正式项目管理的模式，让架构看起来如此复杂，但仍然可以采用十大知识领域作为项目计划思考的起点。先从"范畴管理"的5W2H来着手，进一步内容则另外建立并超链接到一

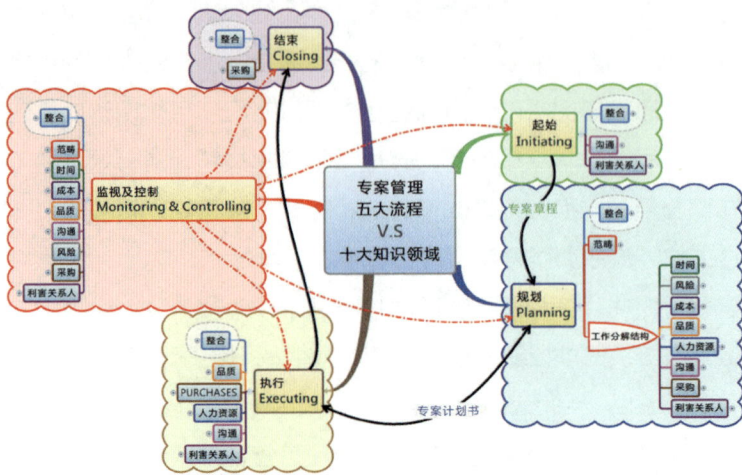

专案管理五大流程中十大知识领域的任务

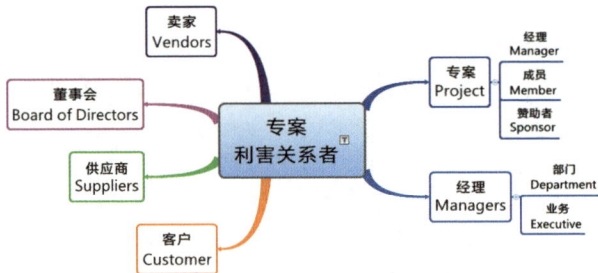

专案管理起始阶段中"利害关系者"的辨识

张下位阶的相关主题思维导图；"成本管理"则超链接到一个Excel档案，"人力资源管理"则另建并超链接一张组织结构架构的档案；"风险管理"中的"风险分析"则另外建立并超链接到一张向右鱼骨图结构的下位阶"读书会风险分析"；从风险分析图中，我们再根据关键因素分别建立风险对应，也就是解决风险的计划。例如，针对"员工迟到"再建立并超链接到一张向左鱼骨图结构的下位阶"员工迟到解决方案"。

思维导图法在项目计划的功能，就是能让项目经理掌握不同流程阶段中、不同知识领域之间的上下垂直从属关系，以及横向连结的相互影响关系，应用思维导图软件的超链接功能，有助于掌控项目管理的流程脉络与厘清复杂关系。

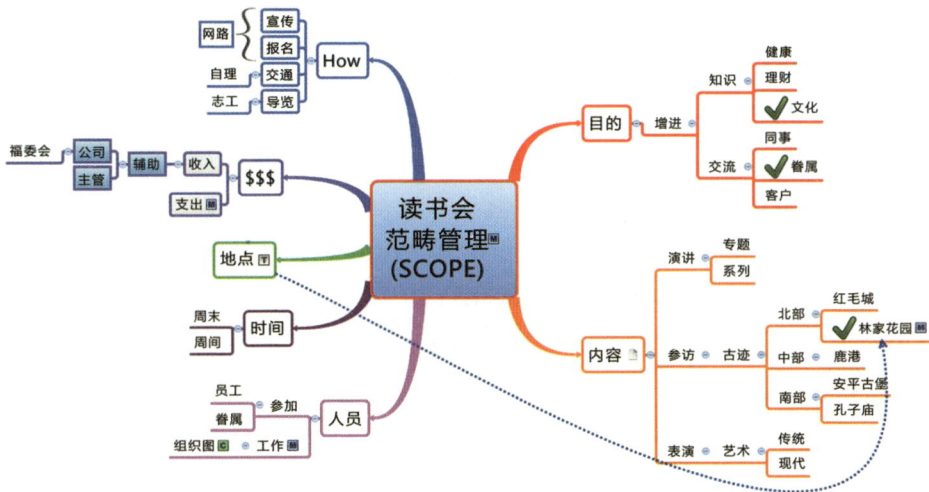

读书会：范畴管理思维导图

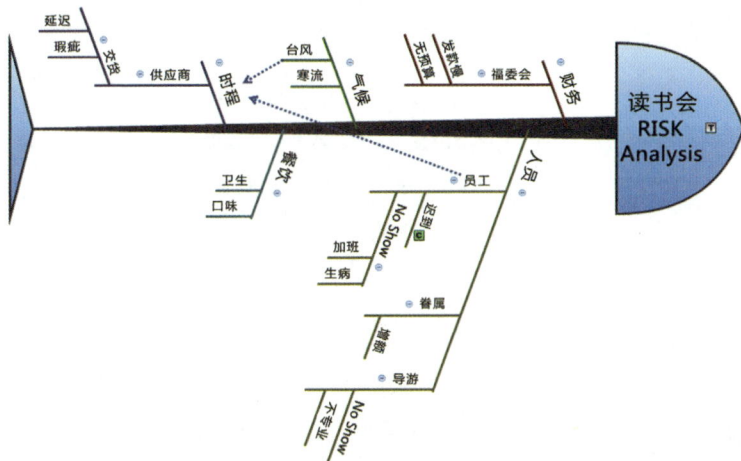

向右鱼骨图结构的"读书会风险分析"

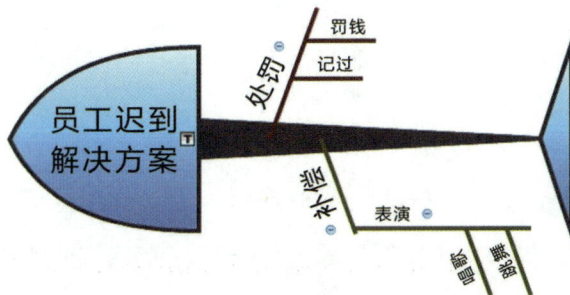

向左鱼骨图结构的"员工迟到解决方案"

第4节　创意标语

一项产品、一个活动，甚至企业形象，总是少不了标语来加深大家的印象，例如：NIKE运动鞋的"JUST DO IT"、中国信托商业银行的"We are family"、远传电信的"只有远传没有距离"、上海世界博览会的"城市，让生活更美好"。这些创意标语的产生，过去都被认为是具有创意天分的人独有。然而透过思维导图法，你也可以轻松想出许多出人意料的好点子。

标语就是用最简短的文字，表达事物的特性、优点与内涵。基于这些特性，标语除了要有吸引人的辞藻外，还得具备差异性。为达此目的，运用思维导图法就要在阶层结构中的每一阶层，尽量多一点水平式思考的点子；以自由联想为产生点子的方法。方法步骤与原则如下：

1.手绘方式为佳：使用计算机软件会让我们的大脑处于制式状态，轻松活泼的手绘涂鸦让人比较容易进入有助于创意发想的情境。

2.根据题目在纸的中央画一个彩色图像。

3.一开始就采用自由联想，从中心主题产生第一阶概念，或第一、二阶采用逻辑联想，但第三阶以后就全部自由联想。

4.思维导图中的每一个概念尽量采用水平思考，这样可以扩张思考的广度；采用自由联想可以突破僵化与传统的限制，产生出人意料的概念。

5.在联想过程中，若因为某个关键词触动了灵感，请在赶紧另外一张纸上写下初步标语的概念，以待之后重新组合或修改。

6.最后修改、精简已经产生的初步标语，或跟其他句的标语合并成新的标语。

为了帮思维导图法想一个标语，我们公司全体员工在2004年一起脑力激荡，产生出许多句标语。最后大家投票表决，胜出的是"脑内文艺复兴"，多年来都

为"思维导图法"发想一句标语

一直使用在我们公司的文宣品上。

下图是2012年8月参与思维导图法认证班学员在课堂上做的创意标语演练。虽然不是真实应用在工作上的例子，但可以看出，只要有方法，每个人的创意精灵都可以被激发。

演练例子是为旅行社商品"菲律宾长滩岛假期"发想的标语："当肌肉男遇上比基尼～乐透长滩岛"。看到这么迷人的诉求，让我这个没什么肌肉的老男人也好想去长滩岛度个假，乐透一下！

究竟这句标语是怎么发想出来的，就请读者自己从思维导图中找线索吧！

"菲律宾长岛假期"
的标语发想思维导图

第5节　会议计划

"会而不议、议而不决、决而不行、行而不果"，会让人害怕开会。原因往往出在事前没有完善的规划，会议过程杂乱无章，会后也无所适从。因此，做好会议计划，自然就能提升工作效率。

首先，厘清这次会议的目标是关键重点，从目标中列出会议的议程，再思考为了让会议顺利进行，需要用到哪些资源，在什么地方、什么时间召开较妥当，哪些人一定要出席，可邀请谁来列席参与讨论。

在会议进行中，我们也可以运用思维导图记录重点要项，以供会后行动参考。

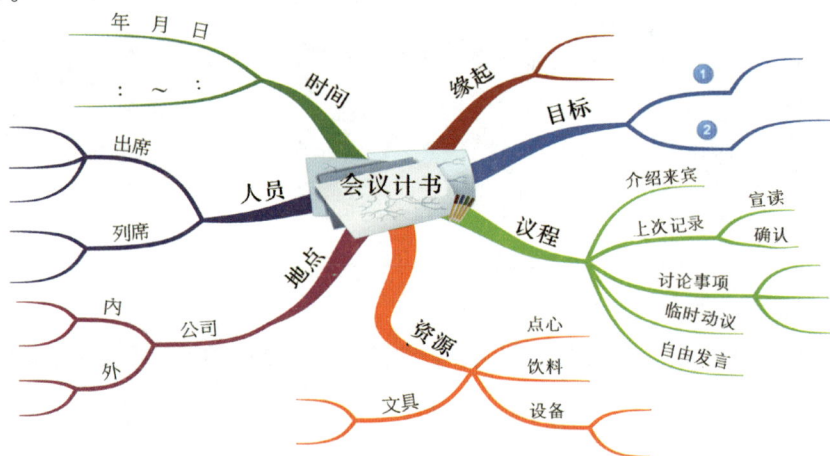

会议计划思维导图

第6节　营销企划

营销宛如空气笼罩着现代人，任谁也无法逃脱它的辐射。美国营销协会（American Marketing Association, AMA）给营销的定义是："规划和执行有关概念、物品与服务的形成、定价、推广和分配的程序，以便创造能够满足个人和组织目标的交换。"简单说，营销的主要工作就是"找出需要、满足需要、交换需要"。基于以上营销的定义，拥有取之不竭、用之不尽的创意泉源，洞察客户需要、产生诸多满足客户的新点子与策略，是营销人员的价值所在。

杜邦执行长伍拉德（Woolard）指出，如果无法感动客户，一切都是白费心机。要如何做才能感动客户呢？爱因斯坦曾经说过："想象力比知识更重要。"营销要能奏效，需要有想象力。从每一篇成功企业的报道中都可发现，想象力与创意构成了所有成功营销的关键。精确的信息搜集与清楚无误的沟通也是不可或缺的因素，因为客户的脑袋一直在探询事实的真相。

思维导图法强调运用想象力融入五官感受情境式的图像思考，透过树状结构，有层次的扩张营销所应思考方向的广度与深度。博赞与营销教学权威苡萨利（Richard Israel）指出，运用"营销心理矩阵"（Sales Mind Matrix）把大脑心智能力作为营销企划的检核，可以让营销过程兼具感性与理性，达到双赢的目标。我们应先发挥想象力，思考目标客户群的问题、需求与感受，来列出各种可能的营销目标，并决定其优先级，亦即营销定义中第一阶段"规划和执行有关概念、物品与服务的形成"。"形成"首重其目标，目标确定之后再进一步以"营销心理矩阵"讨论营销企划的其他各种因素。

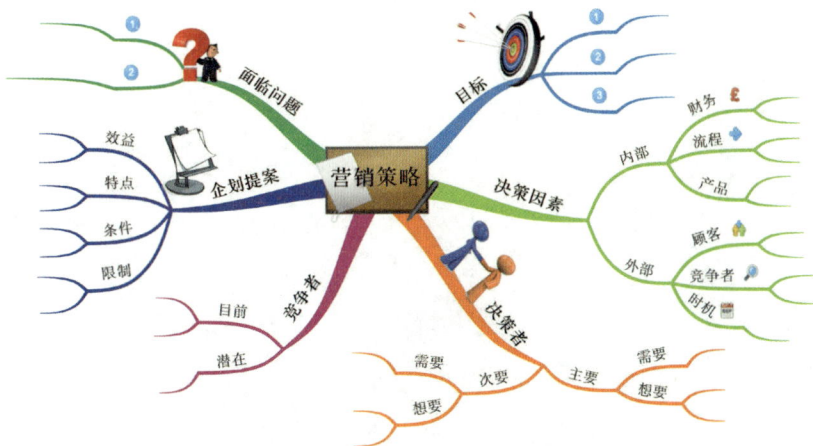

营销策略思维导图

第7节　时间管理

　　时间是最特殊、最宝贵的资源。从管理的定义："协调组织资源，使其迈向实现组织目标的一种工作形态。""时间"本身无法协调组织，而是要协调组织使用时间的事务。思维导图法的时间管理模式即是先扩散思考再收敛思考。从组织规划事情的类别项目着手，把必须做以及想要做的事情，先不考虑何日何时要做，先分门别类列出来，这属于扩散思考阶段。接着再标示出一定要做的事项，并列出优先级，然后把一定要做而且已经确定在何时执行的事项标示出日期、时间，这属于收敛阶段（下图）。最后记录到一张以一周七天为大类；早上、中午、晚上为中类；一定要做（Must）、有空再做（Nice）为小类的思维导图，或记录到自己的行事历（Outlook等）里。如果发现一定要做的事项当中有若干项在时间上有冲突，就以优先性高的先排入行事历，看看优先性低的是否可以更换时间，或思考有无其他替代方案。最后检视行事历当中空闲的时间，把一定要做且优先性较高，但时间有弹性的事项，依据其属性或使用资源的共通性，安排到适当的时段，最后才把空余的时间安排给优先性较低或只是想要做的事情。

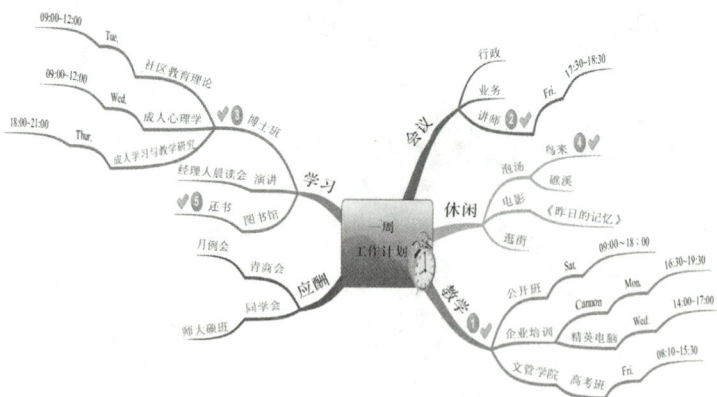

一周工作计划思维导图

第8节 生涯规划

　　"机会，是给准备好的人"、"我们无法掌握生命的长度，但可以扩充它的宽度"，这些至理名言都在告诉我们生涯规划的重要性与必要性，不论是学业、事业、财务、健康与社交方面。因此，我们可以绘制一个涵盖大方向的思维导图从"健康"、"财务"、"学业"与"事业"四个方向展开思考的第一步，并从"现况"、"目标"，以及每个目标的"达成时间"与"做法"作为每一个方向的延伸思考。

　　如果必要的话，我们可以针对四大主题，或主题之下的"现况""目标"或"做法"，根据自己的需求，以另一个思维导图进一步盘点、分析与规划，例如：健康管理，财务管理与工作发展，称之为下一层次的迷你思维导图。

　　本节的各个范例是给读者一个参考方向，实际运用时可依照自己的需求调整，空白线条是给读者应用时自行填入适当的想法，线条可以增加也可以减少。

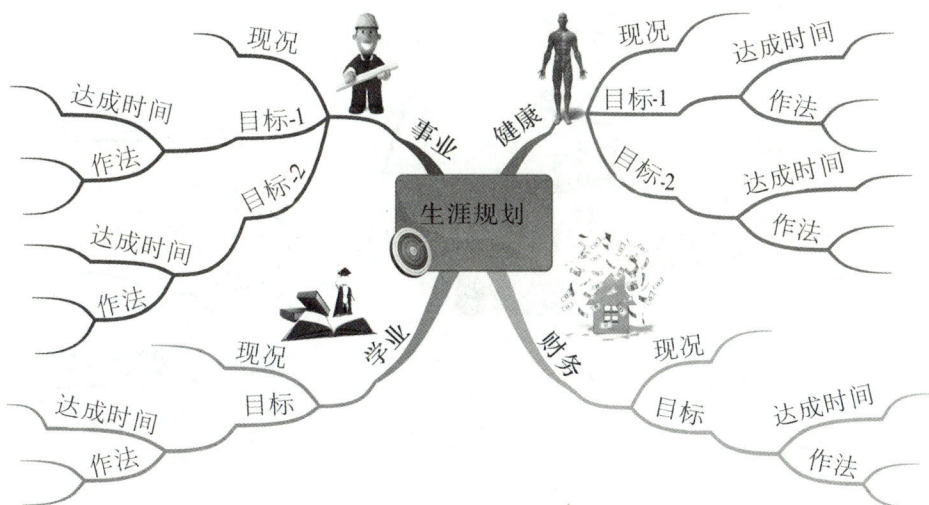

生涯规划思维导图

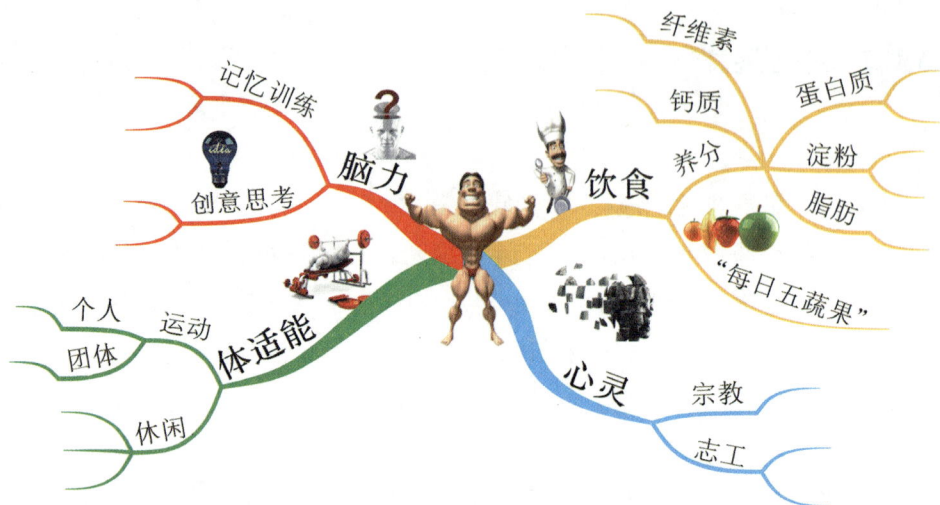

健康管理思维导图

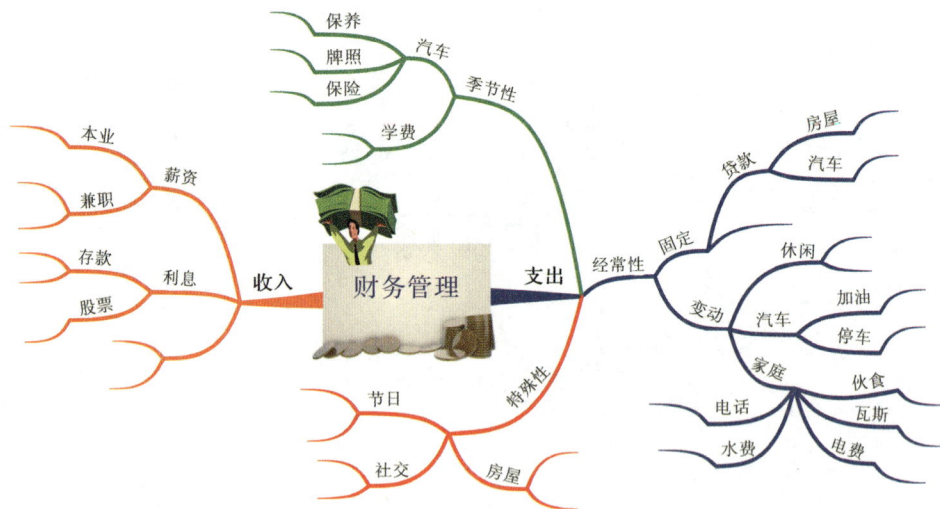

财务管理思维导图

工作发展思维导图

第9节　创意自传、履历表

伯乐找千里马，千里马也别忘了制作一份清晰易懂且吸引人的自传履历为自己做广告。越来越多的人在应聘工作、申请大学甄试、研究所考试的时候，将厚厚一叠的自传内容重点，做成一张思维导图放在首页，让审查资料的人事主管、教授们在审查大量千篇一律的履历自传时，眼睛为之一亮。

由于思维导图结构清晰易懂，仅呈现最有利的关键条件，容易给主考人员留下良好的深刻印象。读者实际运用自传履历思维导图时，中心图像可以放自己的照片，六个主干上的主题也可以根据实际运用的场合设计。例如，申请研究所时，就得有一个主题是"研究计划"或"进修计划"。在下一页有我的作者简介思维导图，从这张思维导图，你是否很快就可以大致了解我的背景数据呢？

台湾　大陆　证照

华语　闽南语　客语　本国　语言

英语　日语　外国

收藏　阅读　兴趣

职场　个人　人生目标

职称　职掌　成就　年资　A公司　工作经验

职称　职掌　成就　年资　B公司

学校　主修　大学　教育

学校　主修　研究所

论文

自传履历的思维导图

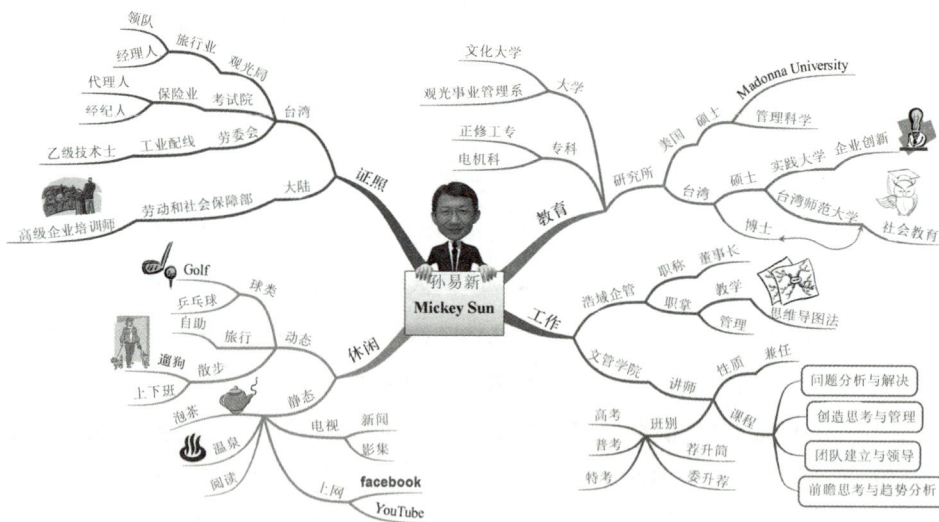

领队　经理人　旅行业　观光局

代理人　经纪人　保险业　考试院　台湾　证照

乙级技术士　工业配线　劳委会

高级企业培训师　劳动和社会保障部　大陆

Golf　球类

乒乓球　自助　旅行　动态　休闲

遛狗　散步

上下班

泡茶　静态

温泉

阅读　电视　新闻　影集

上网　facebook　YouTube

文化大学　观光事业管理系　大学

正修工专　电机科　专科　研究所　教育

美国　Madonna University　硕士　管理科学

台湾　实践大学　企业创新　硕士

台湾师范大学　社会教育　博士

浩域企管　职称　董事长

职掌　教学　思维导图法　管理　工作

文管学院　讲师　性质　兼任

课程　问题分析与解决　创造思考与管理　团队建立与领导　前瞻思考与趋势分析

班别　高考　荐升简

普考　委升荐

特考

孙易新　Mickey Sun

作者简介的思维导图

检核表的英文名称不应该是Check-List吗？怎么本节的标题会是Check-Map？备忘录（Memo）还加个Map呢？想必各位读者一定猜到，我们不是要使用传统条列方式，而是要运用思维导图法。

条列式的检核表经常让脑袋打结，挂一漏万。以我自己曾经担任出国观光旅行团体领队十余年的经验，旅行社在出国前都会发给每位旅客一张条列式的"携带物品清单"。可是到了国外，还是有人忘了带这个，忘了带那个，询问团员有按照清单来准备吗？几乎所有的回答都是"看到那张密密麻麻的窗体头就痛"。好玩的是，还有不少人带了从来用不到的东西，只是增加行李重量而已。

若你经常出国，而且没有太多时间思考与准备行李，思维导图就是好帮手。下图是为了出国开会、演讲携带物品所整理的思维导图列表模板。我以物品的属

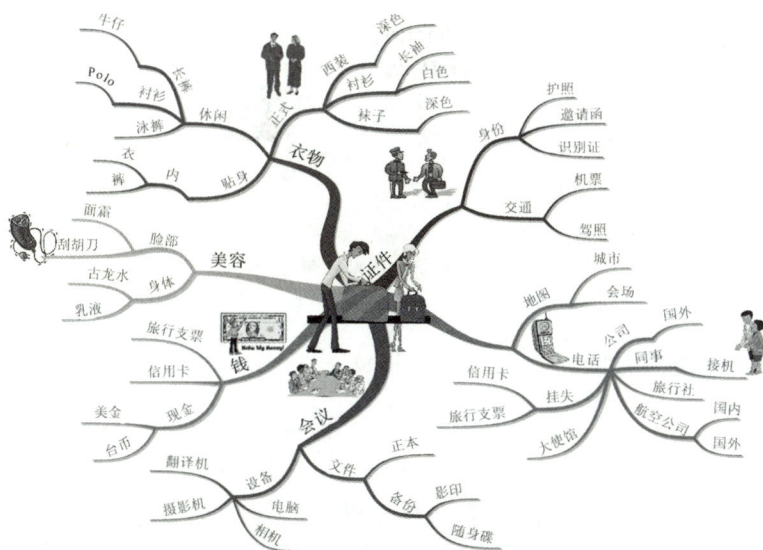

出过携带物品清单Check-Map

性以及放置家中的位置来做分类，每次要出国前，花个五分钟检视思维导图中的项目，并依照当次的情况略做调整。然后按照修正后的思维导图来打包行李，既快速又正确，效率极高。其他类似需要用到检核表的场合也可比照办理，例如：项目管理的资源预估、准备开会或开课的物品、过节采购清单等。

类似检核表功能的另一种生活好帮手就是备忘录。采用思维导图模式的优点，是让所有数据根据属性分类，很清楚地呈现在一张纸上，并能看出不同类别数据之间的关联性，随时可一目了然，快速查询所需的信息。

职场上的工作内容也可以在工作说明书的首页，以一张思维导图完整列出所有的职掌事项。下图是说明我工作内容的思维导图，从逻辑结构清晰的树状结构与网状脉络，很容易看出我的工作内容有哪些大类、中类、小类与细项，并可从小插图对我的工作重点项目一目了然。

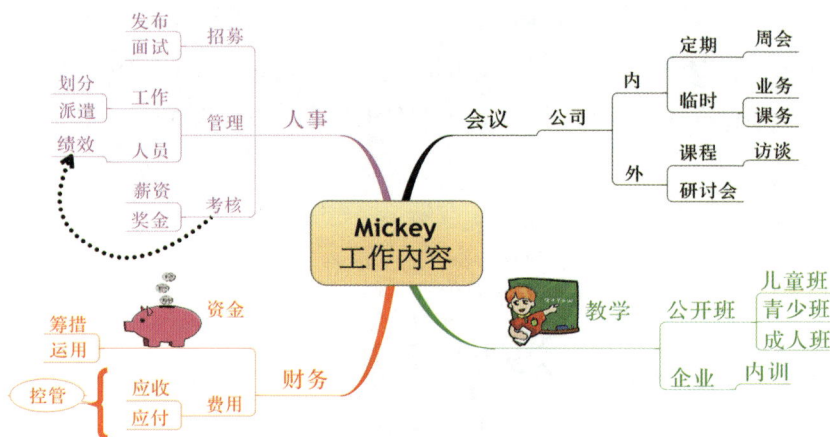

工作说明思维导图

第11节　创意贺卡

"感动"才有价值，透过一张创意贺卡来展现诚意是不错的选择。创意贺卡的形式非常多，但是"自制"就更能表现心意，"巧思"更能感动人。

生日卡片

2004年我生日那天收到一份很特别的礼物，同事陈资璧（Phoebe）以全图的方式制作了一张思维导图生日卡。

这张思维导图共分成三大类："工作"、"休闲"与"梦想"，透过图像方式，工作上希望我的"思维导图法学校"早日实现，帮助更多的人；我的休闲嗜好"吃美食"、"做菜"、"打高尔夫球"与"泡温泉"也生动活泼地展现出来。至于梦想就是每天可以睡大头觉、遛狗、钓鱼，还把我心爱的毛小孩黄金猎犬达文西画进卡片。

创意生日卡

贺年卡

不仅是生日卡片可以让人惊喜，岁末年初的圣诞卡、贺年卡也可以透过手绘思维导图，表达出真诚的关怀与祝福。下一页的创意贺年卡是由我们公司全体员工一起创作完成，中心主题图像的圣诞老公公衣服胸前有个米老鼠图案，那代表谁可以猜得出来吗？站在一旁的就是公司的公关经理，也是我心爱的毛小孩黄金猎犬达文西；总共有七个主干，就是当时公司的七位员工，每一个主干上的图像分别代表每一个员工的名字，支干上的图像就是每一位员工对大家的祝福。至于分别代表什么意思，就请各位读者猜猜看啰！

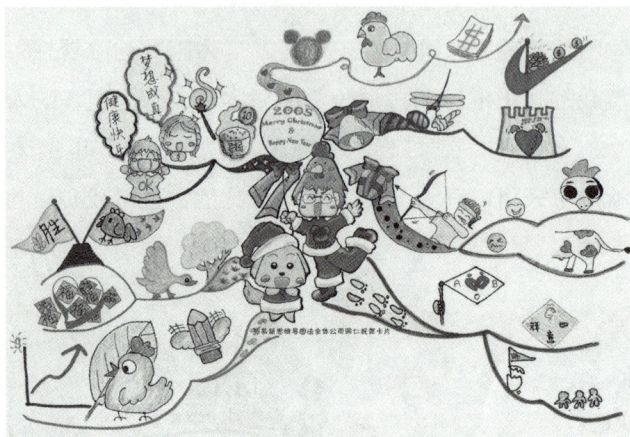

创意贺年卡1

接下来则是我个人在岁末寄给学员的贺年卡也是感谢卡，谢谢大家多年来一直对孙易新思维导图法的肯定与支持。思维导图中简短的四十几个关键词，表达出我无限的感恩之意。

创意贺年卡2

感谢卡

　　父母对子女的爱是不求回报的，身为儿女的有时候可以送父母一张卡片，尤其是自己制作的卡片。这是一位小学二年级的小朋友送给母亲的思维导图感谢卡，让她的母亲觉得为女儿所做的一切都是值得的！

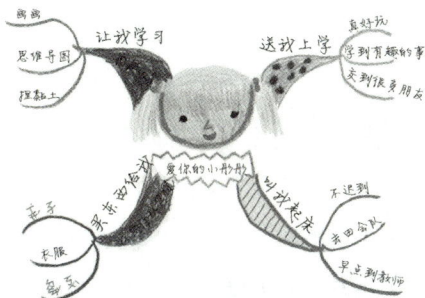

感谢母亲的创意思维导图卡片

　　近年来，国内思维导图法相关的学位论文已经有一百多篇，其中有不少的研究者为了让研究更具有真实性与价值性，因此在实验研究之前都先来参加我教授的思维导图法课程，甚至进一步接受思维导图法师资培训，李志骏老师与郑琇方老师在顺利完成硕士论文之后各画出思维导图表达心中感谢，让我倍感温馨，也激励我在往后的日子里，无怨无悔地协助更多研究生从事思维导图法相关领域研究。

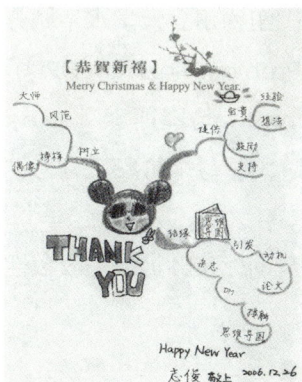

李志骏老师的思维导图感谢卡

郑秀方老师的思维导图感谢卡

第**18**章
分析问题，解决问题

问题可分为已经发生的问题跟未发生的问题，针对已发生的问题提出解决之道称为应变性决策；预防尚未发生的问题称为前瞻性决策。任何行政作业、项目管理的流程中，决策关系着成败。决策意指面临问题时，研拟、选择各种可行的解决方案，以顺利达成预订目标的历程。

不论是处理已经发生的问题，或是预防尚未发生的问题，其阶段会因不同的观点或涵盖的内容项目而略有差异，但不外乎包含了：（一）发现各种问题与确认关键问题，（二）分析关键问题产生的原因，（三）针对问题的原因提出各种解决方案，（四）决定解决方案的优先级，（五）解决方案的策略分析、计划与实施，（六）实施进度的追踪与成效评估。其中第一、二、三阶段又包括了扩散式的创造思考与聚敛式的批判思考，第四、五、六阶段则较偏向于聚敛式的批判思考，每个阶段常用的工具如下页表。

预防重于治疗，面对分析并预防未发生的问题，美国纽约州立大学水牛城分校创造力中心所发展的创造性问题解决模式（Creative Problem Solving，CPS）是一种有效的方式，CPS是由学者帕尼斯（Sid Parnes）与奥斯蒙（Alex Osborn）在1966年所发展的，包括了三种成分、六个阶段，每个阶段又分为扩散式的创造思考与聚敛式的批判思考两阶段。

由是观之，要分析问题与解决问题，思维导图法能帮助你兼顾扩散与收敛性思考。本章将就常见的模式逐一说明。

阶段	工具	
	扩散式的创造思考	聚敛式的批判思考
1.发现各种问题与确认关键问题	□脑力激荡法 □思维导图	□柏拉图
2.分析关键问题产生的原因	□脑力激荡法 □思维导图	□思维导图 □鱼骨图
3.针对问题的原因提出各种解决方案	□脑力激荡法 □思维导图	□思维导图 □鱼骨图
4.决定解决方案的优先级		□决策矩阵分析法 □双值分析法 □判定树
5.解决方案的策略分析、计划与实施		□STEEP分析 □SWOT分析 □PDCA循环
6.实施进度的追踪与成效评估		□甘特图 □检核表

问题分析与解决的阶段与工具

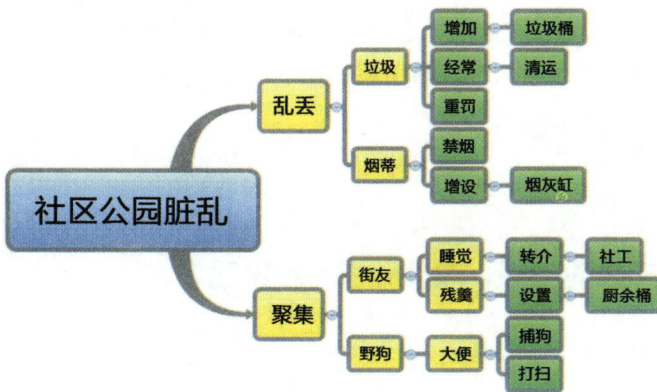

问题分析与解决的思维导图

257

第1节　问题分析与解决：系统思考思维导图

"不要只带着问题来开会，还要准备好各种可能的解决方案"，这句话是职场新鲜人的守则之一。有价值的员工不是要让主管喜欢你，而是需要你，主管需要的人才是碰到问题时能够分析问题并提出解决方案的人。

1972年起源于日本的新QC七大手法的系统图又称树形图，被应用为针对问题有系统地寻求实现目标的手段，是一种以树状结构展开多层次的分析方法，直到提出最佳解决方案的图解工具。树状结构必须有系统、合乎逻辑，尽可能达到穷尽的理想境界。其类型分为两种：第一类是着重问题分析，将构成问题的要因做树状展开；另一类型则是着重问题的改善与解决，将解决问题的方法做树状展开。

思维导图本身就是典型的树状结构，再配合颜色运用做管理，将问题的"分析"与"改善、解决"合并在一张图中，更能一目了然，刺激想法产生，掌握彼此的关联性，也更具说服力。在下图中，蓝色代表"问题"，黄色代表"原因"，绿色代表"改善或解决"建议方案。最后再把每一个建议方案以可行性与效果性的高低，做出最后的决策。

第2节　解决两难的困惑：双值分析思维导图

去吃西餐还是中餐？搭飞机还是搭高铁？留在台北总公司还是调到台中分公司？买房子还是租房子？研究所是出国念还是留在国内读？类似这种需要在不同状况之间做出选择的情况，是否经常出现在我们的生活周遭？碰到两难的时候该怎么办？

选择A有优点也有缺点，选择B有优点也有缺点。美国开国功臣本杰明·富兰克林做决策的时候，习惯拿出两张纸，分别在上面画一条直线，第一张左边写上选择A的好处，右边写上选择A的缺点，第二张左边写上选择B的好处，右边写上选择B的缺点。后来这个方法广泛应用在销售上，称之为"富兰克林成交法"。这种以理性分析比较双边数据，是一种增强说服力的方式。

这种用两个变项分析数据的方法称为双值分析，要分析的数据可分成三种类型：第一种是介于两个变项之间的数据，例如，两个变项是工作压力大与工作压力小，要分析的数据是介于压力大与压力小之间各种不同程度的压力；第二种是个别属于这两个变项之内的数据，例如，性别变项，分别分析男性与女性的相关资料；第三种是前两种的综合形式，例如，年龄作为婚姻研究的变项，夫妻有不同的年龄，不同家庭的夫妻平均年龄也不相同。

分析两难情况的问题可以运用双值分析的第二种类型。就A、B两种选项分别分析其优点与缺点，然后根据分析的结果，给每个项目打分数（权重），如果该项目出现有几率的因素，那么权重分数还要乘以几率，然后把优点分数加总减去缺点分数加总，得出总分数；两边以同样的方式算出，比较之后便可做出选择。由于给予权重关乎个人主观意识，且会受情境影响，表面看似量化分析，实际上带有质性的成分，因此结果并不完全客观，只能作为决策的参考。

传统的双值分析是以条列式方式来书写优缺点，难免又要陷入脑袋打结的窘境。因此，英国脑力协会与博赞中心共同创办人诺斯采用富兰克林成交法的概念，将某个决策所需考虑的因素，以思维导图展开第一阶项目，接着针对每个项目再描述说明两种不同选择所产生的影响，然后根据每个项目、不同选择时的影响因素，分别从−100到100之间给予评分，最后再分别把同一种选择的分数相加，得到不同选择的总分，以作为决策的参考依据。诺斯称此为关键要项双值分析思维导图，在此例中，搬迁的总分是+50，不搬迁的总分是−15，因此搬迁对公司而言比较有利。

以思维导图水平思考模式列出在乎的事项，也会影响决策的变项是哪些因素，再思考每个变项在不同选择时会产生哪些影响，这属于问题分析时的定性分析。然后根据每个变项不同选择的影响，给予量化的权重分数，这属于定量分析。关键要项双值分析思维导图决策模式可以避免过于主观、只凭直觉或在考虑

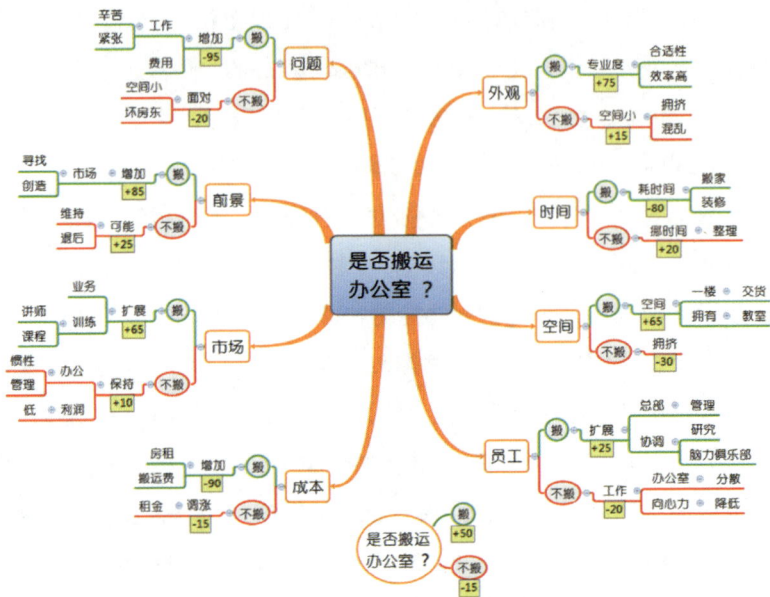

关键要项双值分析思维导图模式

不周的情况下做出决策。

在诺斯与博赞合写的*GET AHEAD:Mind Map Your Way to Success*中，提出另一种双值分析的模式，这是面对不同选择（A或B，Yes或No）时，每种选择都展开优点与缺点两个分支，意即思维导图中的第一、二阶层分别有两种状况的分析架构，再从分支之后列出优点、缺点的项目，以供决策参考。

决策时采用优缺因素双值分析思维导图模式容易产生一种困惑，YES的优点极有可能就是NO的缺点，因而无从判断。根据我担任文官学院课程讲师十余年的经验，将优缺因素双值分析思维导图融入改编自哈罗德·拉斯韦尔（Harold

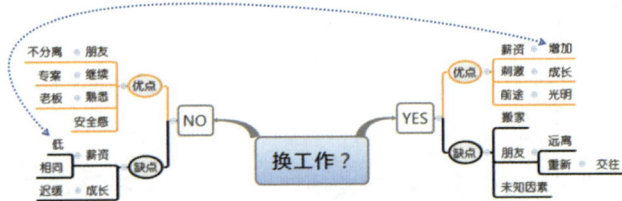

诺斯的优缺因素双值分析思维导图模式

Lasswell）《社会传播的结构与功能》5W传播模式的"五个为什么分析"，更能发掘问题背后真正的问题，而不会只看到表象，就好比医生开处方之前不会只看表面的征兆，而是会去探究背后的原因。"五个为什么分析"又称"为什么—为什么分析"，是一种诊断性技术，在企业管理中用来识别与说明因果关系。可以用来定义问题，寻找出问题的根源，防止问题重复发生。操作方式就是不断提问前一个事件为什么会发生，所谓"五个"并不是一个确定的数字，可以多几个也可以少几个，重点是找到问题的真正根源为止。例如发现屋顶漏水：

提问："为什么屋顶会漏水？"答案："因为有裂缝。"

提问："为什么屋顶有裂缝？"答案："因为质量不良。"

提问："为什么屋顶品质不良？"答案："因为偷工减料。"

提问："为什么施工偷工减料？"答案："因为厂商没有利润。"

提问："为什么厂商没有利润？"答案："因为厂商送红包。"

于是找到屋顶漏水的根源是收受厂商贿赂。

这模式与思维导图法的往下位阶延伸的深度思考，以及树状结构中的因果关系不谋而合。双值分析的思维导图针对双边选项考虑每个优缺点因素，除了多思考几阶深度之外，同时也以扩展同一位阶的方式增加思考的广度，让问题分析兼

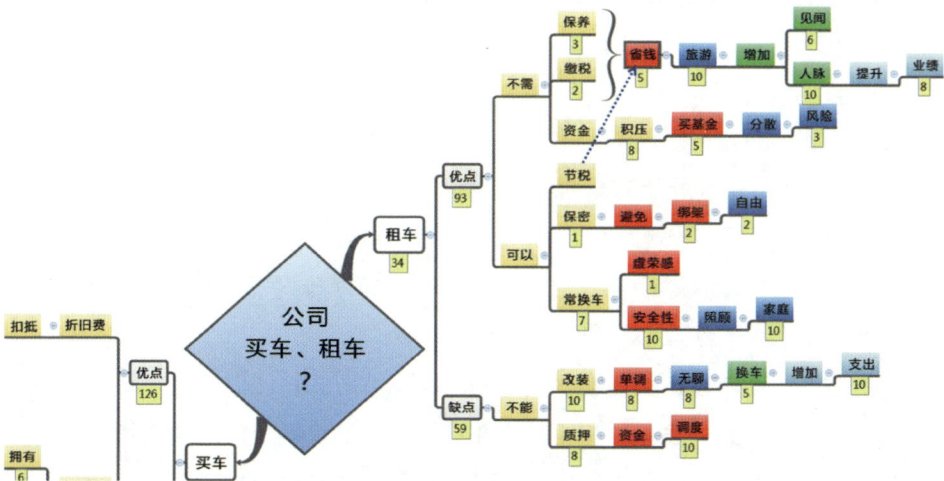

5W双值分析思维导图模式

具广度与深度，我称之为5W（Why）双值分析思维导图模式。上页图是一个范例，但囿于版面限制只示范思维导图右边内容。

思维导图法在问题分析时建议每个线条上尽量只写一个关键词，以便思考到更多的可能性。例如："增广见闻"写成"增加"、"见闻"，从"增加"又可想到"人脉"。分别用不同的颜色来代表不同的"概念"阶层，可以容易理解总共发展了多少阶的深度思考，往后只要自己清楚，不见得需要用不同的颜色来代表不同阶层的概念。除非是团体讨论，为避免他人混淆，则可运用之。

但光凭项目的优缺点和数量的多寡，往往不见得足以协助做出决策，优点项目很多，但很可能都是无关紧要的优点，缺点项目不多，但每个项目有可能都是关键，反之亦然。因此可以在不同选项的优缺点上给予量化的权重分数，再把权重分数分别加总，优点总分减去缺点总分，得到某一选择的量化分数，这种方法可以平衡优缺点项目的数量与质量。不过给予量化权重也会受到个人情境因素的影响，总分也与项目的多寡有关，因此这案例示范的并不是科学化的量化分析，却可以提供决策者较清晰的思路与判断的依据。

第3节　创造性问题解决的应用

在众多的问题解决模式中，帕尼斯与奥斯蒙在1966年发展的创造性问题解决模式（CPS）算是相当周延的一种思考历程，也是预防问题发生的好方法。

最早的模式是线性的解题五阶段，后来经由崔芬格（Donald J. Treffinger）、伊萨克森（Scott G. Isaksen）等学者修正内容，将其分为三大部分、六个阶段，每个阶段又分为扩散性思考与聚敛性思考两阶段。

在扩散性思考阶段运用思维导图法的图像思考方式，让自己融入问题的情境中；并以关键词的方式思考，将重心放在真正关心的议题上；透过树状结构，将关键词以分类阶层化（CHM）模式有系统地展开；在收敛阶段则将大量发想出的概念，依属性以迷你思维导图汇整成心智总图做归纳整理，或从分类阶层化

（CHM）模式所发展出的树状结构，决定出关键路径与元素。

思维导图法解决创造性问题过程的三大部分、六个阶段如下：

一、了解挑战

1.发现困惑：寻找问题的阶段，角色就像清洁者，主要任务在于集中心力在特定区域思考。

（1）扩散阶段：运用思维导图法的图像思考，让自己融入过去的类似经验、角色与情境中，脑海浮现面临问题的画面，从中找出目前状况的困惑，并运用思维导图法的分类阶层化（CHM）原则，以树状结构将所面临的困惑做出分类，并用网状脉络指出不同类型困惑之间的关联。

（2）聚敛阶段：接受各种挑战，并以系统性方法解决问题。从思维导图的分类结构中，有系统、有脉络地找出关键要素。

2.发现资料：探索事实的阶段，角色就像侦探，主要任务在于探索症结与事实。

（1）扩散阶段：配合5W1H策略，再次运用思维导图法的分类阶层化（CHM）原则，尽量搜集、整理相关资料，由许多不同的讯息及观点来审视问题的情境。

（2）聚敛阶段：将扩散阶段所发想出的内容，选择重要的议题数据做出定义与分析，并整理成若干迷你思维导图。

3.发现问题：建构问题的阶段，角色就像医生，主要任务在于找出病源与问题。

（1）扩散阶段：同样再以思维导图法的分类阶层化（CHM）树状结构与网状脉络的原则，从二阶段聚敛所得到的重要议题数据，思考其形成各种可能的原因。

（2）聚敛阶段：可配合运用柏拉图（ParetoDiagram）筛选出有意义的关键问题之原因并清晰陈述，然后运用不同的颜色标示出问题不同程度的重要性与优先级。

二、激发点子

4.发现点子：产生主意的阶段，角色就像收集家，主要任务在于收集点子与主意。

（1）扩散阶段：延续第三阶段的聚敛思考，以思维导图法将选定的问题当做中心主题，第一阶层展开造成此一问题的各种可能的原因，第二阶层则发展出各个原因的不同解决方案。

（2）聚敛阶段：从思维导图中选择较具独创及实用的意见。

三、准备行动

5.发现解答：发展解决方法的阶段，角色就像发明家，主要任务在于发明解决方法。

（1）扩散阶段：列出各种可能的批判或评量标准，例如：重要性与可行性。

（2）聚敛阶段：选出几个重要的批判或评量标准，针对点子加以评价，以便产生更好的解决方案。例如，以四象限分析，以重要性的高低与可行性的高低，评估各种解决方案。

6.寻求接受：建立接受的阶段，角色就像推销员，主要任务在于解决方法的推销与执行。

（1）扩散阶段：例如，以思维导图法的世界咖啡馆模式，邀请相关利害关系人一起来讨论优点与缺点、考虑所有可能的助力与阻力，并且发展出实行的步骤。

（2）聚敛阶段：找出最有希望的解决方案，形成实施计划并采取行动。

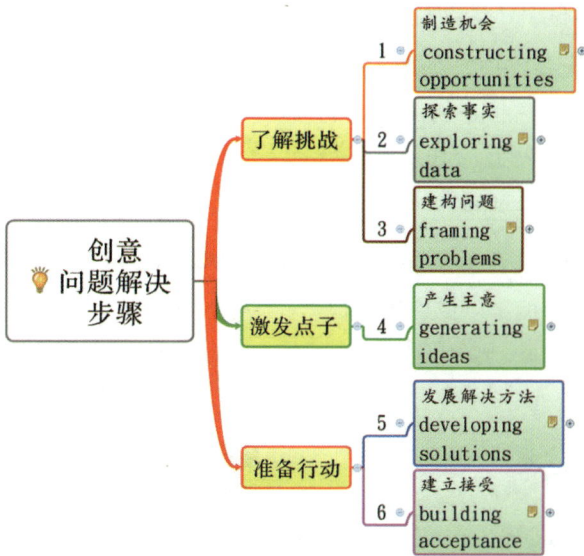

CPS的六大阶段

第4节 应用PEST、SWOTs与SWOCEs

PEST与SWOT分析是策略规划与决策不可或缺的工作，从分析整个大环境到自己的公司、部门与个人。就如同神通集团董事长苗丰强所言："任何企业，只要好好认识自己，并且看清楚周遭环境，右手握住大环境变化（PEST），左手把握自己的条件（SWOT），就可以运用科学算命，掌握自己的命运。"透过理性思维的科学算命是企业经营方向控管的重要分析过程。本节将就PEST与SWOT分析说明含义与思维导图法的应用技巧。

PEST分析

PEST是分析总体环境中的政治（Political）、经济（Economic）、社会（Social）与科技（Technological）四种因素的模型，做市场调查时外部分析的一部分，能让我们了解、掌握总体环境中不同因素的概貌。近年来由于环境生态议题备受重视，因此多加了一项生态（Ecology）。透过PEEST分析（或称STEEP分析）能有效了解市场的成长或衰退、目前企业的处境、潜力与未来的营运方向。在PEEST分析的思维导图中，先从"政治"、"经济"、"生态"、"社会"与"科技"五大主轴展开，在每一主题之下再依照自己关心的方向列出次主题，接着从每一个次主题做市场调查、了解事实真相，把搜集来的信息整理到各个次主题，成为一个有系统的树状结构，以供决策者参考。

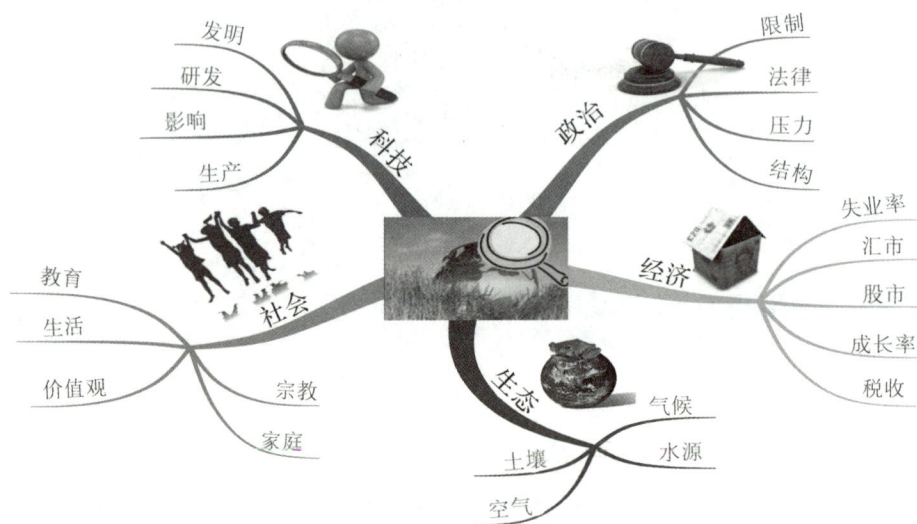

PEEST分析思维导图

SWOTs分析与SWOCEs分析

SWOTs主要是用来分析组织或个人内部的优势（Strength）与劣势（Weakness），以及外部环境的机会（Opportunity）与威胁（Threat），以制定出未来发展的策略（Strategy）。它是一个很有效率的工具，结构虽然简单，但是可以用来处理非常复杂的事务。

针对企业组织进行SWOTs分析时，SW可以参考哈佛商学院教授波特（Michael E. Porter）在《竞争优势》一书中提出的价值链来做分析，OT则是经由PEEST分析中检视大环境得到的结果。

下一页的上图是以思维导图作为SWOTs分析的工具，运用放射思考与颜色管理，透过树状结构展开代表SWOT的四大主题内容，并以合适的颜色分别代表。最后再以代表策略的蓝色线条，分别从SWOT各个项目之后展开，说明强化优势的策略、改善劣势的策略、落实机会的策略与去除威胁的策略。

思维导图法的思考模式特别强调"正面积极"，然而"威胁"（Threat）给人负面的感觉。因此在思维导图法中以正面字眼"挑战"（Challenge）来取代。不但能以理性的方式比较，且能借此自省。

另外，在分析优势的时候，往往会将"所有的"优点都列出来。然而面对事实的环境，有些优点与目前的问题无关，为避免膨胀太多无关的优势，可将其另建一个潜能（Energy）主要分支，以树状结构列出目前用不上的优点，可作为思考备案或替代性选择方案的参考依据。最后在SWOCE的每一项目下，再以代表策略（strategy）的蓝色线条，分别从SWOCE各个项目之后展开，说明强化优势的策略、改善劣势的策略、落实机会的策略、面对挑战的策略与善用潜能的策略。

以上将"威胁"修改为"挑战"，另增加"潜能"的模式，称之为核心职能导向的正面积极SWOCE分析，由我在20世纪末期提出，发表于《多元知识管你系统：思维导图法进阶篇》（2000年）中。

综合本节所述，可以运用思维导图法的原则，先从STEEP分析中掌握大环境的各项因素，接着再根据STEEP分析的结果，进行组织或个人在此大环境之下的SWOCE分析，以发展出下一阶段行动方案。

然而，分析问题与解决问题不见得只使用思维导图法，必须与各项策略或其他工具适当搭配，常见的策略与工具请参考下页图。

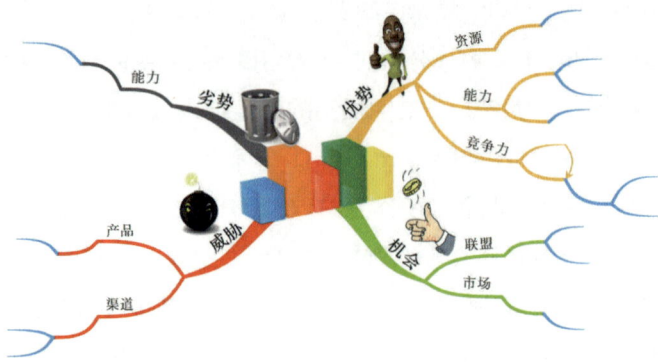

SWOTs分析思维导图

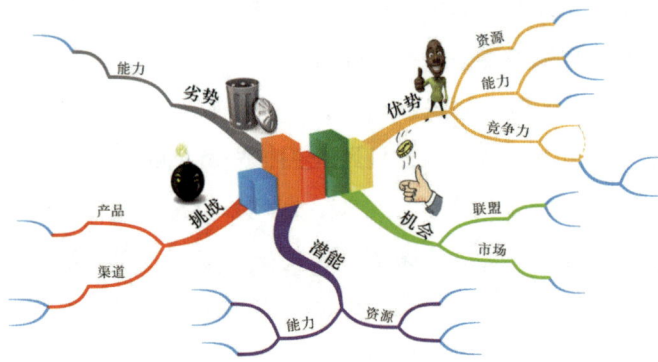

SWOCEs分析思维导图

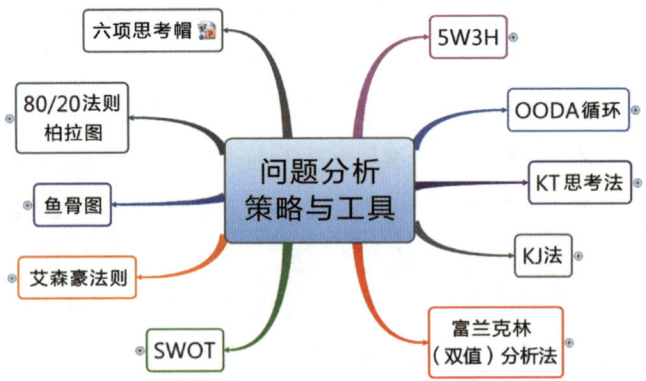

常见的问题分析策略与工具

第**19**章
会议简报与沟通

记忆芯片世界大厂英特尔公司的创办人格鲁夫（Andrew S. Grove）曾经说，我们与他人的沟通有多好，决定的因素不是叙述得有多好，而是被了解得有多好。然而许多思维导图法的爱好者兴冲冲地把思维导图应用到公司的会议简报或学校的作业报告，往往碰了一鼻子的灰。最常见的问题不外乎三点：

1.一张思维导图内容太多，字太小，看不清楚。

2.只用自己看得懂的关键词，别人无法理解思维导图的内容。

3.一定要画出色彩鲜艳、插图丰富的树形图，才叫做使用思维导图法吗？

又听过许多人的经验分享，都说思维导图法是一种很棒的简报工具。究竟该如何运用，才能在做简报时真正发挥思维导图法的功效呢？

第1节　做简报

你是否希望：

◎演讲结束时，听众能充分体验到你原本预期要达到的结果？

◎有一些工具、方法让你的演讲内容更出色？

◎有系统地组织演讲内容，并让听众留下深刻印象？

◎将演讲内容生动活泼地传递给听众？

◎善用你的创意头脑，成为杰出的演说家？

传统的简报方式不论是演讲稿或投影片，形式上都只有单一颜色的文字，以条列方式呈现，要达到上述五种期望是有点缘木求鱼。尤其在演讲或简报过程中需要不断与听众互动；因应现场状况得随机应变地跳跃式思考；透过生动活泼的肢体语言、声调来营造良好的气氛。以上这些情境，传统的演讲稿、投影片难以做到。

根据我二十几年的教学经验，本节将讲解在简报设计与管理上正确运用思维导图法的方法，以及如何在PowerPoint简报软件中运用思维导图法。

简报的设计与管理

苡萨利、诺斯与博赞指出，成功的简报必须让听众犹如阅读地图一般，清楚地看到内容全貌，并了解自己目前所在位置。演讲者本身还必须对演讲主题有深度与广度的了解；对自己充满自信心；有追随的粉丝；擅长沟通；善用肢体语言；有系统地组织演讲内容。为达此一目的可以采用思维导图法配合思维导图软件，运作方式随着功能、目的可区分成下列三种形式：

一、以思维导图作为简报内容

（一）思维导图是要给别人看的，内容不宜过度简略。以思维导图做简报是听众接收信息的过程，属于做笔记（Note-Taking）的模式，每一个线条上的文字不受只能出现一个语词的限制，尽量简洁即可。就以台湾2013年出现俗称狂犬病的"拉皮斯病"介绍为简报范例。

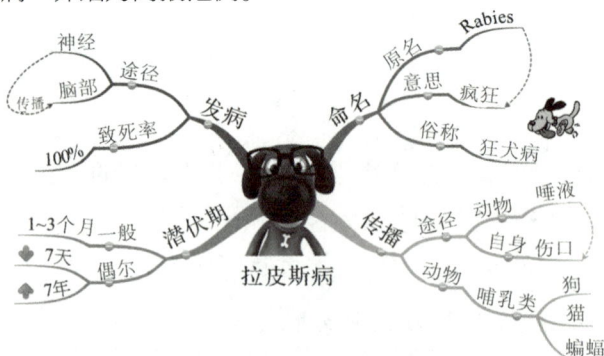

介绍"拉皮斯病"思维导图

（二）思维导图软件可以透过每一个节点的"+，－"来设计其后下位阶内容的隐藏或出现。操作方式与"档案总管"的方式相同。我们可以逐层隐藏、若干层同时隐藏或从第一阶之后一次隐藏。简报时击点"+"就可逐层出现、若干层同时出现，或从第一阶之后一次出现，完全依照演讲内容与需求决定。

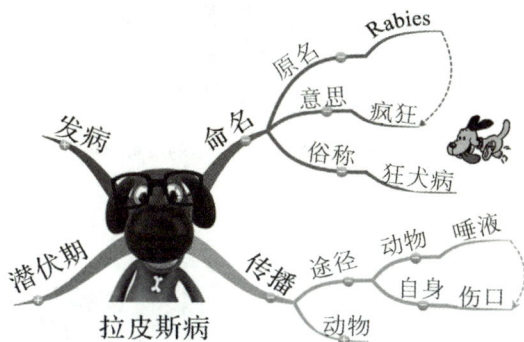

透过节点的"+，－"来设计简报内容的隐藏或出现

（三）原则上为了让听众见林也见树，演讲时先报告所有第一阶的主干，让大家知道接下来从这张思维导图中会听到哪几个大类别；接下来按照大类别的顺序，报告大类别之后的所有次类别，随后报告每个次类别之后的内容，有加插图的重点地方，在每一个大类别报告完毕前要再次强调，以强化印象，然后才换到另一个主干报告的下一个大类别。

介绍所有的大类别

报告某个大类别之后的所有次类别

报告每个次类别之后的内容

强调有加插图的重点项目

二、以思维导图组织PowerPoint

第二种形式是以思维导图作为简报的大纲架构，详细的简报内容则必须点选支干上的PowerPoint小图示，就能以超链接方式开启简报文件，进一步讲解细节内容。下图是把上课内容的逻辑结构切割成许多简报文件，每一个简报文件都只讲述一个小主题，上课的时候可按照原本的设计顺序逐一开启简报文件，或是依照当时的情境、需求，跳跃式地开启不同简报文件来授课。

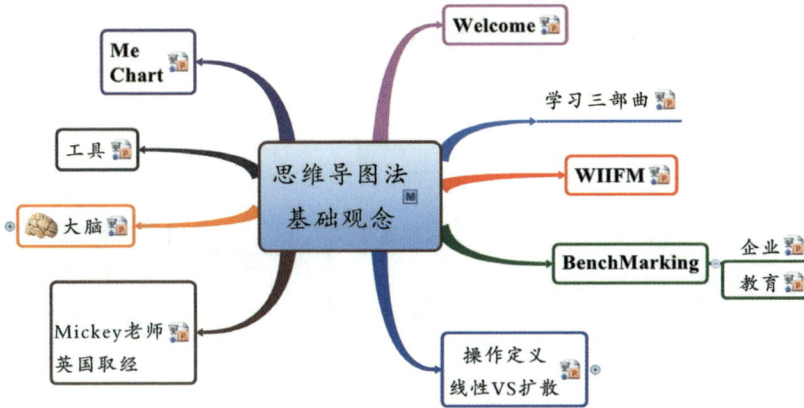

运用思维导图组织PowerPoint

三、以思维导图做主要的简报内容，以超链接辅以必要的补充档案

第三种是以思维导图作为主要的简报内容，在必要提出更详细的补充内容时，则超链接到网页、Word、PowerPoint、Excel或MP4档案等。

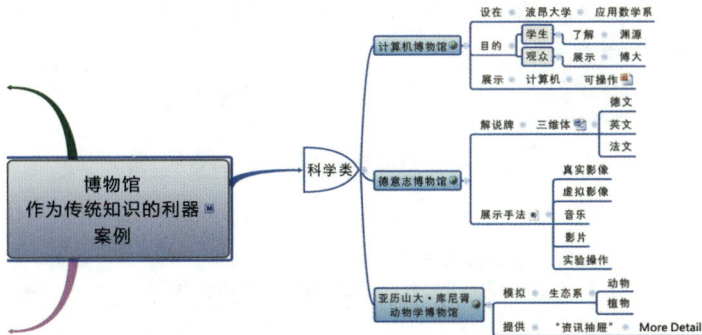

以思维导图做主要的简报内容，并以超链接辅以必要的补充档案

倘若内容较多，一个页面要同时出现所有内容恐怕会有字体太小、不断移动版面的缺点。因此可以在第一个页面呈现大方向的类别标题，接着采用超链接，分别链接到各个主题的细节内容。需要进一步以PowerPoint、Word、PDF或图像档案等说明的话，可在支干上做出超链接。

如果简报的内容主题有其顺序性，除了可以采用顺时针方向依序列出每个简报的主题之外，也可以加上不同颜色的数字编号，让视觉上更容易辨识。若不同主题之间有关联性或因果关系，也可以运用箭头关联线条来说明关系与顺序，必要的话可以在关联线条上以文字补充说明。

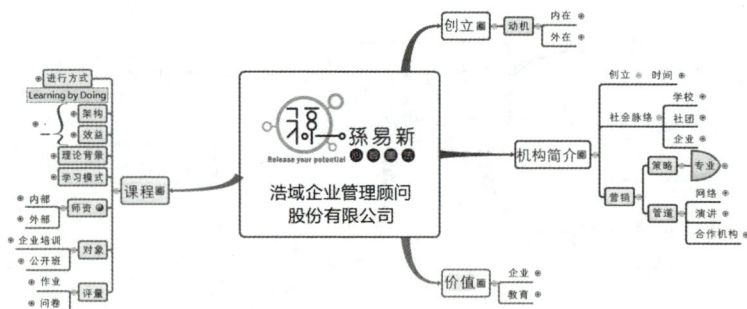

只呈现简报主题大方向的类别标题

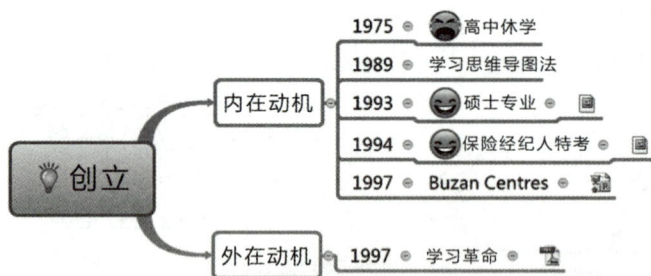

超链接到第一个主题"创立动机"，
进一步细节可超链接到图档、PPT或PDF

在PowerPoint简报文件内运用思维导图法

有些简报的场合，基于某些条件上的限制，必须以"一个"PowerPoint档案来做简报，而我们又期盼可以随着情境、需求，很有弹性地做简报。这时候思维导图法就可以帮上大忙了。

首先要遵循"一个关键词"原则，设计每一张投影片的时候，内容都只要传达、讲述"一个"概念即可；不是每一张投影片都加插图，而是掌握"重要地方加插图"的原则，在特别需要凸显关键重点的投影片才加上插图，所加的插图要与内容主要概念有关，以便对内容产生联想，强化记忆效果。以第一张投影片作为目录首页，有层次结构地列出简报大纲，并将每个大纲超链接到对应的投影片上。九宫格是做目录首页不错的选择，在每个小主题结束的那张投影片上做个超链接图标回到目录首页。在简报时，只要以光标点选所要报告的那行大纲文字，即可链接到正确的投影片，在简报内容投影片中点选回目录首页的图标，又可回到九宫格所在的目录首页。

一、前言	二、创新思考内涵与判准		三、基本模式与原则	
1.知变应变求变御变 2.个人3Q与服务3Q 3.用心创新得民心	1.创新思考与管理的含义 2.创新思考与管理的五力 3.创新思考与管理的四心 4.创新的三要素		1.问想做评的创新思考模式 2.阿亨的创新管理W蓝图 3.创新思考与管理的法则	
八、结语 兼具3Q的未来赢家	前言	创新 内涵	模式 原则	四、创新思考与管理的突破发展
	结语	创新 思考	创新 突破	1.阻碍创新十因素 2.创新管理的学习发展 3.X问题与X创新
	创新 案例	创新 策略	创新 技法	
七、创新案例研讨	六、创新思考策略		五、创新思考技法	
1.激发个人创造力 2.政府的创新服务 3.改变将带来创新	1.脑力激荡法系列 2.水平思考法系列 3.创造性问题解决		1.九宫格思考技法 2.思维导图思考技法 3.奔驰法思考技法	

投影片的目录首页

创造思考五力

缺漏
不寻常
需求　发现　察觉　事物
未完成
　　　　　　敏觉力
计划
完成　　　　　　　连续　思考
细节　增补　精准力　　流畅力　　产生　意念
想法
观念　独特　产生　独创力　　变通力　改变　思考　方向
　　　　　　　　　　　　　　　　　　　　　　内容

www.MindMapping.com.tw

在右下角做图示超链接接回到目录首页

第2节　管理数字档案

　　计算机功能强大很好用，但是有不少人却为了管理档案而头痛不已。最常见的困扰是同一个档案因为临时或特殊需求而储存在不同目录下或磁盘里，改天修正档案内容之后，储存在其他位置的相同档案却没有同步更新，导致档案内容不一致。若能善用思维导图法树状结构为主、网状脉络为辅的概念，以上困扰便可迎刃而解。

　　所谓的"树状结构"就是该档案最适合放置在档案总管中哪个类别目录，"网状脉络"就是该档案可能从别的类别目录也会用到，那么就在原目录的地方选择该档案，按鼠标右键选择"建立快捷方式"，把这个快捷方式剪下，贴到其他有需求的类别目录下。往后需要开启或修改档案，不论是从原来的目录或从别的目录下的快捷方式，都是开启相同的一个档案。

这个方法若要应用于外接磁盘驱动器或随身碟的时候，要注意外接磁盘驱动器必须设定一个固定的磁盘代号（例如：H），否则点选快捷方式时，会产生无法开启档案的情况。

档案最适合放置在档案管理中的类别目录位置

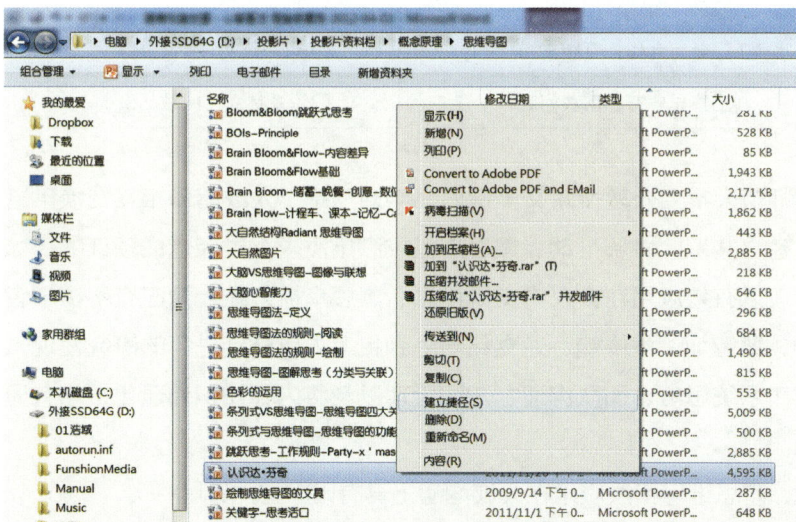

为该档案制作捷径

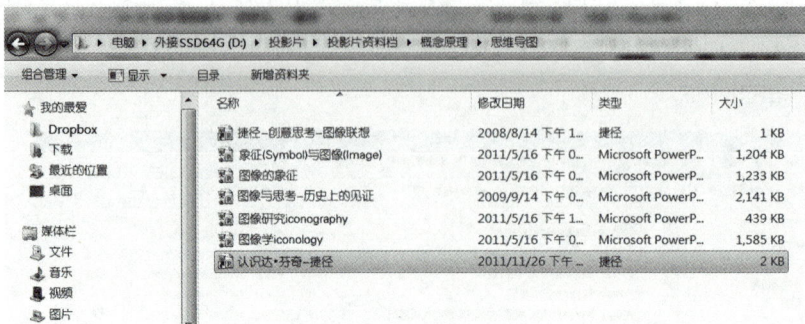

将档案贴到别的类别目录之下

第3节　在会议沟通时应用思维导图法

会议的主要功能：	现实面临的情况：
□汇集资源、智慧与能力	□想法零散、无法统整
□互相激励、增进体谅	□争论不休、缺乏共识
□分工合作、互相支持	□多说多做、少说少做
□集思广益、解决问题	□派系林立、问题丛生

台湾师范大学名誉教授谢文全指出，沟通乃是个人或团体相互交换讯息的历程，借以建立共识、协调行动、集思广益或满足需求，进而达成预订的目标。思维导图法可以有效应用在会议中交换讯息、集思广益，在台湾已有不少学者关心此一议题，蔡智灿、黄俊能、龙立伟与陈劲帆等人所分别进行的研究发现，思维导图法对于系统思考、团队沟通、知识管理以及将内隐知识外显化，均有显著的正面成效。

因此，将思维导图法应用在会议沟通上具有以下特点：

跳跃思考的好帮手

人类大脑是放射式、跳跃式的思考模式，举一反三也是自然反应。在会议当中陈述意见时一不小心可能会离题，而且一离题就收不回来。为了会议的效率，主席会要求大家一次只讨论一个议题，不可离题。但根据米勒（George A. Miller）的研究显示，我们大脑的运作记忆区，也就是短期记忆只有五到九组信息。当有新的信息进入大脑被处理的时候，原本在运作记忆区的数据就会被删除。这就是为什么会议进行中如果产生一个很棒的想法，但因为与目前讨论的主题无关所以没有立刻发言，过一阵子之后便感觉刚才好像有什么想法想表达，现在却已经忘记了。相信开过会的人都有这种经验。

如果在会议进行中能够运用思维导图记录讨论内容，当有人发表与目前主题无直接相关，但又是蛮有价值的想法时，就可以另建一个树状结构或迷你思维导图，把意见记下来。回到原本的讨论议题时，从思维导图结构可以很清楚地看到之前讨论的逻辑结构与内容，议题要接续下去就不会有困难。

以思维导图做会议记录工具还有另一个优点：可以清楚看到原本预计讨论的众多事项中，哪些议题已经充分讨论，哪几个议题讨论较少或尚未进行。我们可根据思维导图的内容，弹性地随时调整、切换到不同议题上。

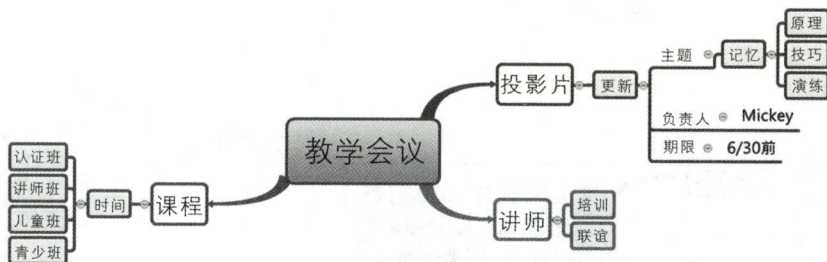

以思维导图记录会议讨论

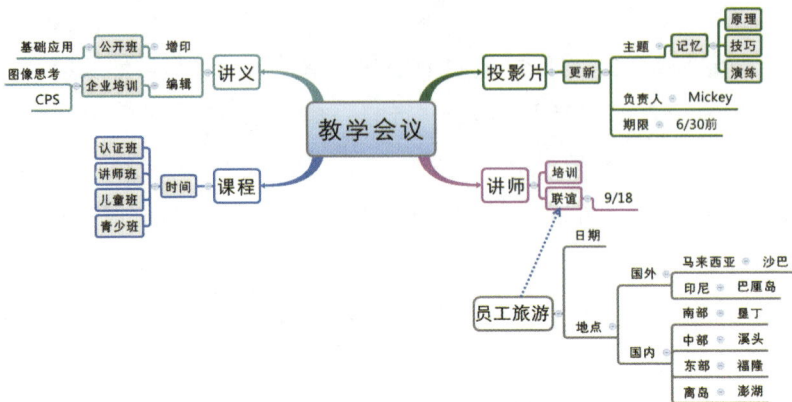

在另一个树状结构或迷你思维导图记录跳跃式思考产生的想法

事先沟通没烦恼

　　许多在会议桌上的宝贵时间都浪费在冗长的报告，或因为信息不足而延宕讨论。提案人若能在会议前将口头报告要做的"背景资料"、"优点"、"缺点"、"建议方案"等，事先以思维导图简洁地呈现出来，并将档案传送给每一位出席者，让大家对该案有初步了解，在会议现场就可以用最短的时间做最有效的讨论，并产生决议。甚至可以将档案放在公司内部网络上共同分享，让会议参与者可以事前阅读，并增补必要的意见，在提出意见的地方输入自己的名字，让大家在虚拟会议室中展开意见交流。

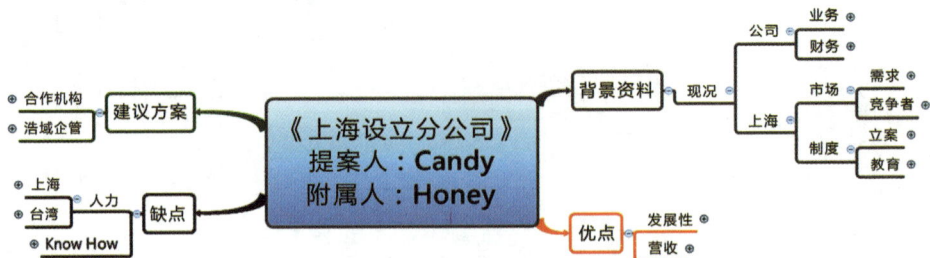

提案人在会议前准备的资料

《员工旅游》
提案人：Alice
附属人：Mickey

执行

目的
- 庆祝 — 业绩 — 达成
- 庆祝 — 生日 — 员工 / 据点
- 视察 — 海外 — 据点 / 市场 Estella

经费
- 来源 — 福委会
- 支出 — 交通 / 住宿 / 餐饮 / 礼物 John

人员
- 参加 — 工作 — 员工 / 眷属

地点
- 马来西亚 — 沙巴
- 大陆 — 上海 / 北京 / 济南 Estella

活动内容
- 参观 — 机构 — 加盟 / 学校
- 购物
- 休息 — 路上 — 晚会 — 营火 / 化妆 Angela
- 休息 — 水上 — 浮潜

日期
- July
- Dec.

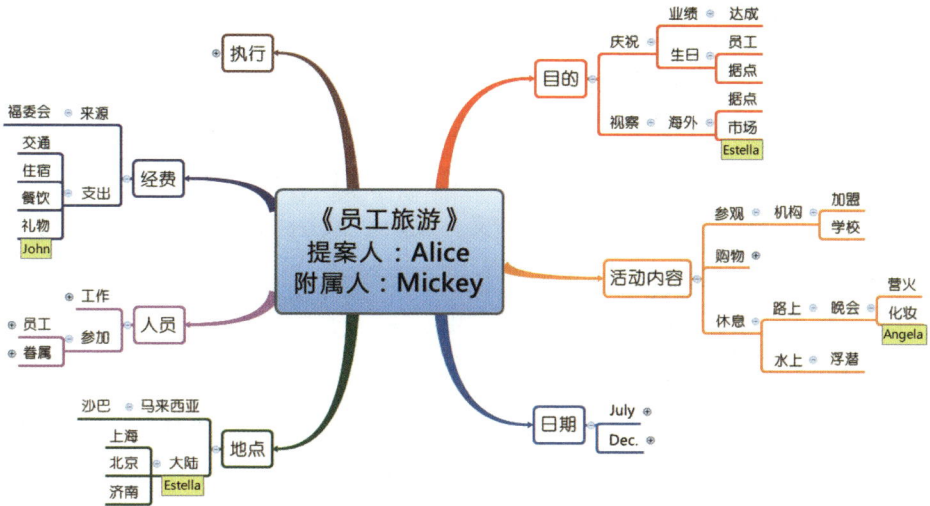

在虚拟会议室中意见交流

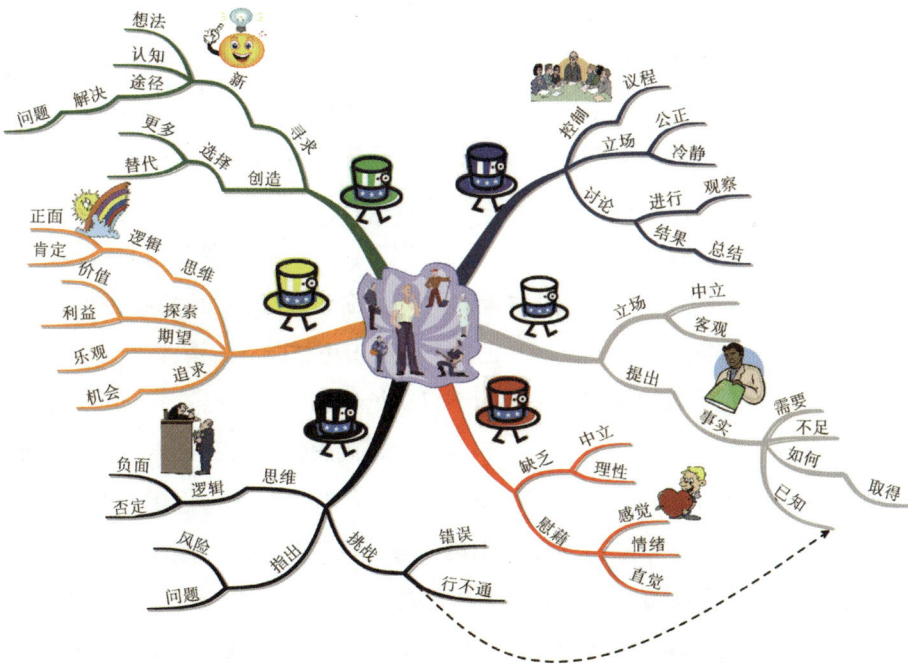

问题 — 解决 — 途径 — 新 — 寻求
认知 — 想法
更多 — 选择 — 创造
替代

逻辑 — 思维
正面 / 肯定 / 价值 / 利益 / 乐观 / 机会 — 探索 — 期望 — 追求

逻辑 — 思维
负面 / 否定 — 指出 — 风险 / 问题
挑战 — 错误 / 行不通

缺乏 — 中立 / 理性
慰藉 — 感觉 — 情绪 / 直觉

控制 — 议程
立场 — 公正 / 冷静 / 观察
讨论 — 进行 — 结果 — 总结

提出 — 立场 — 中立 / 客观
事实 — 需要 — 不足 — 如何 — 已知 — 取得

六项思考帽的内容与含义

281

化解歧见达成共识

英国心理学家德博诺提出的六顶思考帽是常被用来突破思考困境的水平式思考法，可应用来处理纷纷扰扰、争执不休的对立场合。德博诺特别强调，六顶思考帽着重创意，可以衍生出无数单纯、圆满、有效且出人意料的答案，借以突破混淆不清的思考困境。水平式思考法又称发散性思考法，从问题本身向四周发散，寻求各种不同的答案，这些发散式思路在彼此之间没有特别的关系，每个答案也没有所谓对错，但往往独具创意与巧思。

英国前首相丘吉尔还在担任国会议员时，有位女性议员素行嚣张。有一天居然在国会殿堂上指着丘吉尔骂道："如果我是你老婆，一定在你的咖啡里下毒！"狠话一出，全场僵住，只见丘吉尔微笑着回答："如果你是我老婆，我一定一饮而尽！"全场哄堂大笑，化解了尴尬场面。丘吉尔寓讽于答，就是精通于水平式的多元思考法，面临困境时能够跳脱是非对错、逻辑因果的层层束缚，找到"好"答案。水平式思考的六顶思考帽说明如下：

六顶思考帽在会议的应用原则是，每次只戴一种帽子。思考太负面消极时，可改戴上黄帽子；太过乐观时，可改戴黑帽子；场面冷清、无人发言时，可改戴白帽子；情绪激昂时，干脆请大家都暂时戴上红帽子。

然而歧见不会只发生在会议场合，会议也不仅只是会出现在职场，家庭里也是需要家庭会议来沟通意见。接下来就以一对父子的亲子沟通为例，说明如何运用思维导图法化解歧见，达成共识。工作上的应用也是同样的运作原则。

就读大学的儿子希望父亲买一部重型机车给他，但是父亲不同意。为了避免父子关系僵化，于是召开家庭会议，两人分别运用思维导图法结合六顶思考帽的原则，在充分说明儿子想买的重型机车厂牌、性能与价格（白色帽子）之后，两人分别用自己的观点，以思维导图列出购买重型机车的缺点（黑色帽子）、优点（黄色帽子），与可接受的替代方案（绿色帽子）。 分别检视儿子与父亲观点的思维导图，找出父子在哪些类别或项目中有共识，先在思维导图中做个记号。然后讨论有共识的替代方案是否能够解决有共识的缺点，满足有共识的优点。如果可以的话，事情便可圆满解决。从本案例中可发现，如果儿子要与同学、朋友出去郊游，父亲把家里的车子借给儿子使用，就可解决彼此都担心重型机车的安全问题与下雨、寒冷的气候问题。

如果在替代方案中没有共识，可以进一步讨论，满足彼此都想要的优点，又能避开彼此都担心的缺点，还会有哪些替代方案。

化解歧见，达成共识的三种帽子

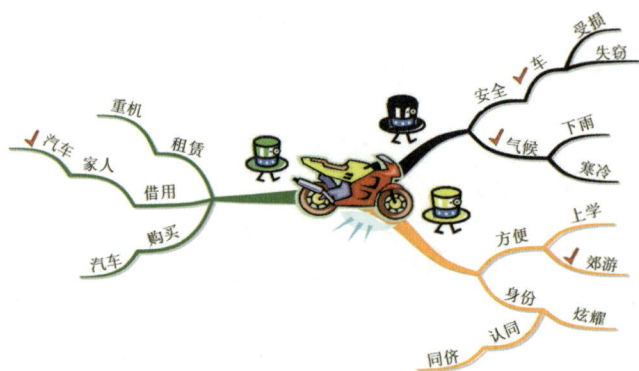

儿子根据自己的观点，列出缺点、优点与代替方式

父亲根据自己的观点，列出缺点、优点与代替方案

第20章
使用思维导图软件

　　1997年我刚从英国引进思维导图法到华人世界，推广时扩展速度缓慢的原因之一，就是手绘思维导图有其使用上的限制，不是每个人都擅长画画，因此接受的程度较低。近年来思维导图法能在全球快速扩散，其中一个重要原因就是软件普及，尤其是免费的自由软件。以下就重点说明手绘思维导图与计算机绘制思维导图的优缺点、使用时机以及我常使用的两套软件。

第1节　手绘vs.计算机绘制

　　计算机化的思维导图固然有其优点，不过手绘思维导图并非一无是处，各有其优点与限制。运用计算机软件的数字思维导图可省却涂改的麻烦，并可随时增加、删减信息或调整结构，林秀娥、赵健成的研究结果也支持了上述的优点。

　　洪靖雅的研究结果更详细说明了手绘思维导图与计算机数字思维导图的优缺点与共通点：

	手绘式思维导图	计算机数字思维导图
优点	1.能以简单的纸笔配合色彩绘制 2.工具取得方便	1.能快速绘制出心中所想的思维导图 2.容易变更思维导图结构，可快速增加分支，容易移动分支，可省去数次修改的麻烦，不会造成画面凌乱，使思维导图更精美 3.可以不必画图，软件中已有默认的图形样式，可以直接复制贴上；思维导图的分支可以与计算机中的其他数据做超链接 4.容易将画好的思维导图插入其他软件里，如Word、Excel等配合应用 5.不受限于纸张大小 6.计算机的储存空间大，数据易保存 7.图像绘制能力较差者，计算机可辅助绘制
缺点	1.受限纸张的大小，纸张大小不够时，需要在较大的纸上再画一次，或是在另一张纸上继续画下去 2.若要在原先途中的某个节点插入新的概念分支时，可能得重新绘制图示或修改 3.无法将思维导图画得四平八稳，形状很丑，对于绘图能力较差者，使用上会有限制 4.更改不易，可能经历数次涂改，使画面凌乱 5.不易于储存及管理，画好的图无法再利用 6.使用者往往会有怠情现象，懒得将画好的分支改成另一条分支	1.学习者少了运笔的流畅性与上色、构图的乐趣 2.存取问题，要配合计算机与软件才可以使用，方便性不佳 3.记忆上不如手绘思维导图那样深刻，突如其来的灵感无法立刻记录起来
共通点	1.能将注意力专注于主题上，强化主题重点所在 2.透过必要的关键词，可以使联想更清晰、正确，增进创意及记忆力 3.浏览思维导图时，常常会有许多新的联想从空间与关键词中不断浮现，能发挥想象力 4.能一次俯瞰全貌，不会遗漏讯息；使思绪柔软，思考时不会受限 5.轻易地将内隐知识转变成外显知识 6.依颜色或影像对事物有直觉的理解，让他人容易了解自己的想法	

手绘式思维导图与计算机化思维导图的比较　　　　　　　　数据源：洪靖雅（2011年）

　　以我个人多年使用的经验，归纳手绘思维导图与计算机数字思维导图的优点与适用场合如下：

	手绘思维导图	计算机数字思维导图
优点	□只要有纸笔，随时随地可使用 □轻松愉快、无拘束地扩展思绪 □能对内容产生深刻印象	□可随时调整思维导图内容结构 □以超链接方式指出不同概念甚至不同思维导图之间的关系 □方便档案管理
适用场合	□没有计算机的时候 □创意发想、脑力激荡时 □需要记忆思维导图内容时	□整理文章重点的笔记 □文献资料的统整 □问题分析 □项目管理

手绘与计算机绘制思维导图的比较

分析比较两表之后，可以了解到计算机数字思维导图与手绘思维导图可以在不同需求、场合相互搭配使用。不过有一个关键重点是先得掌握思维导图"法"的原则与操作规则，否则有这么好用的数字软件却达不到真正的效益。就好比做简报的时候，我们会使用PowerPoint，它确实是比以前手绘板书或透明胶片投影的方式方便太多了，但是如果不了解简报技巧、视觉思考、信息吸收的原则，采用数字简报也只是看起来方便、动画酷炫，但达不到简报所要的效果。所以使用数字思维导图的时候，也必须遵守思维导图法的原则与操作规则，效果才会如虎添翼。

第2节　免费好用的绘制软件

目前市面上的思维导图软件非常多，常见的有MindJet的MindManager、SimTech的MindMapper、ThinkBuzan的iMindMap、NMS GlobalPty的Novamind、Match Ware的Mindview、MindGenius的MindGenius、Mode de Vie Software的My Thoughts，与CMS的iThoughtsHD、CS Odessa LLC的ConceptDraw，以及属于自由软件的Freemind、Xmind，与

Dokeos Mind等。

其中Xmind与iMindMap是我常用的思维导图软件，它们将常用到的思维导图法功能免费提供给社会大众使用。由于这两套软件的操作接口、功能随着版本不断更新而有异动，因此在本节中将分别仅略述其版面样式与使用场合、时机。

Xmind

在诸多思维导图法软件当中，Xmind属开放原始码软件的自由软件，程序是由Eclipse Foundation（http://www.eclipse.org）与Apache Software Foundation（http://www.apache.org）两个组织开发。

开源码自由软件的原始程序皆可从该公司网站下载，因此从网络上你会发现一套名为Dokeos Mind的思维导图软件，从"plugins"中似乎可看出是改编自Xmind的程序，两者的版面样式操作接口几乎完全相同。不论Xmind或DokeosMind，在启动之前请先检查你的计算机是否安装了Java，因为这两套软件都需要在Java的环境下执行。

> DokeosMind的下载网址：http://www.dokeos.com/en/mind
> Xmind的下载网址：http://www.xmind.net/downloads/

Xmind除了具备完整绘制思维导图的功能之外，还包含了鱼骨图、组织结构、树形图、逻辑图、二维表格等结构，并增加了一些附加功能，例如："录音"、"脑力激荡"、自动"简报"、"显示甘特图"、汇出成"PDF图档"、"Word文件档案"、"PowerPoint简报档案"等，不过要使用这些附加功能就需要付费。如果纯粹运用Xmind软件来实践思维导图法，免费的功能大致就够用。若你觉得有需要用到那些附加功能，付费也无妨，因为费用也不贵，订购网址是：http://www.xmind.net/pro/buy/。

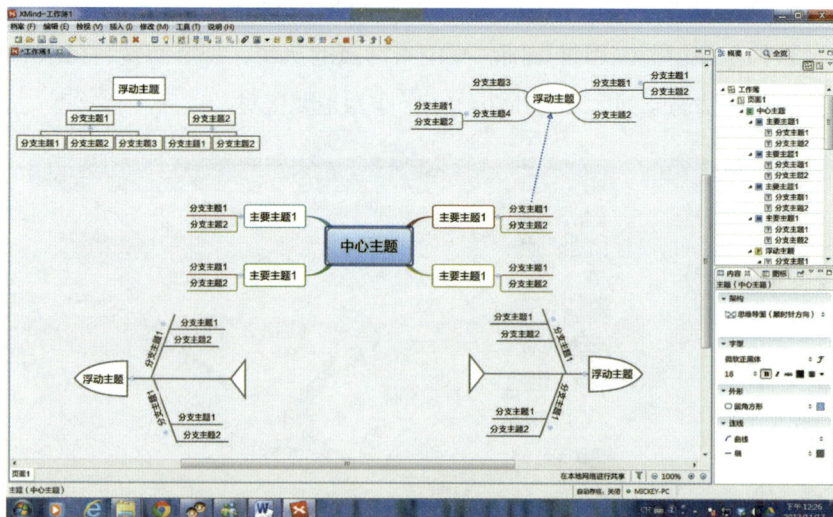

Xmind版面样式

Xmind的操作不但简单，而且能有效率地输入资料，在一个档案中可以同时开启好几个页面，每一个页面有一个主要的思维导图，在空白地方可随着需求增加浮动的迷你思维导图，每个思维导图中的任何一个主题，都可以彼此做超链接、加插图，更改线条、文字的颜色也很方便，并有"标签"、"备注"、"外框"、"摘要"、"关联线"的功能。非常适用于整理文章笔记、汇整大量文献资料、上课听演讲做笔记、会议记录、问题分析、项目管理。

iMindMap

全球第一届思维导图法国际研讨会在2007年底于新加坡举行，我应邀前往做专题报告与发表论文。抵达下榻饭店收到一封来自英国ThinkBuzan软件公司负责人葛利菲斯的留言，约我在咖啡厅见面。我依约来到咖啡厅时，葛利菲斯很兴奋地拿出计算机，向我展示一套"像手绘"一般的思维导图软件，并征询我对操作与功能上有哪些修改建议。根据多年对思维导图法的深入研究及思维导图软件的使用经验，提出了许多意见，并应葛利菲斯的请托，为即将上市的这套

iMindMap3.0版软件进行操作接口与功能内容的中文翻译。

这套软件也深得英国思维导图法原创者博赞的认可，现今博赞与葛利菲斯等人从事思维导图法教学时，均以iMindMap作为主要工具。

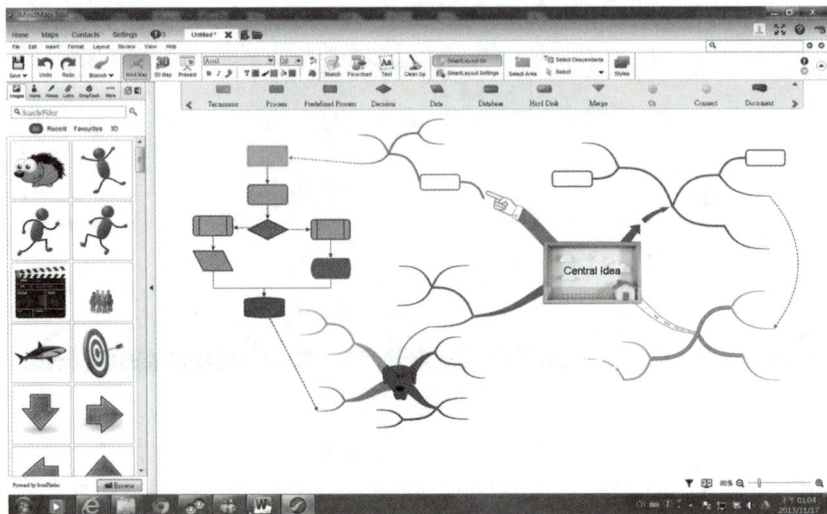

iMind Map 版面样式

这套软件做出来很有手绘效果，可以展现得非常美丽、有个人特色，又不失计算机软件的弹性、方便，这是其优点。但是绘制的速度就慢了一点，得自行做一些必要的版面美工编排，算是小小的限制，但还不至于构成缺点。它除了有适用个人计算机的Windows与Mac操作系统的版本之外，也适用于平板计算机、智能型手机的iOS、Android系统，兼容性可说是非常好。

由于这套软件对激发创意与记忆内容的效果较佳，因此比较适合脑力激荡、创意发想，或学生为了准备考试做笔记，制作会议简报或教学投影片、讲义等。

以上是我较常在个人计算机上使用的两套软件，其他还有不少好用的软件，读者可自行从网络上下载试用，例如，MindJet的MindManager的功能很强大，SimTech的MindMapper也可以绘制出类似iMindMap具有美感的思维导图。至于在方便外出时使用的平板计算机iPad上，我常用的思维导图软件是CMS的iThoughtsHD，它的优点是可将思维导图档案转成个人计算机所使用的

iMindMap、Xmind，甚至MindManager的文件格式。

　　思维导图的软件虽然好用，但若未能正确理解思维导图"法"的话，充其量也只是一张树枝形状的图而已，不仅成效有限，甚至比传统条列式的方式更紊乱。因此，务必先掌握思维导图"法"的精髓，依循正确的操作策略，软件将使你如虎添翼，大幅提升工作效率以及学习时的成效。

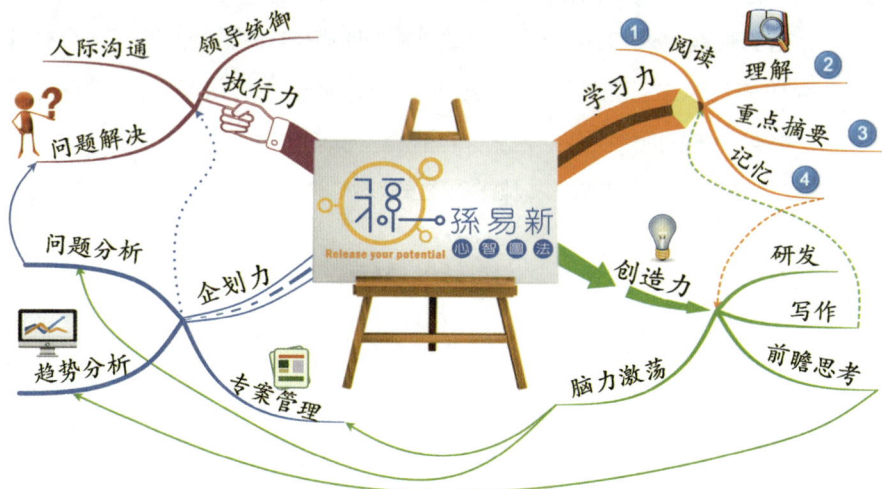

投影片简报

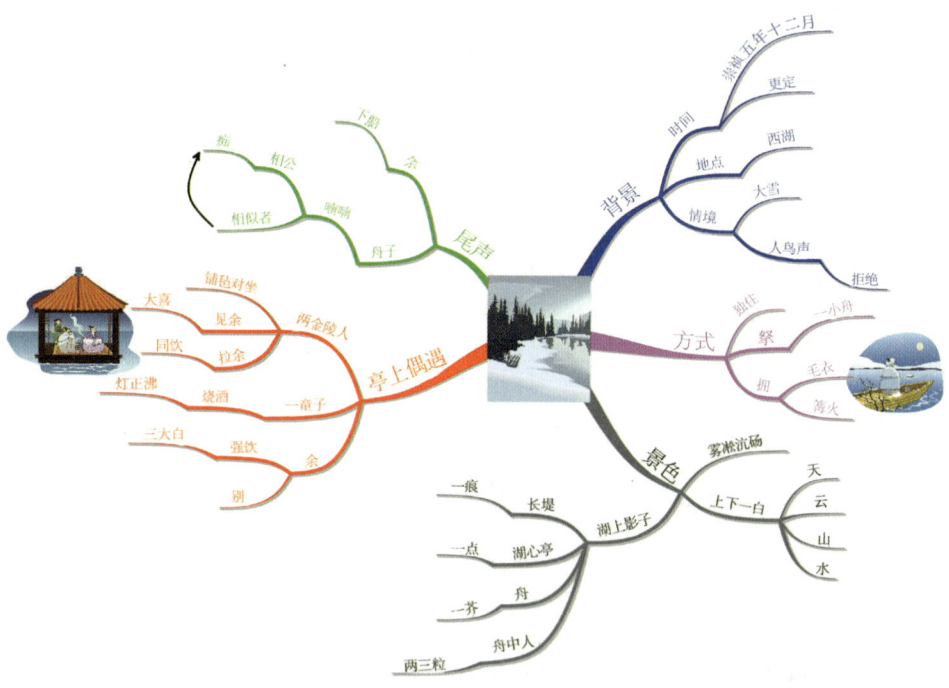

学生准备考试的学习笔记：湖心亭看雪

参考书目

第1章 缘起与意义

· 王心怡:《思维导图阅读教学–国文》,南一出版社2009年版。

· 王其敏:《视觉创意思考与方法》,正中书局1997年版。

· 何琦瑜:《21世纪所需的素养》2008年版,第50页。

· 余民宁:《有意义的学习——概念构图之研究》,商鼎出版社1997年版。

· 吴明烈:《终身学习——理念与实践》,五南文化2004年版。

· 吴美瑶:《Luhmann:社会与教育系统的共振效应》,高等教育出版社2006年版,第317—338页。

· 林三贵:《台湾训练质量系统:为台湾形塑优质国际化人才》,天下杂志2009年第436期,第138页。

· 林佳静:《休闲农场场主职场学习能力与气氛之研究》,台湾师范大学工业科技教育学系博士论文,2006。

· 林美和:《成人发展、性别与学习》,五南文化2006年版。

· 科技政策研究与信息中心:《鱼骨图、因果图与问题解决思考流程》,http://cdnet.stpi.org.tw/techroom/analysis/pat_A107.htm,2012年03月29日。

· 孙易新:《多元知识管理系统:思维导图法基础篇》,耶鲁文化2001年版。

· 孙易新:《孙易新思维导图法基础应用》,浩域企管2009年版。

· 孙易新:《思维导图法创造思考训练方案对激发企业人士创造力成效之研究》,实践大学企业创新发展研究所硕士论文,2007。

· 孙易新:《台湾思维导图法学位论文研究之分析》,台湾师范大学社会教育研究所硕士论文,2013。

· 张淑燕:《社会工作专业人员终身学习之研究——以UNESCO学习四大支柱探讨》,台湾师范大学社会教育学系硕士论文,2004。

· 陈芳毓:《思维导图:2000家跨国企业采用的思考法》,经理人月刊2010年第67期,第120—131页。

· 陈映慈:《小学生学思维导图先"生活化"再"课业化"》,PChomeKids42010年版,第32—40页。

· 博士博数字人力资源，http://www.pospo.com.tw/www/aboutus/b-1-3.htm，2010年09月20日

· 贺桂芬：《想错未来，企业就完蛋！》，天下杂志2010年第440期，第96—99页。

· 薛良凯：《发挥图像思考的最大效力》，三采文化2012年版，第12—13页。

· 颜秀雯：《迎战未来的关键学习（6）：思维导图法》，Career2002年第319期，第90—91页。

· 苏心怡：《员工教育训练对企业竞争之影响》，亚洲大学国际企业学系硕士论文，2007。

· B.Mattinson， "Tony Buzan Mind Mapping–Exactly How It All Began." http://www.tonybuzanmindmapping.com/，（Sep.20，2010）.

· J.D.Novak， D.B.Gowin. *Learning How to Learn*. New York：Cambridge University Press，1984.

· Joy Reid， *Different Styles for Different Learners*.Time Express， 1997. pp.30–33.

· M.S.Knowles， *The Adult Learner*. Houston： Gulf Publishing Company， 1973.

· R.Mckim， *Experiencein Visual Thinking*. Monterey： Cole， 1972.

· T.Buzan， *Use your Head*. London： BBC， 1974.

· T.Krasnic， *Concise Learning：Learn More & Score Higherin Less Time with Less Effort*. Concise Books Publishing， 2010.

· V.North， T.Buzan. *GET AHEAD：Mind Map Your way to success*. UK：Buzan Centres Inc.，1991.

第2章　教学与企业的应用概况

· [美]亨特：《学习如何学习》，彭真译，世茂出版社1997年版。

· [日]威廉·里德：《思维导图笔记术》，萧云菁译，晨星出版社2006年版。

· 王心怡：《思维导图阅读教学——语文》，南一出版2009年版。

· 吴正豪：《思维导图：图解大脑使用手册》，新意文化2012年版。

· 陈芳毓：《思维导图：2000家跨国企业采用的思考法》，经理人月刊2010年版第67期，第120—131页。

· [日]胜间和代：《我的人生没有偶然》，王慧娥译，三采文化2009年版。

· C.Rose， M.J.Nicholl. *Accelerated Learning for the 21st Century*. New York： DellPu–

blishing，1997.

· R.Pike，*Creative Training Techniques Handbook*. Minneapolis: Lakewood Books，1994.

· T.Buzan，*The Mind Map Book*. London: BBC，1993.

· T.Buzan，*Mind Mapsat Wor*. London：Thorsons，2004.

· T.Johnson，*PMP Exam Success Series:Bootcamp Manual*. Crosswind Project Management Inc.，2008.

· 王政彦：《成人的自我调控学习》，师大书苑2000版。

· 孙易新：《台湾思维导图法学位论文研究之分析》，台湾师范大学社会教育研究所硕士论文，2013。

· 黄富顺：《高龄学》，五南文化2011年版。

第3章　大脑与记忆

· [美]普罗：《记忆的秘密》，洪兰译，猫头鹰出版社2003年版。

· [英]葛瑞菲德：《大脑小宇宙》，陈慧雯译，天下远见1998年版。

· [英]东尼·博赞：《超高效思维导图学习法》，蔡承志译，商周出版社2010年版。

· [美]立德威尔、霍顿、巴特勒：《设计的法则：100个影响认知、增加美感，让设计更好的关键法则》，吕亨英译，原点文化2008年版。

· [日]三田纪房：《东大特训班》，章泽仪译，东贩出版社2004年版。

· 王建雅，陈学志：《脑科学为基础的课程与教学》，教育实践与研究2009年版，第139—168页。

· 王道还：《布罗卡发现大脑皮质上的"说话区"》，科学发展2004年第376期，第80—82页。

· 伍全裕：《过目不忘的记忆法》，汉湘文化1997年版。

· 李昀澔，邱慕天：《睡眠不足影响记忆及反应能力》，http://news.pchome.com.tw/healthcare/awakening/20130719/index-137423142041677643012.html，2013年09月02日。

· 孙易新，陈资璧：《思维导图法：MindMapper~LearnSmart》:浩域企管2005年版。

· 黄富顺：《高龄学》，五南文化2011年版。

· 黄硕杰：《由语意透明度所引发的再认记忆镜像效应：行为与事件相关脑电位研究》，"中央大学"认知神经科学研究所硕士论文，2009。

· 靳洪刚：《语言发展心理学》，五南文化1994年版。

· B.Minto, *The Minto Pyramid Principle:Logicin Writing, Thinkingand Problem Solving.* UK：MintoIntl, 1996.

· C.Rose, M.J.Nicholl. *Accelerated Learning for the 21st Century.* New York：Dell Publishing, 1997.

· Dharma Singh Khalsa, *Brain Longevity:The Break through Medical Program that Improves Your Mindand Memory.* New York：Warner Books, Inc., 1999.

· E.Tulving, *Episodic and semantic memory.* New York：Academic Press, 1972.pp.381-403.

· G.A.Miller, The Magical Number Seven, *Plus or Minus Two:Some Limits on our Capacity for Processing Information.* Psychological Review 63, 1956.pp.81-97.

· G.D.Fischback, *Mind and Brain.* Scientific American 267（3）, 1992.pp.48-57.

· H.Ebbinghaus, *Memory.* New York:Dover, 1964.

· H.VonRestorff, *ü ber die Wirkung von Bereichsbildungen im Spurenfeld(The effects of field formation in the trace field.* Psychologie Forschung 18, 1933.pp.299-342.

· H.A.Simon, *How big is achunk?.* Science 183, 1974.pp.482-488.

· Macer, R.J.Darryl, *The next challenge is to map the human mind.* Nature Vol.420 Issue 6912, 2002.p.121.

· R.H.Wozniak, *Introduction to Memory.* Hermann Ebbinghaus(1885/1913), 1999.

· T.Buzan, *Use your Head.* London：BBC, 1974.

· T.Buzan, *The Mind Map Book.* London：BBC, 1993.

· T.Buzan, *Use your Memory.* London：BBC, 1995.

· T.Buzan, *Mind Maps at Work.* London：Thorsons, 2004.

第4章　语意学

· 吴朝晖，陈华钧：《语义网格：模型、方法与应用》，浙江大学出版社2008年版。

· 周建设：《语义、逻辑与语言哲学》，学苑出版社2006年版。

· 邱子恒：《图书信息分类架构在组织与呈现知识上之应用》，图书信息学刊2002年第17期，第123-

137页。

· 洪明洲:《金字塔知识管理》，经济新潮出版社2007年版。

· 徐烈炯:《语意学》，五南文化1996年版。

· 徐道邻:《语意学概要》，友联文化1956年版。

· 靳洪刚:《语言发展心理学》，五南文化1994年版。

· 维基百科:《思维导图》，2013年04月26日。

· 卢渊源:《妙笔生花之思考宝典》，经济新潮出版社2007年版。

· A.Collins，E.F.Loftus. *A Spreading Activation Theory of Semantic Processing*. Psychological Review 82，1975.pp.407–428.

· A.Collins，M.R.Quillian.*Retrieval Time from Semantic Memory*.Journal of Verbal Learning and Verbal Behavior 8，1969.pp.240–247.

· B.Minto，*The Minto Pyramid Principle:Logic in Writing，Thinking and Problem Solving*. UK：MintoIntl，1996.

· E.D.Gagné，*The Cognitive Psychology of School Learning*. Boston： Little Brown and Company，1985.

· M.P.Satija，*Classification:some fundamentals，somem yths，some realities*. Knowledge Organization， 1998.p.32.

· S.Koshman，*Categorization and Classification Revisited:a review of concept in library science and cognitive psychology*. Current Studies in Librarianship， 1993.p.28.

第5章　KMST知识地图学习法

· [德]克里斯迪安·格绿宁:《读书别靠意志力——风靡德国的逻辑K书法》，庄仲黎译，究竟出版社2009年版。

· [美]盖尔等:《教学心理学——学习的认知基础》，岳修平译，远流出版社1998年版。

· [美]卡尔文:《大脑如何思考》，黄敏伟、陈雅茜译，天下文化1997年版。

· 吕宗昕:《K书高手》，商周出版社2004年版。

· 吕宗昕:《考试高手》，商周出版社2004年版。

· 周文钦：《研究效度》，空大学训2008年第395期，第21—29页。

· 林振春：詹明娟：《悦读读书会》，阳升教育基金会2005年版。

· 洪明洲：《金字塔知识管理》，经济新潮出版社2007年版。

· 洪兰：《打电玩锻炼推理能力》，《天下》2000年第504期，第28页。

· 胡梦鲸：《成人的高峰学习》，师大书苑2000年版，第31—56页。

· 孙易新：《孙易新思维导图法基础应用》，浩域企管2009年版。

· 陈龙安：《改造创意思考的武器》，《工商时报》1996年第29版。

· 程薇：《教育心理学》，志光教育文化2009年版。

· 黄惇胜：《KJ法的基本理念及应用》，《创造思考教育年刊》1993年第5期。

· 温肇东：《金字塔原理》，经济新潮出版社2007年版。

· 靳洪刚：《语言发展心理学》，五南文化1994年版。

· Philip C.Candy, *Self-Direction for Lifelong Learning*. San Francisco :Jossey-Bass, 1991.

· S.Koshman, *Categorization and Classification Revisited:a review of concept in library science and cognitive psychology*.Current Studies in Librarianship, 1993.p.28.

· T.Buzan, *The Mind Map Book*. London : BBC, 1993.

· T.Buzan, *The Buzan Study Skills Handbook:The Shortcut to Success in Your Studies with Mind Mapping, Speed Reading and Winning Memory Techniques*. London : BBC, 2007.

第6章　创意思考

· [美]柯林·罗斯、麦尔孔·尼可：《学习地图》，戴保罗译，经典传讯文化1999年版。

· [美]亨特：《学习如何学习》，彭真译，世茂出版社1997年版。

· [美]布朗、海尔：《左脑右脑平衡运用心图：项目管理的利器》，李田树译，《EMBA世界经理文摘》2003年第198期，第56—67页。

· [美]坎贝尔、迪金森：《多元智慧的教与学》，郭俊贤、陈淑惠译，远流出版社1999年版。

· [美]迈克尔·葛柏《7 Brains：怎样拥有达·芬奇的7种天才》，刘蕴芳译，大块文化1999年版。

· [美]斯滕伯格：《创造力I. 理论》，李乙明、李淑贞译，五南文化2005年版。

· [美]斯滕伯格：《创造力II. 应用》，李乙明、李淑贞译，五南文化2005年版。

· [日]威廉·里德：《思维导图笔记术》，萧云菁译，晨星出版社2006年版。

· [日]西村克己：《图解力》，江裕真译，商周出版社2004年版。

· 李欣蓉：《图像思考，不可不知的学习方法》，远流出版社2005年版。

· 李翠卿：《你也能当记忆高手》，Career2005年第343期，第118—121页。

· 林妙玲：《创造力训练方案对企业人士提升创造力成效之研究》，实践大学企业创新发展研究所硕
士论文，2005。

· 邱皓政：《创造力实践历程之研究：子计划七：创新历程的文化困境——个人创造力发展的人情困局
（III）》，科学委员会专题研究计划成果报告，2004。

· 孙易新、陈资璧：《思维导图法：MindMapper~WorkSmart》，浩域企管2005年版。

· 孙易新、陈资璧：《思维导图应用大搜集（1）》，浩域企管2005年版。

· 孙易新：《多元知识管理系统：思维导图法基础篇》，耶鲁文化2001年版。

· 孙易新：《多元知识管理系统：思维导图法进阶篇》，耶鲁文化2002年版。

· 孙易新：《思维导图思考法》，浩域企管2004年版。

· 孙易新：《思维导图法创造思考训练方案对激发企业人士创造力成效之研究》，实践大学企业创新
发展研究所硕士论文，2007。

· 孙易新：《孙易新思维导图法基础应用》，浩域企管2009年版。

· 孙易新：《台湾思维导图法学位论文研究之分析》，台湾师范大学社会教育研究所硕士论文，
2013。

· 高子羽：《如何运用思维导图激发创造力》，《数位时代》2004年第81期，第158—159页。

· 高子梅：《世界咖啡馆》，脸谱出版社2007年版。

· 张玮容：《整合思维导图法与概念构图于数字内容创意脉络之研究》，台中技术学院多媒体设计研
究所硕士论文，2006。

· 许素甘：《展出你的创意：曼陀罗与心智绘图的运用与教学》，心理出版社2004年。

· 陈龙安：《改造创意思考的武器》，《工商时报》1996年第29版。

· 陈龙安：《创造性问题解决（CPS）模式》，取自http://3q.club.tw/teach/3/madee4.htm，2012
年03月28日。

· 陈龙安：《创造思考教学的理论与实际》（第六版），心理出版社2006年版。

· 陈龙安：《创造思考教学的理论与实际》，心理出版社1998年版。

· 游光昭，蔡福兴：《计算机化心智绘图在创造思考教学上之运用》，《生活科技教育月刊》2001年第34期，第14—18页。

· 蔡崇建：《透过可视化思考激发创意》，台湾师范大学教育部创意学院计划论文，2007。

· 颜秀雯：《迎战未来的关键学习（6）：思维导图法》，Career2002年第319期，第90—91页。

· B.Ringom, *Creative Mind-Maps.* USA：JCIInc., 1995.

· H.Gardner, *Creating Minds.* New York：Basic, 1993.

· H.Gardner, *Frames of Mind：The Theory of Multiple Intelligences.* New York：Basic Books, 1983.

· J.Wycoff, *Mindmapping：Your Personal Guide to Exploring Creativity and Problem-Solving* . New York：Berkley Books, 1991.

· T.Buzan, *The Mind Map Book.* London：BBC 1993.

· The Economist, "Innovationordie", http://www.economist.com/node/242082, 2012年03月02日。

第7章　图像组织

· [美]柯林·罗斯、麦尔孔·尼可：《学习地图》，戴保罗译，经典传讯文化1999年版。

· [美]戴维·拉齐尔：《落实多元智慧教学评量》，郭俊贤、陈淑惠译，远流出版社2000年版。

· [美]珍妮特·沃特、[新西兰]戈登·德莱顿：《学习革命》，林丽宽译，CPC1997年版。

· [日]开米瑞浩：《现学现用！商业图解思考法》，林欣怡译，商周出版社2009年版。

· [美]布朗、海尔：《左脑右脑平衡运用心图：项目管理的利器》，李田树译，《EMBA世界经理文摘》2003年第198期，第56—67页。

· [美]基姆·埃尔德曼：《PMP项目管理认证指南》，罗光志译，博硕文化2005年版。

· MBA智库百科：《逻辑学》，http://wiki.mbalib.com/zhtw/%E9%80%BB%E8%BE%91%E5%AD%A6，2011年07月06日。

· [日]久恒启一：《这样图解就对了：培养理解力、企划力、传达力的20堂图解课》，梁世英译，经济新潮出版社2011年版。

· [日]今泉浩晃：《改变一生的曼陀罗MEMO技法》，洪伟智、徐尘亮译，世茂出版社1997年版。

· 西村克己：《逻辑思考法图解》，柳俊帆译，商周出版社2007年版。

· 吴永佳：《四种笔记魔法，想到就能做到》，Cheers杂志2011年7月。

· 李欣蓉：《图像思考，不可不知的学习方法》，远流社出版社2005年版。

· 林照田，蔡承志：《逻辑学入门》，双叶书廊2004年版。

· 胡雅茹：《曼陀罗思考法》，晨星出版社2011年版。

· 孙易新：《思维导图法创造思考训练方案对激发企业人士创造力成效之研究》，实践大学企业创新
  发展研究所硕士论文，2007。

· 孙易新：《孙易新思维导图法基础应用》，浩域企管2009年版。

· 孙德富：《曼陀罗九宫格思考法训练方案对寿险人士提升创造力成效之研究》，实践大学创新与创
  业管理研究所硕士论文，2011。

· 展颉：《PMP国际项目管理师培训课程讲义》，展颉知识管理顾问2004年版。

· 梁云霞：《运用图像组织，教兔子乐于思考》，远流出版社2005年版。

· 陈孟妏：《思维导图法结合绘本阅读教学方案对小学儿童阅读理解能力及创造力之成效研究》，台
  北市立教育大学课程与教学研究所硕士论文，2010。

· 黄玉琪：《自然科思维导图法创造思考教学方案对小学学生创造力与自然科学业成就之影响研
  究》，台北市立教育大学特殊教育学系硕士论文，2006。

· 翟文明、楚淑慧：《图解思考法》，黑龙江科学技术2008年版。

· 蔡文山：《思维导图教学方案对小学五年级学生创造力、学习成就、学习动机之影响——以自然与
  生活科技领域为例》，嘉义大学国民教育研究所博士论文，2007。

· 蔡巨鹏：《易经创造思考训练模式之建构与应用》，台湾师范大学教育学院创造力发展硕士在职专
  班硕士论文，2009。

· 黎珈伶：《全脑学习，万"试"通》，新自然主义2009年版。

· 萧幸青：《静心冥想与曼陀罗创作活动对学生创思表现影响之行动研究》，东华大学课程设计与潜
  能开发学系硕士论文，2011。

· 钱秀梅：《思维导图法教学方案对身心障碍资源班学生创造力影响之研究》，台北师范学院特殊教
  育学系硕士论文，2001。

· 钱昭君:《思维导图写作教学方案对小学学生创造力及写作表现之影响》，台北市立教育大学特殊教育学系硕士班资赋优异组硕士论文，2010。

· C.Griffiths, GRASP. *The Solution*. UK: Proactive Press, 2011.

· C.Rose, *Accelerated Learning*. New York: Dell Publishing, 1985.

· D.Sibbet, *Visua Meeting:how graphics, sticky notes, and idea mapping can transform group productivity*. New Jersey: John Wiley&Sons, Inc., 2010.

· J.D.Novak, D.B.Gowin. *Learning How to Learn*. New York: Cambridge University Press, 1984.

· K.Bromley, L.Vitis, M.Modlo. *Graphic Organizers*. Scholastic Press, 1995.

· M.Egan, *Reflection on Effective Use of Graphic Organizer*.Journal of Adolescent and Adult Literacy 42（8）, 1999.pp.641－645.

第8章　图像思考

· [美]E.H.贡布里希：《艺术与错觉：图画再现的心理学研究》，林夕、李本正、范景中译，湖南科学技术出版社2000年版。

· [美]珍妮特·沃斯、[新西兰]戈登·德莱顿：《学习革命》，林丽宽译，CPC1997年版。

· 伍全裕：《过目不忘的记忆法》，汉湘文化1997年版。

· 周志勇：《潘诺夫斯基图像学理论之研究》，屏东教育大学视觉艺术教育学系硕士论文，2006。

· 周建设：《语义、逻辑与语言哲学》，学苑出版社2006年版。

· 孙易新：《台湾思维导图法学位论文研究之分析》，台湾师范大学社会教育研究所硕士论文，2013。

· 陈怀恩：《图像学》，如果文化2008年版。

· 叶至诚：《教育社会学》，威仕曼文化2006年版。

· J.S.Bruner, *A Study of Thinking*. New York: Wiley, 1956.

· M.Bruce－Mitford,K.Wilkinson.*Signs&Symbols:an illustrated guide to their origins and meanings*. London :Dorling Kindersley, 2008.

· M.Bruce－Mitford, *The Illustrated Book of Signs & Symbols*. New York: DK Publishing,

Inc., 1996.

第9章 色彩

· CR&LF研究所：《配色的魔法：能够召唤幸运与感动的创意色彩学》，博硕文化2008年版。

· [美]亨特：《学习如何学习》，彭真译，世茂出版社1997年版。

· [英]德·博诺：《六顶思考帽》，江丽美译，桂冠文化1996年版。

· [英]德·博诺：《六双行动鞋》，李宛蓉译，长河文化1998年版。

· [日]千千岩英彰：《不可思议的心理与色彩》，新潮出版社2002年版。

· [日]大山正：《色彩心理学：追寻牛顿和歌德的脚步》，木村图书1998年版。

· 石朝霖：《色彩能量的奥秘》，商周出版社2006年版。

· 李福印：《认知语言学概论》，北京大学出版社2008年版。

· 孙易新：《思维导图法创造思考训练方案对激发企业人士创造力成效之研究》，实践大学企业创新

   发展研究所硕士论文，2007。

· 马彦文：《MindMap学习天书》，香港博赞中心2009年版。

· 张志雄：《生命的密码，色彩知道》，人本自然2005年版。

· [日]野村顺一：《颜色魔法书》（ColorMagic），李晔译，方智出版社2000年版。

· 陈英伟：《实用色彩学》，华立出版社2006年版。

· 博田茶：《好色人生，色彩魔术师》，妇女与生活社2000年版。

· E.Bono, *Six thinking Hats*. UK: Mica Management Resources Inc., 1990.

· M.Bruce–Mitford, *K.Wilkinson.Signs & Symbols:an illustrated guide to their origins and meanings*. London: Dorling Kindersley, 2008.

· M.Bruce–Mitford, *The Illustrated Book of Signs & Symbols*. New York: DK Publishing. Inc., 1996.

· T.Buzan, *The Mind Map Book*. London: BBC, 1993.

· T.Hunt, *Learning to Learn:maximizing your performance potential*. Elan Enterprises Pr., 1991.

第10章　思维导图法

· [美]戴维·拉齐尔：《落实多元智慧教学评量》，郭俊贤、陈淑惠译，远流出版社2000年版。

· [美]斯奎尔、坎德尔：《透视记忆》，洪兰译，远流出版2001年版。

· [美]迈克尔·葛柏：《7Brains：怎样拥有达·芬奇的7种天才》，刘蕴芳译，大块文化1999年版。

· Sharan B.Merriam.《终身学习全书：成人教育总论》，杨惠君译，商周出版社2004年版。

· 孙易新、陈资璧：《思维导图法：MindMapper~LearnSmart》，浩域企管2005年版。

· 孙易新、陈资璧：《思维导图学习法（3）：笔记高手》，浩域企管2005年版。

· 孙易新、陈资璧：《思维导图学习法（4）：记忆高手》，浩域企管2005年版。

· 孙易新、陈资璧：《思维导图应用大搜集（1）》：台北市：浩域企管2005年版。

· 孙易新：《多元知识管理系统：思维导图法基础篇》，耶鲁文化2001年版。

· 孙易新：《思维导图思考法》，浩域企管企管2004年版。

· 孙易新：《授课技巧与教案设计》，国际青年商会2004年版。

· 孙易新：《思维导图法创造思考训练方案对激发企业人士创造力成效之研究》，实践大学企业创新发展研究所硕士论文，2007。

· 孙易新：《孙易新思维导图法基础应用》，浩域企管2009年版。

· 孙易新：《台湾思维导图法学位论文研究之分析》，台湾师范大学社会教育研究所硕士论文，2013。

· 孙易新：《思维导图法》，刊载于《创造力关键思考技法》，潘裕丰主编，华腾文化2013年版。

· 张玉山、王肇峰：《鹰架学习理论在小学生活科技的教学应用》，刊载于《教师进修网教师专业发展电子报》2013年第20期。

· 陈盈达：《心智绘图法课程之学习成效研究——以南投县政府小区大学为例》，朝阳科技大学企业管理系硕士论文，2004。

· 彭敏松：《学习形态理论在成人学习上的应用》，郭为藩编著，心理出版社2003年版。

· 黄富顺：《成人学习》，五南文化2002年版。

· A. Giddens, *The Constitution of Society*. Cambridge: Polity Press, 1984.

· C.Christensen, J.Dyer&H.Gregersen, *TheInnovator's DNA:Mastering the Five Skills of Disruptive Innovators*.US:Harvard Business Review Press, 2011.

- D.A.Kolb, *Experiential Learning Experienceas the Resource of Learning and Development*. Englewood Cliffs :Prentice Hall， 1984.

- T.Buzan, S.Abbott. *Mind Maps for Kids :Max your memory and concentration*. London :Thorsons， 2005.

- T.Buzan, *Use your Head*. London： BBC， 1974.

- T.Buzan, *The Mind Map Book*. London： BBC， 1993.

- T.Buzan, *Use your Memory*. London： BBC， 1995.

- T.Buzan, *The Speed Reading Book*. London： BBC， 1997.

- T.Buzan, *Master your Memory*. London： BBC， 1998.

- T.Buzan, *The Power of Creative Intelligence*. London： Thorsons， 2001.

- T.Buzan, *Mind Maps at Work*. London :Thorsons， 2004.

- T.Buzan, *The Buzan Study Skills Handbook :The Shortcut to Success in Your Studies with Mind Mapping, Speed Reading and Winning Memory Techniques*. London： BBC， 2007.

- V.North , T.Buzan .*GETAHEAD :Mind Map Your Way to Success*. UK :Buzan Centres Inc.， 1991.

- Wood, Bruner , Ross . *The role of tutoring in problem—solving*.Journal of Child Psychology and Psychiatry 17， 1976.pp.89—100.

第11章 论文研究与研究建议

- 孙易新：《台湾思维导图法学位论文研究之分析》，台湾师范大学社会教育研究所硕士论文，2013。

- 郭昆谟：《论文及报告写作概要》，五南文化1994年版。

- 陈旭耀：《台湾地区图书信息学硕士论文及其引用文献之研究》，天主教辅仁大学图书信息学研究所硕士论文，1997。

- 傅淑贞：《师. 生. 毕业论文：台湾社研所硕士论文之知识社会学考察》，台湾大学社会学研究所硕士论文，1997。

- 傅雅秀、李德竹：《美国书目计量学博士论文评析》，《中国图书馆学会会报》1993年第51期，第

231—240页。

第12章　阅读理解与笔记摘要法

· [美]盖尔等：《教学心理学—学习的认知基础》，岳修平译，远流出版社1998年版。

· [日]久恒启一：《这样图解就对了：培养理解力、企划力、传达力的20堂图解课》，梁世英译，经济新潮出版社2011年版。

· [日]米山公启：《笔记成功术：升级你的大脑创意与效率》，李道道译，商周出版社2007年版。

· 吕宗昕：《K书高手》，商周出版社2004年版。

· 吕宗昕：《考试高手》，商周出版社2004年版。

· 李庆芳：《七大修练方式之二"关键词、卡片和思维导图法"》，http://reskm98.blogspot.com/2010/04/blog-post_8632.html，2012年03月29日。

· 李庆芳：《学三推九、扩大知识》，http://reswithoutnumbers.blogspot.com/2010/03/blog-post_11.html，2012年03月29日。

· 孙易新、陈资璧：《思维导图法：MindMapper~LearnSmart》，浩域企管2005年版。

· 孙易新、陈资璧：《思维导图学习法（3）：笔记高手》，浩域企管2005年版。

· [日]亲野智可等：《小学生100分笔记术》，卓惠娟译，野人文化2011年版。

· 魏静雯：《心智绘图与摘要教学对小学五年级学生阅读理解与摘要能力之影响》，台湾师范大学教育心理与辅导研究所硕士论文，2004。

· B.J.F.Meyer, D.M.Brandt, G.J.Bluth. *Use of Top Level Structure in the Text : Key forreading comprehension of ninth grade students*. Reading Research，1980.

· L.K.Cook，R.E.Mayer .*Teaching Readers about the Structure of Scientific Text*.Journal of Educational Psychology 80，1988.pp.488-456.

· M.A.Just，P.A.Carpenter. *A Theory of Reading : From eye fixations to comprehension*. Psychological Review 87(4)，1980.pp.329-354.

· S.B.Kletzien，*Proficient and Less Proficient Comprehenders' Strategy Use for Differenttop-level Structures*. Journalof Reading Behavior 24，1992.pp.191-215.

· W.Kintsch，*Comprehension : A Paradigm for Cognition*. NY : Cambridge University Press,

1998.

第13章　教学与写作的应用

·吴淑慧：《文章写作入门》，吴淑慧华语教学网，http://zorawsh.myweb.hinet.net/page/information_6.htm，2012年04月18日

·吕秀瑛：《心智绘图应用于文章构思的研究——以小学六年级学童为例》，台东大学语文教育学系硕士论文，2009。

·吕美香：《运用心智绘图提升小学高年级学童写作质量与写作态度之行动研究》，嘉义大学教育学系硕士论文，2012。

·林秀娥：《心智绘图在小学五年级记叙文写作教学之研究》，台北教育大学语文与创作学系语文教学硕士班硕士论文，2007。

·林美玲：《创新教学策略之研究》，《社会科学学报》2003年第11期，第114—138页。

·洪美雀：《基测写作测验评分规准暨相关说明》，《飞扬》2007年第44期，第12—23页。

·孙易新：《台湾思维导图法学位论文研究之分析》，台湾师范大学社会教育研究所硕士论文，2013。

·梁美贵：《小学五年级运用心智绘图于博物馆学习之行动研究——以科学工艺博物馆"科学开门"探索厅为例》，高雄师范大学工业科技教育学系硕士论文，2006。

·庄景益：《心智绘图结合摘要教学法与写作教学法对小学四年级学生阅读理解与写作能力之行动研究》，屏东教育大学教育科技研究所硕士论文，2007。

·陈玉嫔：《国文科心智绘图教学法对初中学生语文学习成就与写作表现影响之研究》，台湾师范大学创造力发展硕士在职专班硕士论文，2011。

·陈鸿基：《"合作式计算机心智绘图写作教学"对小学四年级学生写作成效与写作态度之影响》，台南大学教育学系科技发展与传播硕士论文，2008。

·黄金玉：《旧瓶新酒，掌握原作菁华（上）——谈仿写》，《国文天地》2001年第16期，第107—112页。

·廖伟雄：《心智绘图教学对提升小学资优生创造力成效之研究》，彰化师范大学资赋优异研究所硕士论文，2009。

· 蔡荣昌：《从读写结合谈仿写》，屏县教育季刊第27期，第5—10页，2006。

· 郑琇方：《思维导图法作文教学方案对小学二年级学童写作能力表现与写作兴趣之影响》，新竹教育大学人资处辅导教学硕士论文，2007。

· 郑惠仁：《思维导图教学学生学习兴趣高》，http://mag.udn.com/mag/campus/storypage.jsp?f_ART_ID=378867，2012年03月26日。

· 钱昭君：《思维导图写作教学方案对小学学生创造力及写作表现之影响》，台北市立教育大学特殊教育学系硕士班资赋优异组硕士论文，2010。

· 谢美瑜：《思维导图法在初中国文读写教学上的应用》，高雄师范大学国文教学硕士论文，2010。

· D.Stufflebeam, *A.Shinkfield.Evaluation Theory, Models & Applications*. Francisco：San Jossey—Bass，2007.

· L.S.Flower, J.R.Hayes. *Cognitive Processesin Writing*.College Compositionand Communication, Vol.32, No.4, 1981.pp.365-387.

· W.Wiersma , S.G.Jurs . *Research Me thods in Education*. New York: Allyn and Bacon, 2005.

第14章　超强记忆力

· [德]克里斯提安：《为什么羊从树上掉下来》，杜子倩译，高富国际2005年版。

· [美]柯林·罗斯、麦尔扎·尼可：《学习地图》，戴保罗译，经典传讯文化1999年版。

· [美]琼安·明尼格尔：《让记忆活起来——如何在2分钟内记住20件事》，吴幸宜译，远流出版社1993年版。

· [美]迈克尔·葛柏：《7Brains：怎样拥有达·芬奇的7种天才》，刘蕴芳译，大块文化1999年版。

· 林挥凯：《记忆策略应用于初中社会学习领域历史科教学成效之研究》，台东教育大学教育学系硕士论文，2006。

· 孙易新、陈资璧：《思维导图法：MindMapper~LearnSmart》，浩域企管2005年版。

· 孙易新、陈资璧：《思维导图学习法（4）：记忆高手》，浩域企管2005年版。

· 孙易新：《多元知识管理系统：思维导图法基础篇》，耶鲁文化2001年版。

· 孙易新：《多元知识管理系统：思维导图法进阶篇》，耶鲁文化2002年版。

· 孙易新：《孙易新思维导图法基础应用》，浩域企管2009年版。

· 孙易新：《台湾思维导图法学位论文研究之分析》，台湾师范大学社会教育研究所硕士论文，
  2013。

· [日]高木重朗：《记忆术》，林怀秋译，文镜文化1987年版。

· 张萍华：《记忆大考验——以后设认知为基础之记忆策略探究小学二年级学生学习表现之探究》，
  台北教育大学课程与教学研究所硕士论文，2007。

· 郑昭明：《认知心理学——理论与实践》，桂冠文化1993年版。

· A.D.Baddeley, *Essentials of Human Memory*. UK: Psychology Press, 1999.

· T.Buzan, S.Abbott. *Mind Maps for Kids:Max your memory and concentration*.
  London:Thorsons, 2005.

· T.Buzan, *Use your Head*. London: BBC, 1974.

· T.Buzan, *The Mind Map Book*. London: BBC, 1993.

· T.Buzan, *Use your Memory*. London: BBC, 1995.

· T.Buzan, *Master your Memory*. London: BBC, 1998.

第15章　论文写作的应用

· 李庆芳：《学三推九、扩大知识》，取自http://reswithoutnumbers.blogspot.com/2010/03/
  blog−post_11.html，2012年03月29日

· 蔡柏盈：《学术论文写作的迷思》，台湾大学教学发展中心：学习策略网，取自http://ctld.ntu.
  edu.tw/ls/strategy/lecture.php?index=103，2012年03月31日

第16章　读书会的应用

· 林振春、詹明娟：《悦读读书会》，阳升教育基金会2005版。

· 林振春：《小区学习》，师大书苑2008年版。

· E.Bono, *Six thinking Hats*. UK:Mica Management Resources Inc., 1990.

第17章　创新思考与管理

· [美]布朗、海尔：《左脑右脑平衡运用心图：项目管理的利器》，李田树译，《EMBA世界经理文摘》2003年第198期，第56—67页。

· [美]基姆·埃尔德曼：《PMP项目管理认证指南》，罗光志译，博硕文化2005年版。

· [美]鲁、拜厄斯：《管理学》，许是祥译，前程企管1997年版。

· [美]夏皮罗：《24/7创新》，戴至中译，麦格罗希尔文化2002年版。

· [美]托尼·琼斯：《国际项目管理师认证考试准备大全》，博圣译，博圣科技文化2008年版。

· 孙易新、陈资璧：《思维导图法：MindMapper~WorkSmart》，浩域企管2005年版。

· 孙易新、陈资璧：《思维导图应用大搜集（1）》，浩域企管2005年版。

· 孙易新：《多元知识管理系统：思维导图法基础篇》，耶鲁文化2001年版。

· 孙易新：《多元知识管理系统：思维导图法进阶篇》，耶鲁文化2002年版。

· 孙易新：《思维导图法创造思考训练方案对激发企业人士创造力成效之研究》，实践大学企业创新发展研究所硕士论文，2007。

· 孙易新：《思维导图法》，刊载于《创造力关键思考技法》，潘裕丰主编，华腾文化2013年版。

· 高子梅：《世界咖啡馆》，脸谱出版社2007年版。

· 张鸿：《逻辑思考首部曲：5W2H》，《经理人月刊》第68期，第68–69页，2008。

· 毕嘉台：《"7–R创造力训练方案"对航空公司人员创造力影响之研究》，实践大学企业创新发展研究所硕士论文，2007。

· 曾光华：《营销管理：理论解析与实务应用》，前程企管出版社2010年版。

· 卢有杰、王勇：《项目管理知识体系指南（第三版）》，电子工业出版社2005年版。

· 龙立伟：《整合思维导图于营建知识管理应用之研究》，台北科技大学土木与防灾研究所硕士论文，2009。

· C.Christensen, J.Dyer, H.Gregersen. *The Innovator's DNA:Mastering the Five Skills of Disruptive Innovators*. Harvard Business Review Press, 2011.

· T.Buzan, R.Israel. *Brain Sell*. UK: Gower, 1995.

第18章　分析问题，解决问题

· 孙易新：《多元知识管理系统：思维导图法进阶篇》，耶鲁文化2002年。

· 陈龙安：《创造性问题解决（CPS）模式》，http://3q.club.tw/teach/3/madee4.htm，2012年03月28日。

· 汤伟君、邱美虹：《创造性问题解决（CPS）模式的沿革与应用》，《科学教育月刊》1999年第223期，第2-20页。

· 谢文全：《教育行政学》，高等教育出版社2007年版。

· C.Griffiths, GRASP. *The Solution*. UK：Proactive Press, 2011.

· D.Kenny, D.Kashy, W.Cook. *Dyadic Data Analysis*. New York：Guilford Press, 2006.

· T.Buzan, The Mind Map Book. London：BBC, 1993.

· Treffinger, Isaksen , Stead-Dorval. *Creative Problem Solving：An Introduction*. Waco, TX：Prufrock Press Inc., 2005.

· V.North, T.Buzan. *GET AHEAD：Mind Map Your way to success*. UK ：Buzan Centres Inc., 1991.

第19章　做会议简报与沟通

· [英]德·博诺：《六顶思考帽》，江丽美译，桂冠文化1996年版。

· [英]德·博诺：《六双行动鞋》，李宛蓉译，长河文化1998年版。

· 孙易新、陈资璧：《思维导图法：MindMapper~WorkSmart》，浩域企管2005年版。

· 孙易新：《授课技巧与教案设计》，国际青年商会2004年版。

· 孙易新：《孙易新思维导图法基础应用》，浩域企管2009年版。

· 陈劲帆：《整合思维导图法于群组工作情境之研究》：暨南国际大学信息管理学系硕士论文，2010。

· 黄俊能：《研究室内透过思维导图活动提高研究互动》，元智大学资讯工程学系硕士论文，2006。
黄荣村、林政弘：《潜能开发系列丛书总序》，刊载于《六顶思考帽》，江丽美译，桂冠文化1996年版。

· 龙立伟：《整合思维导图于营建知识管理应用之研究》，台北科技大学土木与防灾研究所硕士论文，2009。

· 谢文全：《教育行政学》，高等教育出版社2007年版。

· G.A.Miller, *The Magical Number Seven, Plusor Minus Two:Some Limits on our Capacity for Processing Information*.Psychological Review 63, 1956.pp.81—97.

· R.Israle, V. North, T. Buzan. *Radiant Speaking course book*. UK：Buzan Centres Ltd., 1993.

· T.Buzan, R.Israel. *Brain Sell*. UK ：Gower，1995.

· T.Buzan, *The Mind Map Book*. London：BBC，1993.

第20章　使用思维导图软件

· 洪靖雅：《计算机化思维导图应用于写作教学对小学五年级新住民子女写作态度与写作能力之影响》，台南大学教育学系科技发展与传播硕士论文，2011。

· 赵健成：《自由软件思维导图与合作学习教学策略于小学自然与生活科技课程之行动研究》，佛光大学学习与数字科技学系硕士论文，2009。

· T.Buzan, Use your Head. BBC: London, 1974.

· [英]东尼·博赞：《心智绘图》，罗玲妃译，一智文化2007年版。

· [英]东尼·博赞：《思维导图丛书》，周作宇等译，外语教学与研究2005年版。

· [日]三田纪房：《东大特训班》，章泽仪译，东贩出版社2004年版。

· 孙易新：《多元知识管理系统：思维导图法基础篇》，耶鲁文化2001年版。

· 孙易新：《多元知识管理系统：思维导图法进阶篇》，耶鲁文化2002年版。

· 孙易新：《孙易新思维导图法基础应用》，浩域企管2009年版。

· 陈正中、樊有美、陈谕萱、陈永成：《开窍宝典》，慧星文教科技2012年版。

· 广西师范大学出版社编辑群：《概念地图书系：图析题典丛书》，广西师范大学2007年版。

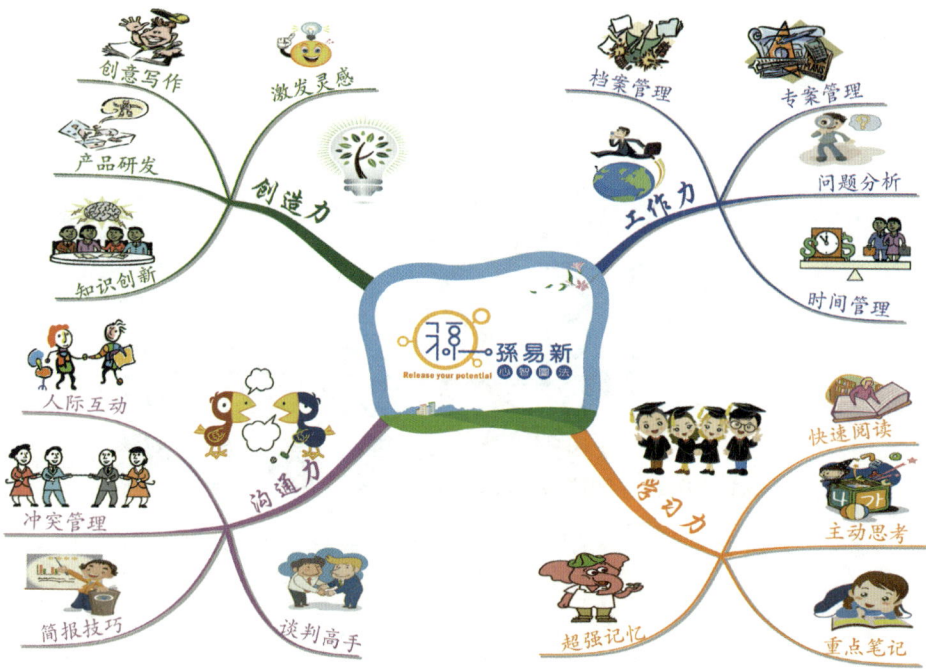

创意写作　激发灵感

档案管理　专案管理

产品研发

创造力

问题分析

知识创新

工作力

时间管理

孙易新
Release your potential

人际互动

快速阅读

冲突管理

沟通力

主动思考

简报技巧　谈判高手

学习力

超强记忆　重点笔记

孫易新
心智圖法
Release your potential